教育部人文社会科学重点研究基地成果
中国语言文学国家双一流建设学科成果

汉语方言语法研究丛书

顾问 邢福义 张振兴

主编 汪国胜

辉县方言语法研究

穆亚伟 ◎ 著

中国社会科学出版社

图书在版编目（CIP）数据

辉县方言语法研究 / 穆亚伟著 . —北京：中国社会科学出版社，2021.6
（汉语方言语法研究丛书）
ISBN 978 – 7 – 5203 – 7691 – 4

Ⅰ.①辉… Ⅱ.①穆… Ⅲ.①北方方言—语法—研究—辉县 Ⅳ.①H172.1

中国版本图书馆 CIP 数据核字（2020）第 264571 号

出 版 人	赵剑英
责任编辑	张　林
责任校对	郝阳洋
责任印制	戴　宽

出　　版	中国社会科学出版社
社　　址	北京鼓楼西大街甲 158 号
邮　　编	100720
网　　址	http://www.csspw.cn
发 行 部	010 – 84083685
门 市 部	010 – 84029450
经　　销	新华书店及其他书店

印刷装订	北京君升印刷有限公司
版　　次	2021 年 6 月第 1 版
印　　次	2021 年 6 月第 1 次印刷

开　　本	710 × 1000　1/16
印　　张	23.25
插　　页	2
字　　数	359 千字
定　　价	138.00 元

凡购买中国社会科学出版社图书，如有质量问题请与本社营销中心联系调换
电话：010 – 84083683
版权所有　侵权必究

总　　序

　　20 世纪 80 年代以来，随着汉语方言研究的拓展和深化，方言语法的研究越来越受到学界的关注和重视。这一方面是因为方言语法客观上存在着不同程度的不容小视的差异，另一方面，共同语（普通话）语法和历史语法的深入研究需要方言语法研究的支持。

　　过去人们一般认为，跟方言语音和词汇比较而言，方言语法的差异很小。这是一种误解，让人忽略了对方言语法事实的细致观察。实际上，在南方方言，语法上的差异还是不小的，至少不像过去人们想象的那么小。当然，这些差异大多是表现在一些细节上，但就是这样一些细节，从一个侧面鲜明地映射出方言的特点和个性。比如湖北大冶方言的情意变调[1]，青海西宁方言的左向否定[2]，南方方言的是非型正反问句[3]，等等，这些方言语法的特异表现，既显示出汉语方言语法的丰富性和复杂性，也可以提升我们对整体汉语语法的全面认识。

　　共同语语法和方言语法都是对历史语法的继承和发展，它们密切联系，又相互区别。作为整体汉语语法的一个方面，无论是共同语语法还是历史语法，有的问题光从本身来看，可能看不清楚，如果能将视线投向方言，则可从方言中获得启发，找到问题解决的线索和证据。朱德熙和邢福义等先生关于汉语方言语法的许多研究就是明证。[4] 可见方言语法对于共同语语法和历史语法研究的重要价值。

---

[1]　汪国胜：《大冶话的情意变调》，《中国语文》1996 年第 5 期。
[2]　汪国胜：《从语法角度看〈现代汉语方言大词典〉》，《方言》2003 年第 4 期。
[3]　汪国胜、李曌：《汉语方言的是非型正反问句》，《方言》2019 年第 1 期。
[4]　朱德熙：《从历史和方言看状态形容词的名词化》，《方言》1993 年第 2 期；邢福义：《"起去"的普方古检视》，《方言》2002 年第 2 期。

本《丛书》由教育部人文社会科学重点研究基地华中师范大学"语言与语言教育研究中心"筹划实施并组织编纂，主要收录两方面的成果：一是单点方言语法的专题研究（甲类），如《武汉方言语法研究》；二是方言语法的专题比较研究（乙类），如《汉语方言疑问范畴比较研究》。其中有的是国家或教育部社科基金项目的结项成果，有的是作者多年潜心研究的学术结晶，有的是博士学位论文。就两类成果而言，应该说，当前更需要的是甲类成果。只有把单点方言语法研究的工作做扎实了，调查的方言点足够多了，考察足够深了，有了更多的甲类成果的积累，才能更好地开展广泛的方言语法的比较研究，才能逐步揭示汉语方言语法及整体汉语语法的基本面貌。

出版本《丛书》，一方面是想较为集中地反映汉语方言语法的研究成果，助推方言语法研究，另一方面，也是想为将来汉语方言语法的系统描写做点基础性的工作。《丛书》能够顺利面世，得力于中国社会科学出版社张林编辑的全心支持，在此表示衷心的感谢。《丛书》难免存在这样那样的问题，盼能得到读者朋友的批评指正。

汪国胜

2021 年 5 月 1 日

前　　言

近年来随着汉语方言研究的不断深入，方言语法的研究也越来越引起语法学者和方言工作者的重视。方言语法的研究是深入研究方言的一个重要环节，方言调查包括语音、词汇和语法三个方面，语音是构成某方言重要特征的表现形式，词汇和语法特点也是本方言区别于其他方言的重要依据。三者互有联系，而又互有区别。

河南省地处中原，在中国历史上相当长的时间里，其政治、经济、文化都较为发达，郑州、洛阳、开封、安阳、商丘、许昌等均为国家历史文化名城。正是由于这一特殊的地理文化优势，河南方言在民族共同语基础方言的形成过程中起过重大作用，其语音也被称为中原音、中州音、汴洛音，在汉语史上有重要地位。进入20世纪后，汉语方言学在全国勃然兴起，至今方兴未艾。然而，令人遗憾的是，有着重要汉语史价值的河南方言的研究却相对滞后，研究者寥寥无几，有影响的学术专著屈指可数。河南方言研究在当代方言学中的缺席造成今天汉语史和方言学研究的断链。在研究中，凡涉及河南方言，大家深感手头材料捉襟见肘。

方言是语言历史的反映，方言调查是记录方言现状的必经之路。随着方言语法研究的深入开展，越来越多的学者开始关注方言语法。纵观河南方言研究的历史，对河南方言研究有重要贡献的有：贺巍、丁声树、张邱林、张雪平、戴昭铭等，而有关河南辉县方言的研究目前基本还无人深入详细地涉及，仅有的研究也主要集中在语音的记录和描写上以及少量的语料整理上。因此，我们拟弥补辉县方言研究范围的不足，充实辉县方言的研究内容，为进行更为系统、全面的研究提供有价值的参考材料。

本书的用途是多方面的：

（1）为后继研究者提供参考

从现有的研究成果来看，有关辉县方言的研究主要集中在语音和个别词汇上，还没有一本较为全面的研究报告。本书对辉县方言的声韵调进行一一呈现，并介绍了辉县方言的词、短语和句子各个层面的具体语法特点，还总结出了辉县方言的同音字表，这些成果都为后继研究者提供了重要的语料参考，推进和深入辉县方言研究。

（2）引起研究人员对特色方言区的重视

根据侯精一先生的《现代晋语研究》（1986）和《中国语言地图集》（1989）的相关记载，我们将辉县方言划入晋语的范围，属于晋语邯新片下的获济小片。由于豫北晋语在整个河南方言中特点鲜明，在整个晋语中又处于相对独立的文化区域，因此该区域方言的研究就显得尤为重要，但是往往是这样的现象容易被人们忽视或者得不到整体性的关注。所以，我们希望通过此书唤起更多领域内的专家学者关注，同时，我们也希望得到那些爱好方言或对方言感兴趣的人的支持和帮助，希望更多的土生土长的当地人配合我们的方言调查，做我们的方言研究合作人。

（3）为中国语言资源保护工程添砖加瓦

中国语言资源保护工作针对河南片区的考察主要集中在这四个地方：林州、新乡、兰考、开封。而辉县属于新乡的县级市，辉县方言处于晋语的东南端，跟中原官话、冀鲁官话紧邻，北受豫北林州方言的影响，南与获嘉、原阳土语相混，东有浚县方言渗入，西陲和焦作方言夹杂，故辉县方言较复杂，既有辉县方言特有的语言现象，也有与其他方言交叉或一致的地方，因此对它的研究就显得尤为重要，本书也是为我们语言资源保护工程贡献一分力量。

目　　录

第1章　引言 ……………………………………………… (1)
　1.1　辉县与辉县方言 ………………………………… (1)
　1.2　本课题研究现状 ………………………………… (3)
　1.3　研究内容与方法 ………………………………… (5)
　1.4　语料来源与体例说明 …………………………… (6)

第2章　语缀 ……………………………………………… (8)
　2.1　前缀 ……………………………………………… (9)
　2.2　后缀 ……………………………………………… (19)
　2.3　中缀 ……………………………………………… (33)
　2.4　小结 ……………………………………………… (35)

第3章　重叠 ……………………………………………… (37)
　3.1　相关概念 ………………………………………… (37)
　3.2　名词重叠 ………………………………………… (39)
　3.3　动词重叠 ………………………………………… (49)
　3.4　形容词重叠 ……………………………………… (62)
　3.5　副词重叠 ………………………………………… (69)
　3.6　量词重叠 ………………………………………… (75)
　3.7　小结 ……………………………………………… (88)

第4章　副词 ……………………………………………… (89)
　4.1　程度副词 ………………………………………… (91)
　4.2　范围副词 ………………………………………… (131)
　4.3　情状副词 ………………………………………… (142)
　4.4　时间副词 ………………………………………… (149)

4.5 频率副词 …………………………………………（156）
4.6 语气副词 …………………………………………（163）
4.7 肯否副词 …………………………………………（201）
4.8 小结 ………………………………………………（209）

第5章 助词"叨" ………………………………………（210）
5.1 表示定中关系 ……………………………………（210）
5.2 表示状中关系 ……………………………………（214）
5.3 表示述补关系 ……………………………………（216）
5.4 "叨"字短语 ………………………………………（220）
5.5 "叨"字格式 ………………………………………（221）
5.6 关于"叨"的思考 …………………………………（222）

第6章 "X人"结构 ……………………………………（224）
6.1 结构概说 …………………………………………（224）
6.2 语表形式 …………………………………………（226）
6.3 语里意义 …………………………………………（228）
6.4 句法功能 …………………………………………（230）
6.5 语用价值 …………………………………………（231）
6.6 普方比较 …………………………………………（233）

第7章 比较句 …………………………………………（239）
7.1 比较句概说 ………………………………………（239）
7.2 差比句 ……………………………………………（240）
7.3 极比句 ……………………………………………（245）
7.4 递比句 ……………………………………………（246）
7.5 等比句 ……………………………………………（248）
7.6 小结 ………………………………………………（253）

第8章 疑问句 …………………………………………（254）
8.1 疑问表达的手段 …………………………………（254）
8.2 疑问句的类型 ……………………………………（255）
8.3 普通话与方言比较 ………………………………（265）
8.4 小结 ………………………………………………（268）

- 第 9 章　被动句 ·· (269)
  - 9.1　被动句概说 ·· (269)
  - 9.2　无标被动句 ·· (270)
  - 9.3　有标被动句 ·· (281)
- 第 10 章　处置句 ··· (300)
  - 10.1　处置句的类型 ··· (300)
  - 10.2　"叫""把""给"连用的处置句 ································ (303)
  - 10.3　"叫"字歧义句 ··· (305)
  - 10.4　"叫"字的方言分布 ··· (308)
  - 10.5　小结 ·· (309)
- 第 11 章　结语 ··· (310)
  - 11.1　本章的基本认识 ··· (310)
  - 11.2　有待研究的问题 ··· (313)
- 附录　同音字汇 ··· (314)
- 参考文献 ·· (339)
- 后记 ··· (360)

第1章 引言

1.1 辉县与辉县方言

1.1.1 辉县概况

辉县市地处豫晋两省之交，东靠卫辉市，南临获嘉县，西与山西省陵川县交界，北同林州市、山西省壶关县相接，东南与新乡市、新乡县毗连，西南与修武县相邻，从古至今都是豫北地区通往晋东南的必经之地。暖温带大陆性季风型气候，四季分明，地势以平原、丘陵向低山、中山阶梯式过渡。全市总面积2007平方千米，其中山地面积1007平方千米，丘陵216平方千米，陆地784平方千米，总人口95.1万人。目前，全市共辖11个镇，9个乡，2个办事处，533个村民委员会，22个居民委员会。

辉县市远古时期即为共工氏的居住地。殷商时期为畿内地，周称凡、共国。春秋属卫，战国归魏，秦属三川郡。西汉置共县。东汉、晋、北魏、东魏因之。隋开皇六年（586），改为共城县。唐武德元年（618），置共州，领共城、凡城两县；武德四年（621）废州，并凡城县入共城县。金改称河平县。明昌三年（1192）又改称苏门县，贞祐三年（1215）升苏门县为州，称"辉州"，辖苏门、山阳二县。元代因之，后废苏门县，改山阳为镇，仍称辉州。明洪武元年（1368）改辉州为辉县，属河南省布政使司卫辉府，清因之。中华人民共和国成立后，辉县属平原省新乡专区，1952年11月平原省撤销，改属河南省新乡专区，1986年新乡专区撤销，改属新乡市。1988年10月撤县设市，称作"辉县市",属县级,省管辖,新乡市代管。

1.1.2 辉县方言

1.1.2.1 辉县语言使用状况

根据侯精一先生的《现代晋语研究》(1986)和《中国语言地图集》(1989)的相关记载,我们将辉县方言划入晋语的范围,属于晋语邯新片下的获济小片。

辉县方言全境相差不大。但是由于社会、历史、地理等因素的影响,不同地区也存在一些不一致的现象。从整体上来看,我们可以将辉县方言分为三个方言片:第一片为中区,以城关话为代表;第二片为北区,以南村话为代表;第三片为西区,只有吴村一乡。从内部上看,辉县方言内部在语音上差异较大,如以南村话为代表的北区,语音上跟辉县城关话的语音差异就比较大,为了调查的一致性和准确性,本书以中区城关话作为调查的对象,主要研究对象是城关话的语音和语法。从外部看,辉县方言处于晋语的东南端,跟中原官话、冀鲁官话紧邻,北受豫北林州方言的影响,南与获嘉、原阳土语相混,东有浚县方言渗入,西陲和焦作方言夹杂,故辉县方言较复杂,既有辉县方言特有的语言现象,又有与其他方言交叉或一致的地方。

1.1.2.2 辉县方言音系

辉县方言有21个声母,包括零声母在内。

p 布步别	pʰ 怕盘	m 明	f 飞冯扶费	v 闻围危微
t 到道夺	tʰ 太同	n 南怒脑女	l 蓝路吕儿	
k 贵跪	kʰ 开葵	x 灰红胡	ɣ 岸暗硬	
tɕ 杰精经节	tɕʰ 秋丘齐旗	ɕ 修休旋玄		
ts 糟招祖主增争	tsʰ 仓昌巢曹潮粗初	s 散扇僧生		
z 认绕若然	ø 严午武硬袄约闰而延言缘元远			

辉县方言有基本韵母47个,不包括儿化韵母。

ɿ 资支知　　i 基　　　　u 故赌母　　y 居欲
ʮ 猪树
ɛ 欻
a 爬

ɤ 河蛇

o 驳婆磨

ɚ 而

	ia 架		ua 花
iə 野介			yə 靴
	io 哟茄		uo 过活
ai 盖			uai 帅
ei 倍妹			uei 桂
au 饱保桃烧	iau 条		
ou 斗丑收	iou 流		
an 胆三千含	ian 间衔减检廉连	uan 短酸官关船	yan 权圆
ən 根	in 紧心新林邻	un 魂温	yn 云群勋
aŋ 党桑	iaŋ 讲良	uaŋ 光床	
əŋ 庚横	iŋ 星灵	uŋ 东	yŋ 琼穷胸
ɐʔ 八纳擦	iɐʔ 鳖灭压	uɐʔ 脱作刷	yɐʔ 月脚
ɘʔ 福二尺	iɘʔ 笔滴七	uɘʔ 读哭出	yɘʔ 律屈俗

辉县方言有 5 个单字调。

阴平：44　　刚开婚

阳平：42　　穷寒娘

上声：53　　古口好五

去声：213　近盖共岸

入声：3　　 出各岳食

1.2　本课题研究现状

1.2.1　方言语法研究现状

改革开放 40 年来，汉语方言学领域建立了许多专业的学术团体和机构，开展了广泛的学术交流和学术讨论，形成了一支很有实力的专业研究队伍。在这个基础上，汉语方言的调查研究取得了众多方面令人瞩目的辉煌成果①。近年来，新的语言理论、研究方法不断应用于汉语方言研究领域，从而使其有了新的发展，主要表现在三个方面：一是语言类型学在汉语方言语法研究中开始受到重视；二是汉语方言音系的优选论分析研究成为一种"新潮"；三是地理语言学在汉语方言研究中开始兴盛。

在河南方言研究中，贺巍先生的研究可谓独秀一枝。从1979年发表的《获嘉方言的连续变调》起，他在20年间发表了14篇论文，出版3部专著，无论是数量还是质量都代表了国内方言研究的较高水平。其研究内容涉及语音、词汇和语法，研究方向集中在豫北晋语的获嘉方言和豫西中原官话的洛阳方言上。《获嘉方言研究》（1989）一书的出版代表着汉语方言描写的细致和深化，书中对变韵和不同语法功能的描写对国内方言研究的方法产生了一定影响。《洛阳方言词典》（1996）是河南第一部地方方言词典。这些成就奠定了贺巍先生在河南方言研究乃至整个方言学界的地位。1993年，张启焕等人著的《河南方言研究》一书出版。这本书所用材料仍是20世纪50年代末普查得来的，有些陈旧，内容也因追求全面而显得单薄，但是毕竟是人们全面了解河南方言概况的唯一一本专著，其意义自不待言。这一时期，学者们开始联系历史研究河南方言，如裴泽仁从移民和流民的角度研究豫西、豫北方言的形成；张启焕、阎敬业从古汉语的角度研究汴洛方言等，代表了河南方言研究的新方向。此外，还有卢甲文、李宇明、周庆生、丁声树、王森、刘冬冰的文章也具有一定的价值，从不同方面反映了河南方言的概貌。

1.2.2 辉县方言研究现状

方言是语言历史的反映，方言调查是记录方言现状的必经之路。随着方言语法研究的深入开展，越来越多的学者开始关注方言语法。纵观河南方言研究的历史，对河南方言研究有重要贡献的有：贺巍、丁声树、张邱林、张雪平、戴昭铭等，而有关河南辉县方言的研究目前基本还无人深入详细地涉及，仅有的研究也主要集中在语音的记录和描写以

---

① 詹伯慧：《汉语方言研究30年》，《云南师范大学学报》（哲学社会科学版）2009年第2期。

及少量的语料整理上。

著作方面，陈鹏飞《豫北晋语语音演变研究》（2004）一书主要剖析河南北部晋语区方言语音的演变规律。陈泓《普通话与豫北方言》（1997）一书中也有对辉县方言简单的描写。这两部著作对辉县方言语音研究都还不够系统、详尽。

论文方面，一是对方言语音的研究，如师蕾《河南辉县方言语音研究》（2009），该文章结合语言面貌、历史及人口迁徙等多方面因素对辉县方言的语音系统进行了全面详细的描写分析，指出了辉县方言语音系统的两大特色——变韵和入声；《辉县方言入声研究》（2011）强调辉县方言入声舒化比例较高，且舒化后多读为阴平，这是强势方言和调类归并规律综合影响的结果；《辉县方言 Z 变韵的语法功能及其语法化》（2013）指出在变韵方面，辉县方言共有 Z 变韵韵母 22 个，具有丰富的语法功能，是古汉语在漫长的发展过程中语法化的结果。史艳锋《豫北晋语单字音与变音现象研究》（2013）重点关注豫北晋语单字音与音变现象，介绍了 15 个方言点的音系，并对其进行必要的描述说明，包括调值对韵母的影响等。陈卫恒《儿化音对于单字音的影响——辉县、淇县卷舌声母的产生过程》（2010）指出辉、淇两县方言儿化有关的"变声"现象对于单字音系的影响说明：某些方言单字音系中卷舌声母的形成，与其卷舌特征的儿化音及儿字音都存在密切关系。二是对方言的代词系统进行研究。赵凌云《辉县方言的代词系统》（2006）通过实地调查、收集语料，对当地方言中的代词作了详尽的描写分析，同时结合共同语进行比较，从而归纳出辉县方言代词的地方特色。

本书尽可能全面细致地描写辉县方言的语法特点，试图弥补辉县方言语法研究的不足，为后续辉县方言研究提供可参考的理论依据和语料来源。

1.3 研究内容与方法

1.3.1 研究内容

本书在对辉县方言进行深入细致调查的基础上，尽可能全面地对辉县方言的语法现象进行描写，并对其中有特色的部分进行分析和阐释。

全书共分十章，主要研究内容包括引言、语缀、重叠、副词、助词"叨"。

1.3.2 研究方法

本书在对辉县方言的语言现象、语法事实和语法特点进行描写、分析和归纳的过程中，主要依据邢福义先生的"小句中枢"理论和"句管控"理论①，力图做到更加准确地描写，更加透彻地分析。

本书的研究方法主要有以下三种。

（1）田野调查法——通过对自己家乡的亲戚、朋友、邻居等在日常生活中的交际用语进行留心的听取、考察、记录，选取老、中、青三类人群进行系统的调查，结合对方言合作人的调查结果进行民意测评，尽可能确保调查语料的真实性和准确性，并根据调查报告汇编辉县方言各类语法现象的具体特点，以获取较丰富的第一手材料。

（2）分类描写法——对搜集整理好的方言语料进行分析描写的方法，从而对方言语法现象进行详细分类，按照对象不同类别或构成因素进行描写。

（3）比较分析法——通过共时比较，找出辉县方言中语法现象之间的细微差别。在此基础上，尽可能全面地与普通话和其他方言、方言与方言间的相似现象进行比较分析。

1.4 语料来源与体例说明

1.4.1 语料的采集

以田野调查为主。一是随谈录音，录音的内容包括土生土长的地道城关地区人的日常生活聊天、讲故事、民间传说、谚语等。二是专项调查，语音方面的调查采用中国社会科学院语言研究所编制的专供调查方言音系用的《方言调查字表》作为调查材料，语法问题的调查，我们根据黄伯荣《汉语方言语法调查手册》和刘丹青编著的《语法调查研究手册》，把语法问题设计成专项调查材料向调查人进行调查，亲戚邻居乃至

---

① 邢福义：《说"句管控"》，《方言》2001年第2期。

素不相识的市民们都非常热情，不厌其烦地接受我们刨根问底的调查。

收集、整理、自编文字语料。由于我的母语是辉县方言，我的父母、兄弟姐妹至今还生活在辉县城关和不同乡镇，笔者也是18岁后才离开辉县，但多年来跟家人联系密切，且家人三代都是土生土长的本地人，所以对母语的运用还是相当的熟练和地道，基本具备"活语料"的身份。在写作之前收集了近五万字的文字语料，这些语料大部分都是通过我的父母和亲戚收集起来的，有少数是笔者在写作过程中根据研究的需要自己造出来的句子。

1.4.2 发音合作人

表1　　　　　　　　　发音合作人基本信息

姓名	性别	年龄	文化程度
穆家军	男	54	高中
王淑婷	女	55	高中
王凤青	女	77	小学
郭庆军	男	53	高中
穆京堂	男	71	初中
王锡成	男	81	小学
周玉荣	女	65	初中
张麦枝	女	46	初中
穆学枝	男	75	初中
齐灵利	女	43	初中

1.4.3 体例说明

①本书标音一律采用国际音标，行文中在音标外面加上方括号"[ ]"。非轻声音节的调值用数字标示，标在音节的右上方，如"不咋［p^{24}·tsa^{42}］"。轻声音节不标调值，只用圆点标在音节的前面，如"俩［·lia］"。

②方言语料一般采用通行的形式书写，不特意考求本字。

③方言语料中需要注释的随文加释或翻译成普通话，并用小号楷体标记。

④例句前有＊表示没有这种说法。

第 2 章 语缀

关于词缀的定义，目前学术界还没有统一的认识。朱德熙先生认为"真正的词缀只能粘附在词根成分上头，它跟词根成分只有位置上的关系，没有意义上的关系"[1]。在他的定义下，词缀的范围相对狭窄，他认为构成汉语前缀的只有三个："初""第""老"，后缀则包括"子""儿""头""们""了""着""过""的"和"得"。而吕叔湘先生认为"比词小的单位是语素，独立的语素是词，不独立的语素是构词成分，包括词根和语缀"[2]。他还指出部分词缀（以后缀为主）的附着对象不限于词根或者词，短语也应该包含在内。这个定义下词缀的范围明显比朱德熙先生的要更加广泛。

本书语缀的定性，依据两个标准：其一，语缀是一种虚语素，表示抽象的语法意义，表明词的语法功能；其二，语缀是一种定位语素，或居词头（前缀），或接词尾（后缀），或嵌词中（中缀）。有的语素意义已经完全虚化，这是典型的语缀，有的在意义上还没有完全虚化，这是所谓的类语缀。"汉语各方言都有语缀，但情况不尽相同，方言的个性在这里往往也能得到充分的体现。"[3] 辉县方言中的语缀跟普通话中的语缀一样，分为前缀、中缀和后缀，语缀丰富且有特色，本书从方言事实出发，对辉县方言语缀的收录采取"宽容"政策，既有典型语缀又有一部分类语缀，力求对其进行比较全面、系统的描写和说明。对于从普通话进入的语缀，随着普通话的普及终将会被方言吸收，但由于不是辉县方言固有的成分，所以暂不收录。本章按前缀、后缀、中缀的顺序

---

[1] 朱德熙：《语法讲义》，商务印书馆1982年版。
[2] 吕叔湘：《中国文法要略》，商务印书馆1982年版。
[3] 谢自立等：《苏州方言里的语缀（一）》，《方言》1989年第2期。

分节,对辉县方言各个语缀的语法意义和具体用法分项进行描写和说明。辉县地处豫北晋语区,文中所列语缀在河南地区具有一定代表性。

2.1 前缀

辉县方言中的前缀既有与普通话用法大致相同的"老、小、初、第"等,还有独具方言特色的"洋、土、圪、不、忽、骨、顶、二"等。

2.1.1 老

"老[lau⁵³]"用作前缀分为以下四种情况:

①附加在"一至九"的数词前,构成排行名词。辉县方言中有"老一"的说法,但它不仅表示排行,有时也表示排名。有时"老一"是专有名词,指单位的"一把手"。例如:

(1) 他考试老是俺班老一。

tʰɛ²² kʰau²¹ ʂʅ¹¹ lau⁵³ ʂʅ³¹ an²¹ pan²² lau⁵³ iə?

(2) 单位老一说叨管用。

dan⁴⁴ ueiɚ²¹³ lau⁵³ iə?³ suɛ?⁴⁴ lə?guan⁵³ yŋ²¹³

(3) 俺妈是家里排行老二。

an²¹ ma³³ ʂʅ³¹ tɕia³³ liou⁵³ pʰai²¹ xaŋ³¹ lau⁵³ lə?²¹

②附加在谓词性词根前构成名词。例如:

老大　老末儿_{排行最小的}　老小

其中,"老大"有时不仅指排行,也可泛称某一个人。例如:

(4) 这是俺单位老大。

tsə?²¹ ʂʅ³¹ an²¹ tan³³ ueiɚ²¹ lau⁵³ ta³¹。

③附加在姓氏前,构成称呼名词,这种用法和普通话相同。例如:

老张　老王　老穆　老李　老冯

④附加在另外一些名词性语素前,构成其他名词。例如:

老鹰　老板　老爷　老师　老兄　老弟

老猫虎儿_{大人吓唬小孩捏造的能吃小孩的怪物}

⑤放在具有贬义的形容词前表示对人的贬义的称呼。例如:

老抠对小气的人的称呼　老肉对动作慢的人的称呼　老粗对动作鲁莽的人的称呼

2.1.2 小

"小［ɕiau⁵³］"作前缀与普通话用法相同。
①附加在姓氏前，用来称呼年轻人。例如：
小李　小吴　小陈
②附加在名字前，多用作小孩或青少年的小名，也有始终用作正式名字的。例如：
小伟　小刚　小龙

2.1.3 初

"初［tsʰu⁴⁴］"的能产性比较差，可以附加在"一"到"十"的基数词前面，构成表示农历每个月前十天的次序的时间词。例如：
初一　初三　初五　初七　初十
其中"初一、初二、初三"又可以表示初级中学的年级序数，此时它们是简称，属于复合词，这时的"初"不是语缀。

2.1.4 第

"第［ti²¹³］"的能产性较强，附加在除零以外的基数词前面构成序数词，表示次序。除非单纯排序，数词后面通常要有量词或量名词组。例如：
第一　第三　第一名　第一百〇八号
如果表示时间、编号及某些简称时不加"第［ti²¹³］"。例如：
(5) 我是六月生嘅。
uo²¹ sʅ³¹ liou⁵³ yuəʔ²¹ səŋɚ³³·lai
(6) 你坐六路车过来。
ni²¹ zuo³¹ liou⁵³ lu²¹ tsʰəʔ³³ kuo²¹·lai
(7) 我是二中毕业叻。
uo²¹ sʅ³¹ lə²¹ tsuŋ³³ pi²² yəʔ·lɤ

2.1.5 洋

带前缀"洋［iaŋ⁴²］"的词一般都会含有从境外引进的、非本土生产的意思，这是早期中国商品经济不发达在语言上所留的痕迹。随着社会的发展，我国经济和文化的迅速发展，再加上大量农民工涌入城市，由"洋"作前缀的词越来越少，现在仍在使用的如下所示：

洋火　洋油　洋车　洋烟　洋布

洋蒜　洋碱　洋灰　洋文儿　洋槐

辉县方言中以"洋[iaŋ⁴²]"作前缀的词，还广泛存在于老辈人的口语中，与日常生活息息相关的个别"洋[iaŋ⁴²]"缀词在年轻人中也比较常见，如上例中的"洋车、洋火、洋灰"等，有个别以"洋"作前缀的词也被别的词语替代，如"洋油——煤油、汽油、柴油""洋布——的确良、化纤布""洋文儿——外国字母""洋灰——石灰"。

2.1.6　土

"土[tʰu⁵³]"则是与"洋[iaŋ⁴²]"相对的一个前缀，与本土的、不时髦的事物有关。随着社会的进步和经济的发展，人们的视野更开阔了，对海外引进的物产习以为常，以"洋、土"为词缀的合成词快速萎缩。以"土[tʰu⁵³]"作前缀的词只有下面四个。例如：

土布　土枪　土炮　土办法

2.1.7　圪

"圪[kəʔ³]"字作为语缀是晋语的典型特征之一，常见于陕西、山西、河北、河南等省区。辉县方言作为晋语的一个分区，"圪[kəʔ³]"同样是一个活跃的语素，"圪"既可作前缀，也可作中缀，其在口语中的使用频率极高，用法也相当丰富。当"圪"作为前缀时，则可构成以下五种词类：

①名词

"圪[kəʔ³]"作前缀构成名词有三种形式：圪N式、N′圪N儿式和圪NN′式。

圪N式

这类名词一般用来表示细小物体，多数词根需要儿化。例如：

A组

圪台儿[kəʔ³·tʰɛr]：台阶或小平台。你去把玉粟摊到挪圪台儿上晒晒。

圪棱儿 [kəʔ³ləŋɚ²¹]：边沿。墙上咋镇些圪棱儿叻？

圪枝儿 [kəʔ³·tsɚ²¹]：小树枝。你去掭 [tɕʰyəʔ⁵³]用手折物点儿树圪枝儿回来。

圪穗儿 [kəʔ³sueiɚ²¹]：穗儿状的东西。挪衣裳边儿净些儿圪穗儿。

圪丁儿 [kəʔ³·tiŋɚ]：小方碎块儿。把肉剁成圪丁儿炒炒。

圪痂儿 [kəʔ³·tɕiaɚ]：皮肤被创伤或挠破后结的痂。我圪膊上叻圪痂儿掉叻。

圪渣儿 [kəʔ³·tsaɚ]：细碎的东西。你吃叻一地叻馍圪渣儿。

B 组

圪垯 [kəʔ³tɤ²¹]：小型块状物。我头上磕叻个大圪垯。

圪蚤 [kəʔ³tsau²¹]：跳蚤。狗身净圪蚤，你并"不应"的合音搂它。

圪渣 [kəʔ³tsa³³]：垃圾。你去把这一桶圪渣倒拌咾。

圪斗 [kəʔ³tou²¹]：口袋。他赶紧把钱放圪斗□ [liou⁵³]ᴴ"里头"的合音。

圪垒 [kəʔ³lei²¹]：田埂。今个拢叻一天圪垒。

圪针 [kəʔ³tsei³¹]：棘针。花椒树上净圪针。

圪粑 [kəʔ³pa²²]：粥等稀饭凝结成的小块儿。他可好吃那锅圪粑。

圪旯儿 [kəʔ³laɚ²¹]：角落。我叻笔掉到床圪旯儿寻不着叻。

A 组的词根都必须儿化，并且可以单说，词义基本不变。可以说"台儿、棱儿、枝儿、穗儿、丁儿、痂儿、渣儿"，这些词根单说时常常重叠使用，但"圪"不是可有可无。B 组的词根不可单说，或者单说与加前缀"圪"的语义不同。

"圪 N"式后面加"儿"通常是一种语言习惯，如"圪台儿"专指小的台阶。

N'圪 N 儿式

这一形式是在"圪 N 儿"式前面加一个修饰性名词，构成偏正结构"N'圪 N 儿"，语义上与"圪 N"式相同。例如：

鼻圪瘩 [piou²¹kəʔ³tɤ²¹]：鼻头。你看成龙长叻鼻圪瘩多大。

石圪瘩 [sɤ²²kəʔ³tɤ²¹]：不开窍的脑子。你就是个石圪瘩。

死圪瘩 [sɿ³¹kəʔ³tɤ²¹]：死结。我把鞋带系成个死圪瘩，解不开叻。

面圪瘩 [mian²¹kəʔ³tɤ²¹]：一种面食。俺妈可好吃面圪瘩。

土圪瘩 [tʰu²¹kəʔ³tɤ²¹]：土块儿。一用旋风耙，地叻土圪瘩嘎都冇叻。

血圪痂儿 [ɕiɛ²¹kəʔ³·tɕiaɚ²¹]：血块凝固后的样子。我腿上叻血圪痂儿撞烂叻。

馍圪渣儿 [mo²¹kəʔ³·tsaɚ²¹]：馍的碎末。小狗儿把馍圪渣儿都吃光叻。

桌圪棱儿 [tsuŋ³³kəʔ³ləŋɚ²¹]：桌边儿。我冇弄好磕到桌圪棱儿上叻，疼死叻。

炉圪台儿 [lu²¹kəʔ³tʰɛɚ²¹]：火炉台。咱给炉圪台儿上焙点儿焦馍片儿呗。

窗圪台儿 [tsʰuaŋ⁵⁵kəʔ³tʰɛɚ²¹]：窗台。把南瓜籽儿晒到窗圪台儿上。

花圪台儿 [xua⁵⁵kəʔ³tʰɛɚ²¹]：棉花壳。今年结叻花圪台儿真大呀。

圪NN′式

这一形式是在"圪N"式名词后面加其他名词语素N′组合而成。语义上也与"圪N"式相同。例如：

圪瘩汤 [kəʔ³tɤ²¹tʰaŋ⁴⁴]：一种面食。一到晌午，俺家就做圪瘩汤吃。

圪肘窝儿 [kəʔ³tsou²¹uɛɚ²¹]：腋窝。我可害怕谁挠圪肘窝儿。

圪瘩泥儿 [kəʔ³tɤ²¹ni²¹]：呈小块儿状的泥巴。一下雨，哪都是圪瘩泥儿。

②动词

"圪 [kəʔ³]"作为前加成分，附在表示具体动作、行为的单音节动词前，构成"圪V"式，可以用来表示动作的幅度或程度。例如：

圪眨 [kəʔ³tsa²¹]：眨眼。您奶给沙发上圪眨半天叻，也不说去躺睡。

圪闪 [kəʔ³san²¹]：不停地闪。今个黑儿□[tsuo²¹]ᴴ"这个"的合音灯圪闪半天叻。

圪摇 [kəʔ³iau²¹]：反复地摇。你坐好，并"不应"的合音很圪摇。

圪哒 [kəʔ³tɤ²¹]：胡说八道。你情给那瞎圪哒叻。

圪挤 [kəʔ³tɕi²¹]：挤着。他圪挤着眼，估计要睡着叻。

圪晃 [kəʔ³xuaŋ³¹]：身子有意或无意的小幅度晃动。你走个路，来回圪晃啥叻。

"圪 [kəʔ³]"也可用来表示动作的轻微、短暂、反复等。例如：

圪蹴 [kəʔ³tsʰuei³³]：蹲。我圪蹴会儿大叻，站起差忽儿跌咯。

圪栽 [kəʔ³tsai³³]：打瞌睡，动作轻微。你给那儿圪栽半天了，去屋儿睡呸。

圪星 [kəʔ³·ɕiŋ]：刚开始下小雨。天圪星呐。

圪揫 [kəʔ³tɕiou³¹]：不平整、有褶子或皱纹。衣裳都叫你洗圪揫叻。

圪挠 [kəʔ³nau²¹]：用手抓挠，表示反复。你叻手就不识闲儿，恁巴圪挠啥叻。

圪咂 [kəʔ³·tsɤ]：嘴不停地嚼动。您闺女一见我吃东西就圪咂嘴。

圪蹬 [kəʔ³təŋ³¹]：单脚跳动。小孩儿圪蹬着地拐拐叻。

圪颤 [kəʔ³tsan²¹]：颤抖。这天冷叻动我很圪颤。

圪踮 [kəʔ³tian³³]：踮着脚走路。你看他是圪踮着脚儿走路叻。

还可以用来表示无目的或试探性地做某事，有时会在前加"胡"字，增强语义。例如：

圪捣 [kəʔ³tau²¹]：弄，摸索着/试着去做。小突突儿叫他一胡圪捣，发不着叻咋。

圪画 [kəʔ³xua²¹]：四处乱画。你并给我书上胡圪画昂。

圪搅 [kəʔ³tɕiau²¹]：搅动。你很给那胡圪搅啥叻。

圪弄 [kəʔ³nəŋ³¹]：随便做。你胡乱一圪弄就中叻。

圪操 [kəʔ³tsʰau³³]：用筷子夹。我瞎胡圪操点吃吃妥了。

圪挑 [kəʔ³tʰiau³¹]：随便挑动。我去圪挑点儿粪上菜地。

以上"圪V"式均是动词，"V"可单独使用，"圪V"表"反复"，强调动作的幅度小、频率高。例如，"圪蹦"是反复不停地蹦，"圪爬"是反复不停地爬。

③形容词

与"圪 [kəʔ³]"结合的形容词性语素大都是表示不好、歪斜等贬义色彩的词，但是"圪整"正好相反。例如：

圪整［kəʔ³tsəŋ³³］：平整，整齐。你今个穿镇圪整去弄啥呐?

圪蔫［kəʔ³niəɚ³³］：（花草等植物）凋谢。天太毒，玉粟叶都圪蔫叻。

圪撂［kəʔ³liau²¹］：指树木等弯曲或人物性格曲状。这树越长越圪撂。/他挪人可圪撂，不能一起儿共事儿。

圪意［kəʔ³i²¹］：恶心。你吃□［tsuo²¹］ᴴ"这个"的合音东西瞧着真圪意人。

圪腻［kəʔ³niʔ²¹］：腻歪。今个吃这饭胃里头光圪腻叻慌。

圪拧［kəʔ³niŋ⁴²］：犟、倔。小闺女儿太圪拧，叫她咋她不咋。

此外，"圪［kəʔ³］"还可与其他语素构成的"圪里AB"式和"圪里圪A"式四字俗语。例如：

圪里拐弯［kəʔ³·lioukuai⁵³vai⁴⁴］：形容弯很多。

圪里咣当［kəʔ³·lioukuaŋ⁴⁴taŋ³³］：形容办事利落、干脆。

圪里圪旯［kəʔ³·lioukəʔ³lɤʔ³］：形容旮旯、角角的地方。

圪里圪瘩［kəʔ³·lioukəʔ³tæʔ³］：形容地势不平，圪垯很多。

④量词

圪嘟［kəʔ³·tu］：一圪嘟葡萄。

圪垯［kəʔ³tɤ²¹］：一圪垯柴火。

圪截儿［kəʔ³tɕiəɚ²¹］：一圪截儿葱。

圪节儿［kəʔ³tɕiəɚ²¹］：一圪节儿电池。

圪堆儿［kəʔ³tueir³³ɚ²¹］：一圪堆儿沙。

圪团儿［kəʔ³tuanr³¹ɚ²¹］：一圪团儿蚂蚁。

圪朵儿［kəʔ³tuor³¹ɚ²¹］：一圪朵儿花。

⑤象声词

圪吱［kəʔ³tsɿ³³］：门儿圪吱一声儿开了。

圪唧［kəʔ³tɕi²¹］：板凳很圪唧圪唧响。

圪噔［kəʔ³təŋ³³］：穿着高跟鞋儿走路圪噔圪噔响。

圪嘣［kəʔ³pəŋ²¹］：落生花生吃着圪嘣圪嘣叻，真脆。

由"圪［kəʔ³］"构成的词中，大部分的"圪［kəʔ³］"是没有实际意义的，比如"圪瘩、圪整、圪吱"等。但"圪"在构成动词、量词时则有一定的词汇意义，例如"圪操"就有"反复进行"之意，"圪截儿"中的"圪"有"小"的意思。

"圪［kəʔ³］"的附加意义概括地说，就是"小"①。"圪［kəʔ³］"缀名词通常用以表示较为细小的东西，如"土圪堆""土圪儿""花圪台儿"等；"圪［kəʔ³］"缀动词常用以表示动作的短暂、轻微或反复，如"圪嚼"表示轻微嚼动，"圪眨"表示慢慢眨动；"圪［kəʔ³］"缀形容词常用来表示程度轻，如"圪蔫"指植物稍微有点枯萎，不至于无生命特征；"圪［kəʔ³］"缀量词通常用来计量小的、不精确的单位，如"一圪节儿甘蔗、一圪截儿蒜苗"等，"圪［kəʔ³］"缀拟声词通常用来模拟轻微、细小的声音，如"板凳儿老是圪唧响"。

此外，"圪［kəʔ³］"缀名词、动词、形容词、量词、象声词都可以构成重叠式"圪XX""圪圪XX""圪X圪X""一圪X一圪X"式。它们之间的对应关系如下表所示：

表2　　　　　　　　　　　　"圪"缀重叠式

重叠形式 词性	圪XX	圪圪XX	圪X圪X	一圪X一圪X
"圪"缀名词	√	√		
"圪"缀动词	√	√	√	√
"圪"缀形容词	√	√		
"圪"缀量词		√		√
"圪"缀象声词	√	√	√	

具体使用情况见第三章重叠，此不赘言。

2.1.8　忽

"忽［xəʔ²¹］"作为构词前缀，可以构成名词、动词和象声词等，但大多是动词，从词义的角度可以分为两类，一类表示一种有节奏的以

---

① 王临惠：《山西方言"圪"头词结构类型》，《中国语文》2001年第1期。

较高频率反复持续进行的动作。例如：

①名词

忽嘟 [xʔ²¹tuʔ²¹]：玉米粥。今个黑儿咱喝忽嘟昂。

忽闪 [xʔ²¹san²¹]：闪电。外头很打忽闪叻。

②动词

忽闪 [xʔ²¹san²¹]：忽明忽暗。灯一忽闪一忽闪叻。

忽摇 [xʔ²¹iau²¹]：来回摇摆。你并"不应"的合音很忽摇小椅儿。

忽轩 [xʔ²¹ɕuan²¹]：上下跳动。他太胖，走路一忽轩一忽轩叻。

忽落 [xʔ²¹luo⁴¹]：不紧固。我叻大牙要掉叻，忽落可很。

③拟声词

忽恰 [xʔ²¹tɕʰia³³]：房忽恰一声噔塌叻。

忽腾 [xʔ²¹tʰəŋ³³]：他忽腾一声从楼护梯上蹦下叻。

还有两个"何"头词："何腾（扑腾）"，"何捞（寻找）"，我们视"何"为"忽"的音变形式。

2.1.9　不

"不 [pəʔ²¹]"相比较"圪 [kəʔ³]"，构词能力较弱，构成的词类和数量都较少，但也可构成名词、动词、量词、形容词。

①名词

不老盖儿 [pʔ²¹lau²¹kaiɚ²¹]：膝盖。天一冷，我叻不老盖儿就疼。

不赁 [pʔ²¹lei⁴¹]：被抓的皮肤上留下的红道道。你脸上是谁给你挠叻不赁哎，是不是又给谁打架唻？

②动词

不溅 [pʔ²¹tɕian³³]：水波或海浪浮动。河边叻水一不溅一不溅叻。

不捋 [pʔ²¹ly³³]：用手理顺。你把头发不捋捋顺。

不捏 [pʔ²¹niɐʔ³³]：用手捏。你恁巴不捏他叻手指头咋叻？

③量词

不溜 [pʔ²¹liou³¹]：排、行、列。一不溜房。

不摊儿 [pʔ²¹tʰanɚ²¹]：乱糟糟的一片。你办这一不摊儿事儿给我。

不捋 [pʔ²¹ly³³]：一小撮儿。一不捋头发。

④形容词

不忿儿［pε²¹fɤʔ³¹］：心中气不平。给你买没给她买，她心里可不忿儿呀。

2.1.10 骨

"骨［kuʔ³³］"作为前缀可以构成名词、动词和量词。

①名词

骨各［kuʔ³³kə ʔ³］：波子骨。我叻骨各越长越大呐。

骨墩［kuʔ³³tuei²¹］：石墩。你去坐到挪骨墩上。

骨朵［kuʔ³³tuə ʔ²¹］：拳头。你怎巴拿骨朵打我咋了？

②动词

骨蛹［kuʔ³³yŋ³］：蠕动或动。你看挪虫给那爬叻，还骨蛹哩。

骨蹲［kuʔ³³tuən³］：蹲。我骨蹲会儿大叻，一站□［tɕʰiaʔ³¹］"起来"的合音，脚麻了。

骨撅［kuʔ³³tɕyə ʔ³］：噘嘴，不高兴的样子。她可好骨噘个嘴。

③量词

骨嘟［kuʔ³³tuʔ³］：串。你去灶火给我拿一骨嘟蒜来。

骨总［kuʔ³³tsuŋ²¹］：一把。抓一骨总麦秸就把火引着叻。

骨卷［kuʔ³³tɕuan²¹］：卷。这一骨卷东西是啥？

骨筒［kuʔ³³tɕuan²¹］：筒。你弄一骨筒圪档架儿干啥叻？

2.1.11 顶

"顶［tiŋ³¹］"一般加在及物动词前面，为形容词，有"物禁得起"义，也可替换为"耐"。例如：

顶用　顶冻　顶挨　顶烧　顶花
顶穿　顶吃　顶搓　顶晒　顶磨

"顶［tiŋ³¹］"的语义程度较低，常常在句子中作谓语，既可用于肯定句中，也可用于否定句中，还可以受程度副词"可""不""真"等的修饰。例如：

（8）这一骨轮儿木头怪顶烧叻。

tsə ʔ²¹ i²² kuʔ²¹ · lunmə ʔ³ tʰou²¹ kuai³¹ tiŋ³¹ sau³³ · lə ɤ

（9）田田真顶冻，大冬天就穿一条裤。

tʰian²¹·tʰian²¹ tsən³³ tiŋ³¹ tuŋ³¹，ta²¹ tuŋ³³ tian²¹ tsou³¹ tsʰuan³³ iʔ²² tʰyəʔ²¹kʰu³¹

（10）你弄这架势儿根本就不顶事儿。

ni²¹ nəŋ³¹ tsəʔ²¹ tɕia³¹·səʔ²¹ kən³³ pən²² tsou³¹ pəʔ²¹ tiŋ³¹ səʔ²¹

（11）镇大会儿叨一百块钱儿根本就不顶花。

tsən³¹ ta²¹·xueir·ləiʔ²¹ peʔ²¹ kʰuai²¹ tɕianɚ³¹ kən³³ pən²² tsou³¹ pəʔ²¹ tiŋ²¹ xua³³

2.1.12 二

辉县方言中可以用"二［ləʔ²¹］"作前缀构成固定的名词，失去了其表数量的功能，常用来表示不好的人或事物，有强烈的贬义色彩。例如：

二蛋　二货　二傻　二憨

2.1.13 把

"把［pa⁵⁴］"作前缀只有以下三例：

①把+形容词

把滑［pa⁵⁴xua⁴¹］：控制滑动。路上有泥，招呼着点儿，脚底下不把滑。

②把+名词

把戏［pa⁵⁴xi⁴¹］：杂戏。耍把戏叨来叨，咱去看吧。

③把+动词

把把［pa⁵⁴pa⁵⁵］：双手把持小孩儿解手。小妮儿一天都有屙屎叨，来我把把她。

2.2　后缀

辉县方言中的后缀极其丰富，单音节后缀主要有"儿、都、们、把、气、家、个、拉、迄、货、实、头（儿）、娃（儿）"等，形容词复音节后缀主要有"哄哄、巴巴、乎乎"等。

2.2.1 儿

带后缀"儿[·ɚ]"的词，都具备了名词的特性，并且有明显的感情色彩，一般都是表示亲切、喜爱、适中、欣赏等正面感情，如"碗"与"碗儿"相比，后者明显地增加了喜爱的情感，同时，儿化以后，往往带来词义上的变化。如"面儿"指粉末，"面"指面粉或面条。"白面"指比较白的面粉，一般指小麦粉，"白面儿"则专指可卡因之类的毒品。

名词带"儿[·ɚ]"的情况很多，具体如下：

①单音节语素+儿

辉县方言的不少单音节语素都有对应的儿化词。例如：

水儿　面儿　根儿　竿儿　灰儿
腿儿　气儿　成儿　星儿　堆儿
钱儿　小儿　老儿　嘴儿　空儿

②AB式双语素+儿

脸盆儿　水面儿　荷花儿　鞋底儿　茶叶儿　鞋帮儿
棉袄儿　土豆儿　地头儿　麻绳儿　树根儿　石子儿

此类名词在构词上对双语素AB有较强的选择性，不是所有的名词性双语素后面都可以加"儿"。如"钢笔、蚊帐、电话、沙发、手表"等都不能构成儿化词，与普通话相比，辉县方言的儿化词也异常丰富。

③A+B儿B儿

这种合成词形式，是在叠音儿化词前加上一个修饰性语素，例如：

纸蛋儿蛋儿　土面儿面儿　油点儿点儿　窗格儿格儿

上例中前面所加的A都是名词性的语素。A也可以是形容词性的语素，例如：

长条儿条儿　碎渣儿渣儿　碎末儿末儿

上述结构虽然在语义上有一定的专指性，但是在构成上比较松散，凝固性差，可以很容易地进行扩展和替换，如：纸蛋儿蛋儿→土蛋儿蛋儿、碎蛋儿蛋儿、穷蛋儿蛋儿，由此可以产生大量的同形结构，因此，我们将此类结构视为短语词，即表义上具有词的性质，但结构上大于词，趋向于短语。

④AB + C 儿

"AB + C 儿"是一种类似短语结构的形式,例如:

毛笔杆儿　衣裳领儿　洋火匣儿

⑤连绵语素 + 儿

此类合成词很少,例如:

窟窿儿　圪瘩儿　蛐蛐儿

⑥时间词 + 儿

辉县方言中"儿［·ɚ］"只用于个别表时间词中。例如:

晌午头儿　傍黑儿　半晌儿

⑦方位词 + 儿

东边儿　南边儿　西边儿　北边儿

东头儿　南头儿　西头儿　北头儿

⑧家具/器皿类 + 儿

盘儿　筐儿　盆儿　碟儿　瓶儿

罐儿　管儿　柜儿　盒儿　匣儿

另外,辉县方言的名词儿化中也有两个儿化韵音节相连的情况出现,这在普通话中是没有的。但它一般用于儿童语言,主要出现在饮食生活或人体器官等方面的单音节名词,这种形式主要用来表示亲昵,同时具有缓和语气的作用,从而提高儿童对话语的接受效果。例如:

袜儿袜儿　帽儿帽儿　鼻儿鼻儿　脚儿脚儿

娃儿娃儿　本儿本儿　蛋儿蛋儿　车儿车儿

形容词带"儿［·ɚ］"的现象主要见于单音节形容词的重叠式"AA 儿"式。例如:

干干儿　苦苦儿　黑黑儿　高高儿　辣辣儿

宽宽儿　碎碎儿　臭臭儿　热热儿　亮亮儿

疼疼儿　硬硬儿　稀稀儿　痒痒儿　凉凉儿

这一重叠式在语义上分为两种含义,一种表示程度一般,意思是"有点儿 A、稍微 A"。这时,两个 A 的音量相当,不分轻重,例如:

(12) 衣裳晒半天叻,咋还潮潮儿叻?

i^{33}·saŋsai^{31} pan^{21} tʰian^{22}·lɤ, tsa^{21} xai^{31} tsʰau^{21} tsʰaur^{22}·lɤʔ?

(13) 苦瓜吃□［tɕʰiəʔ^{31}］"起来"的合音苦苦儿叻,可对身体好。

kʰu²¹ kua³³ tsʰɿ²¹ ［tɕʰiəʔ³¹］ kʰu²¹ kʰuɚ²² · lɤ, kʰəʔ²¹ tuei³¹ sən³³ tʰi²¹ xau³¹

（14）将将刚刚揪叻野枣儿酸酸儿叻，怪好吃家。

tɕiaŋ²¹ · tɕiaŋtɕiou³³ · lɤyəʔ³¹ tsauɚ²¹ suan³³ suanɚ³² · lɤ, kuai³¹ xau²¹ tsʰɿ²² · tɕiə

这三例中的"AA 儿"表示程度较轻。"潮潮儿"是"有点潮，不太干"的意思。"苦苦儿"是"有些苦，但不是很苦"的意思。"AA 儿"入句后必须加上"叻"一起使用。

另一种是表示程度"比 A 高"，意思是"很 A"。表示这种含义时，"AA 儿"中的第一个或者第二个 A 要加大音量，延长时值，同时，"AA 儿"后要跟助词"叻"。有的习惯于前一个 A 重读，并延长时值，例如：

（15）甜甜儿叻苹果，光想多买点儿。

tʰian²¹ tʰianr³³ · lɤpʰiŋ²¹ · kuəʔ, kuaŋ³³ ɕiaŋ²¹ tuo³³ mai²¹ tianɚ

（16）将洗叻衣裳，就冻叻硬硬儿叻，你说这天冷不冷？

tɕiaŋ²² ɕi · lɤi³³ · saŋ, tsou²¹ tuŋ³¹ · lɤɤʔ²¹ əŋɚ³³ · lɤ, ni²¹ suəʔ²² tsəʔ²¹ tʰian²² ləŋ²¹ · pəʔləŋ²¹

（17）一开窗，屋里亮亮儿叻。

iʔ³¹ kʰai³³ tsʰuaŋ, uəʔɚ²¹ · liouliaŋ²¹ liaŋ³³ · lɤ

（18）把菜炒叻辣辣儿叻，才好吃。

pa²¹ tsʰai³¹ tsʰau²¹ · lɤlɤ²¹ lɤɚ³³ · lɤ, tsʰai²¹ xau²¹ tsʰɿ²²

这四例的"AA 儿叻"都表示程度高，"甜甜儿叻"表示"很甜"。"硬硬儿叻"表示"很硬"。

由此可见，辉县方言形容词重叠式与普通话相比，有明显的不同，普通话形容词重叠式一律表示程度高，读音也没有前者这样的变化。

2.2.2 都

"都［tou⁴⁴］"作为表复数意义的构形语素，它只与人称代词组合构成复数形式。例如：

俺都　恁都　他都

"都［tou⁴⁴］"在辉县方言中相当于普通话的"们"，但使用范围没有"们"那么广。辉县方言中也有"们",但是它只能用在指人名词后,与"都"分饰两角,各司其职。另外,复数第一人称的"俺都"与普通话的"我们",用法也不相同。普通话的"我们"有时包括说话和听话双方,有时又只包括说话人一方的若干人,是包括式;而辉县话方言的"俺都"在任何时候都不包括听话人一方,是排除式。如:"俺都今个去赶会,恁都去不去?"辉县方言中包括说话和听话双方的第一人称复数形式是"咱都",与普通话中的"咱们"用法相同,如:"咱都一起儿去给他发家呗"。

2.2.3 们

"们 [mən⁴⁴]"也是表复数意义的构形语素,只与指人名词,包括亲属称谓词、人名、普通的表人名词等组合。"们"前的名词一般是双音节或多音节的。例如:

大大大伯的妻子们　婶们　舅们　大人们　小孩儿们

在实际交际过程中,如果亲属称谓词是单音节,前面往往要加上有限定性成分的人称代词。例如:

恁姨们　恁姑们　咱舅们　恁嫂们

附加"们 [mən⁴⁴]"的双音节亲属词也有前带限制性的代词或人名,例如:

咱姨夫们　她姐夫们

但在具体语境中因所指对象明确,大多不省。

2.2.4 把

"把 [pa²¹]"作后缀有以下几种情况:

①度量衡量词 + 把

"把"可以附加在度量衡量词后。例如:

斤把　尺把　寸把　丈把　亩把

这些度量衡量词后既可出现名词,也可出现度量形容词,两者还可以同现,形前名后,例如:

(19) 我买叻几条斤把重叻鱼儿。

uoʔ²¹ mai³¹ · lɤtɕi²¹ tʰiau³¹ tɕin³³ paʔ²¹ tsuŋ³¹ · lɤɣəɚ

(20) 给我撕尺把长叨布。

kʔ²²uo²¹ si³³ tsʅ³³ tsʔpa²¹ tsʰaŋɚ²¹ · lɤpu²¹

(21) 我头发一年就长叨寸把长儿。

uoʔ²¹ tʰou²¹ · fɛʔ³¹ yəʔ³¹ nian²¹ tsou²¹ tsaŋ³¹ · lɤtsʰun³¹ · patsʰaŋɚ²¹

(22) 俺家有个亩把大叨菜地。

an²¹ tɕia³³ iou²¹ · kʔmu²¹ · pata²¹ · lɤtsʰai³¹ ti²¹

②时间词 + 把

"把 [pa²¹]" 可以附加在表示时间的 "月、日、年" 后，形成固定说法。但不能直接在后面附加 "把"，前后要有 "个" [kɤ²¹] 或 "地" [ti²¹]，例如：

个把月　年把地

③位数词 + 把

"把 [pa²¹]" 用于位数词后，表示约数，后边常出现量词或量名结构。例如：

百把　千把　万把

"十" 与 "百、千、万" 同类，但它的后边只能用 "来" 表示概数，且其后必须跟量词或量名结构。例如：

(23) 俺叨生意不好，一天才挣个百把块。

an²¹ · lɤsəŋ³² yəʔ³¹ pɤ²¹ xau³¹, yəʔ²¹ tʰian³³ tsai²¹ tsəŋ³¹ · kʔpɐ²² pa²¹ kʰuai³¹

(24) 俺家今年这几块儿地玉粟叨亩产量都合个千把斤。

an²¹ tɕia³³ tɕin³³ nian³¹ tsə²¹ tɕəʔ³¹ kʰuaiɚ³¹ ti²¹ yəʔ³¹ · su³¹ lɤmu²¹ tsʰan²¹ liaŋ³¹ tou³³ xɤ²¹ · kəʔtɕʰian³³ · patɕin³³

(25) 你戴叨这金手镯得万把块叨哞。

ni²¹ tai³¹ · lɤtsəʔ²¹ tɕin³³ sou²¹ tsuo³¹ tə²¹ uan³¹ · pakʰuai³¹ · lɤ · pɛ

(26) 今个满共来了十来个人。

tɕi³³ · kəman³² kuŋ³¹ lai²¹ · lɤsʅ²² lai²¹ · kəzən²¹

2.2.5 气

"气 [tɕi³¹]" 附在形容词性语素或名词性语素后，构成形容词或名词，所加的语素一般都是单音节的，表示某种品性或情况，常带有贬义色彩，能产性较强。例如：

老气　古气　洋气　土气　景气
娇气　虚气　秀气　俗气　阴气
小气　大气　腥气　霉气　光儿气

"气 [tɕi³¹]"加在另外一些实语素后能构成名词，但虚化程度不高，应看作名词性的实语素。例如：

名气　才气　骨气　运气　脾气　福气

2.2.6　家

"家 [tɕəʔ²¹]"一般放在指人名词后面构成新词，在不同的名词中具体意义有差别。

①附加在称谓词或其组合后面，指某一类人，在句中使用时略带轻视的意味。例如：

小孩儿家　闺女家　娘们儿家　汉们家

②附加在男性人名或称谓排行的后头，表示某人的妻子，该用法多用于背称，可以是长辈称呼晚辈或平辈之间相互称呼。但出于礼貌，平辈之间实际上用得不多，晚辈则绝对不能这样称呼长辈。例如：

国喜家　建国家　庚辰家　桂英家　老二家　老五家

"男性人名+家"称谓式中，"家"前还可以是男性的外号。外号多取自该男性的生理缺陷，故而"外号+家"来称呼其妻子只用于背称，不能用于面称，例如：

李瘸子家　小背锅儿家　三胖子家　歪嘴儿家

"男性人名+家"称谓式中，"家"前还可以是男性的称谓官职名，但是，不可以是对男性的亲属称谓名。例如：

村长家　书记家　小组长家

这里需要说明的是，有专门亲属称谓词的不能进入"男性人名+家"式中，比如："三伯家""兄弟家""大哥家""小舅家"不能说，因为它们有专门的称谓词"三大大""兄弟媳妇儿""嫂子""妗子"。

③也可指已经出嫁的女子，用"老+夫家姓+家"来称呼。这种称谓一般限于长辈称呼出嫁的晚辈。平辈之间也可以称呼，但晚辈绝不能这样称呼长辈。例如：

老陈家　老王家　老李家　老张家　老刘家　老穆家

④附加在亲属称谓后，指某门亲属。例如：

姥家舅家　姑家婆家　丈人家

干大家干爸　素白姐妹家远方亲戚家的姐妹

表示"某门亲属"的"家"前面出现的亲属称谓限于女系亲属关系、姻亲关系和两家结盟关系（不是基于血缘或婚姻关系，而是依据一定的民间习俗而拜认的亲戚）。男系亲属关系通常情况下不能这样用，原因在于男系亲属通常情况下与说话人住在同一个村庄，说话人说"三伯家""姥爷家""老婶家"时，"家"倾向于指代"家庭的住所"，而非"亲属关系"。"三伯家"中的"家"是名词，而非语缀。在一些特殊情况下，比如"三伯"一家生活在北京，不在本村，也会说"三伯家在北京"。此时"家"凸显的是一种亲属关系，而非家庭的住所。

⑤附加在姓氏或人名后面，指某家人。例如：

（东头儿）李家　　（南边儿）张家

（西边儿）浮家　　（北头儿）王家

⑥"家"用来指某种关系，多儿化。例如：

上家儿　下家儿　对家儿　买家儿　卖家儿　主家儿

2.2.7　个

"个［kəʔ²¹］"一般用在时间名词的后面，而且常和"儿"尾共同使用，这种用法在明清小说中较为常见。例如：

年时个去年　前年个前年　才一个前天　后一个后天

夜儿个昨天　今个今天　明个明天　大后个大后天

"个［kəʔ²¹］"在这里没有实在意义，但"个［kəʔ²¹］"不可以省略，否则词语将没有意义，不能单独成立。但是在表示"年"的时间时，其中的"个"可以换作"年"，如"年时个＝年时年"，"前年个＝前年年"。

2.2.8　拉

"拉［lɤ²¹］"作后缀，常附加在形容词性语素或动词性语素后，构成形容词，常含有引申义。例如：

①形容词 + 拉

滑拉 [xua²¹·lɤ]：形容很光滑的样子。

涩拉 [sɤʔ²¹·lɤ]：原指吃生柿子的感觉或指某物表面不光滑，有时比喻事情不好办。

②动词 + 拉

沥拉 [li²¹·lɤ]：原指液体类的东西漏的状态，也形容办事不利索、不干脆。

2.2.9 迉

"迉 [tɕʰəʔ³¹]"在辉县方言中使用频率很高，常出现在表示边缘或角落的方位词后面，且方位词必须儿化，用来强调某物所在的位置，有时，"迉 [tɕʰəʔ³¹]"读轻声。例如：

床头儿迉　脚头儿迉　地头儿迉　窗户边儿迉

嘴边儿迉　床底儿迉　书顶儿迉　恁伯跟儿迉

上述例中"迉 [tɕʰəʔ³¹]"前的方位词往往是一个具体方位点，常与"头儿、边儿、底儿、顶儿"等搭配。另外，还可以通过重复方位词来表示某目标距离更为接近。例如：

（27）挪闺女儿都跑到河边儿边儿迉叻，多悬。

nuo²¹ kuei³³·nʅɤtou²¹ pʰau²¹ tau³¹ xɛ²¹ pianɚ²² pianɚ²² tɕʰiʔ¹¹·lɤ, tuo²¹ ɕuan³¹

（28）话都说到嘴边儿边儿迉叻，一急又忘叻。

xua²¹ tou²² suəʔ²¹ tau³¹ tsuei²¹ pianɚ²² pianɚ²² tɕʰiʔ¹¹·lɤ, yəʔ²² tɕi²¹ you³¹ uaŋ³¹·lɤ

例（27）中的"河边儿边儿迉"指马上要掉到河水里，离河水特别近。例（28）中的"话到嘴边儿边儿迉"指说话人差一点点就要把话讲出来的意思。

2.2.10 货

"货 [xuo²¹]"常与词根构成詈词，词根多为形容词、动词，但与"货 [xuo²¹]"结合后都为名词。

①形容词＋货

附加在含有贬义色彩的形容词性语素后面，构成名词。例如：

笨货［pən²¹xuo²¹］：不聪明的人。

傻货［sa²¹xuo²¹］：过于老实、心眼死的人。

信货［ɕin²¹xuo²¹］：又傻又憨的人。

憨货［xan³³xuo²¹］：做事糊涂、不明事理的人。

愣货［ləŋ²¹xuo²¹］：愣头愣脑的人。

疯货［fəŋ³³xuo²¹］：作风不正派的女人。

晕货［yun³³xuo²¹］：晕头晕脑的人。

贱货［tɕian²¹xuo²¹］：不知好歹的人。

骚货［sau³³xuo²¹］：爱寻花问柳、乱搞男女关系的人。

窝囊货［uo²¹·naŋxuo²¹］：性格软弱、易受愚弄的人。

②动词性短语＋货

吃嘴货［tsʰʅ²²tsuei²¹xuo²¹］：见别人嘴动就流口水的人。

捣蛋货［tau²¹tan²¹xuo²¹］：调皮捣蛋的人。

不要脸货［pᵞ²²yau²¹lian²¹xuo²¹］：不知羞耻的人。

抠门儿货［kʰou²²mei²¹xuo²¹］：小气吝啬的人。

烧包儿货［sau²¹pəʔr³³xuo²¹］：爱炫耀自己的人。

2.2.11 实

辉县方言中以"实［səʔ²²］"为后缀的都是形容词，并且都具有"饱满、耐受力强"等语义特征，例如：

扎实　厚实　皮实　瓷实

这是因为后缀"实［səʔ²²］"是由实词"实"逐渐语法化而形成的，"实"的本义是充足；富裕。《国语·越语下》："田野开阔，府仓实，民众殷。"又有坚实；踏实；内部完全填满，没有空隙的意思，如《孙子·虚实》："兵之形，避实而击虚。"上述词义在"实"虚化为词缀的过程中，还有部分保留，所以使此类形容词具有了共同的语义特征，例如：

(29) 小宽胳膊上叻肉瓷实叻很。

ɕiau²¹kʰuan³³kᵞ²¹·psaŋ²¹lᵞzou²¹tsʰəʔ³¹·ʅ·lᵞxən²¹

(30) □ [tsuo²¹]ᴴ "这个"的合音 球鞋扎实叻很，都穿好几年了。
tsuo²¹ tɕʰiou²¹ ɕiə³¹ tsa³¹·sɿ· lɤxən³¹, tou³³ tsʰuan⁴⁴ xau³¹ tɕi²¹ nian²¹·lɤ

(31) 用绳捆扎实些儿，可并"不应"的合音到半路掉咾。
yuŋ²¹ səŋ²¹ kʰun³¹ tseʔ²² sɿ¹¹·ɕiəɚ, kʰəʔ²² piŋ²¹ tau³¹ pan²¹ lu³¹ tiau³¹ lau²²

2.2.12 头

"头 [tʰou²¹]"可以附加在名词性语素、动词性语素或形容词性语素后，构成名词，有时需要儿化，能产性强。

①名词+头

"头"附加在名词性语素后时，被加的语素有三种情况：

a. 原来不成词，加"头"后构成普通名词。例如：

石头　木头　骨头　罐头　墙头

砖头　舌头　指头　渣头　火头

布头儿　裤头儿　线头儿　肩门头

b. 被附成分表示具体事物，附"头"后构成具体名词。例如：

油头　风头　手头　气头　钟头儿

c. 附加在方位词后，相当于普通话的"边"或"面"。例如：

上头　下头　里头　外头

东头儿　西头儿　南头儿　北头儿

嘴里头　腰里头　胃里头　心里头

这里的单音方位词在辉县话中都不能单独使用，构成合成方位词后句法功能增强，可以自由充当主宾语。但当方位词是"左、右"时，辉县话常说"左面儿、右面儿"或"左傍个、右傍个"，而不用"左头儿、右头儿"，并且，这种表达更倾向于在老辈人中使用。例如：

(32) 走到路口儿迨往北拐。
tsou³¹ tau²¹ lu³¹ kʰouɚ¹¹·tɕʰiʔuaŋ²¹ pɐʔ²² kuai²¹

(33) *走到路口儿迨往左拐。
tsou³¹ tau²¹ lu³¹ kʰouɚ¹¹·tɕʰiʔuaŋ²¹ tsuo²¹ kuai²¹

这两句话意思相同，但前者常出现在老辈人中，这是因为他们很少外出，对自己村庄的方位很敏感；而后者则常出现在新辈人中，这是因为他们经常外出，在辨不清方位时习惯使用"左、右"来代替。

②动词+头

a. "头［tʰou²¹］"附加在单音节动词后面时，必须儿化，这些动词便会被名词化，有"做某种动作有价值"的意思。例如：

看头儿　说头儿　活头儿　吃头儿

学头儿　听头儿　干头儿　教头儿

这些词在使用时，前面常常加"有"，对某种行为的价值表示一种评议，表示对某种动作行为的评判，含有"值得"义。如："有说头儿、有学头儿、有干头儿"即"有说的价值、有学的价值、有干的价值"；但表否定时，往往前加"有啥"，表示不值得/没必要这样做，如："有啥听头儿、有啥吃头儿、有啥看头儿"。在辉县方言中，大部分单音节动词后面一般都可以跟后缀"头（儿）"。

b. 构成表工具的名词。例如：

盖头　姘头　刨头

c. 构成抽象名词。例如：

盼头　来头　赚头　落头

③形容词+头

"头［tʰou²¹］"附在形容词性语素后也常常名词化，我们只收集到四个。例如：

甜头儿　苦头儿　滑头儿　老头儿

2.2.13　娃儿

"娃儿［uaɚ²¹］"附着在名词性语素后，表示事物的细小。例如：

猪娃儿　狗娃儿　猫娃儿　鸡娃儿　树娃儿

此外，常常在"娃儿［uaɚ²¹］"缀词语前加上"小"，有进一步强调小的意味，例如：

小猫娃儿　小鸡娃儿　小狗娃儿　小猪娃儿　小树娃儿

2.2.14　形容词叠音后缀

形容词双音节后缀多为重叠式，与单音节形容词组成 AXX 式。AXX 式是形容词 A 的生动形式，带有一定的附加意义，可以附带表达说话者的感情、态度等。辉县方言中使用频率较高的双音节后缀有"哄哄""巴巴""乎乎"。

①后缀"哄哄"

"哄哄"附加于形容词语素之后，可以构成不少形容词。例如：

气哄哄　热哄哄　闹哄哄

乱哄哄　臭哄哄　烟哄哄

此类形容词多表示感觉和嗅觉，一般体现场面大、气势足、气味浓烈等，这种表义和后缀"哄哄"有一定关系，人们多习惯于用"哄哄"的音响效果表现气势大的特点。所以没有相应的"冷哄哄、困哄哄"等说法，也没有表现味觉的"酸哄哄、甜哄哄"等词语。"A 哄哄"同样用于表现说话人不舒服、不愉快的感觉。例如：

(34) 一下课，班□ [liou⁵³]ᴴ "里头" 的合音乱哄哄叻，谁也听不见谁说话。

yəʔ²¹ɕia³¹kə ʔ⁴¹, pan³³liou⁵³luan³¹xuŋ³²xuŋ³³·lɤ, sei²¹·yəʔtiŋ³³·pɛtian²¹sei²¹suə ʔ³³xua²¹

(35) 还有到热天叻，屋里就热哄哄了。

xai³¹mə ʔ²¹tau²¹zə ʔ³¹tian³³·lɤ, uəə ʔ³³liou⁵³tsou²¹zɤ ʔ³¹xuŋ³²xuŋ³³·lɤ

②后缀"巴巴"

由"巴巴"构成的形容词一般都是贬义的，例如：

干巴巴　瘦巴巴　硬巴巴

皱巴巴　旧巴巴　累巴巴

此类形容词多用于表现事物的外形，描写事物很硬或不丰满等特点，例如：

(36) 炕叻馍干巴巴了，一点油都木有。

kʰaŋ³¹·lɤmɤ ʔ²¹kan³³pa³³pa³¹·lɤ, yə ʔ¹¹tianr²¹iou³¹tou³³mə ʔ²¹iou²¹

(37) 看她瘦巴巴叻样儿，能有气干活儿？

kʰan³¹tʰa³³sou²¹pa³³pa³¹·lɤiaŋɚ³¹, nəŋ²¹iou²¹tɕʰi³¹kan³¹xuəɚ²¹

③后缀"乎乎"

由"乎乎"构成的形容词多用于表现人的某种感觉或感受，例如：

热乎乎　胖乎乎　软乎乎　稀乎乎

稠乎乎　冷呼呼　酸乎乎　晕乎乎

黑乎乎　黏乎乎　圆乎乎　气乎乎

与大部分带叠音后缀的形容词不同,"A 乎乎"类形容词不但可以表现负面现象,还可以描写正面的、令人愉悦的感受。例如:

(38) 糖稀弄手上黏乎乎叻,真不得劲。

$t^hɑŋ^{32}ɕi^{33}nən^{31}sou^{21}suɑŋ^{31}niɑn^{21}xu^{33}xu^{31}·lɤ,tsən^{33}p^{ɤ21}tɛ^{21}tɕin^{31}$

(39) 你叻手胖乎乎叻。

$ni^{21}·lɤsou^{21}p^hɑŋ^{31}xu^{33}xu^{31}·lɤ$

例(38)是表示说话人埋怨、不开心的情绪,例(39)则是表示喜爱、愉悦的情绪。

辉县方言的叠音后缀很丰富,可以构成更多丰富多彩的形容词。除了以上所举的几种叠音后缀以外,还有不少同类型的后缀,有的构词能力相对较弱,但在语言交际中的使用都很频繁。如:洞洞(黑洞洞),叮叮(凉叮叮),堂堂(亮堂堂),通通(红通通),腾腾(热腾腾、雾腾腾),哈哈(红哈哈、明哈哈),飕飕(冷飕飕、凉飕飕),溜溜(精溜溜、软溜溜、酸溜溜),<u>丝丝</u>(甜<u>丝丝</u>儿),绷绷(硬绷绷、紧绷绷)。

辉县方言形容词的这些叠音后缀在用法和语义上也有一些突出的特点。首先,辉县方言的 AXX 式形容词可以通过儿化的方式改变词的感情色彩。ABB 式形容词加"儿"后,儿化的音节要加大音量,并延长时值,形成"ABB 儿叻",表示说话人对描写对象喜欢、欣赏的感情态度,例如:

(40) 买叻杏儿吃着酸溜溜儿叻。

$mai^{31}·lɤxiŋɚ^{31}ts^hɿ^{33}·tsɛsuɑn^{32}suɑnɚ^{22}·lɤ$

(41) 才蒸叻馍宣腾腾儿叻。

$ts^hai^{21}tsəŋ^{33}·lɤmuə?^{31}ɕuɑn^{22}təŋ^{32}təŋɚ^{33}·lɤ$

例(40)表示杏酸得可口好吃;例(41)表示馍蒸得非常好吃,对热馍很喜欢。

但是并不是所有的 AXX 式形容词后的"XX"都可以儿化,有的则不能作相应的音变,这主要取决于 BB 的性质,如带后缀"飕飕、洞洞"的形容词,因为后缀所表示的负面情感色彩很强烈,与儿化以后所表现的情感反差太大,显得不协调,所以没有上述用法。

其次,ABB 式形容词受叠音后缀的影响,在语义上多表示程度深,所以，此类形容词不再受程度副词的修饰，在句法结构上，不带程度副词充当的状语和补语。如果说"恁小孩儿胖"，则语义显得不够完整，不能成句，一般要说"恁小孩儿太胖了。/恁小孩儿胖叻很。/恁小孩儿胖胖儿叻。/恁小孩儿有点儿胖"等。这说明，形容词单独作谓语时，往往要受一定条件的限制，要带相关的句法成分。但是，AXX 式形容词充当谓语则比较自由，可以不带相关的成分，如"恁小孩儿胖乎儿乎儿叻"结构完整，表义清楚，符合辉县人的语感。

2.3 中缀

2.3.1 圪

"圪〔·kəʔ〕"作中缀时，常嵌入"ABB"式中，构成"A 圪 BB"式。例如：

脆圪崩崩　干圪巴巴　黑圪洞洞　黏圪叽叽　甜圪浓浓

2.3.2 不

中缀"不〔·pəʔ〕"出现在双音节名词中，例如：

肚不脐水不槽儿小水坑　鸡不□〔tsʰəɚ³〕鸡内金　血不淋划伤的血道

中缀"不〔·pəʔ〕"出现在状态形容词里的现象极其丰富，常表达说话不满、埋怨时的感情色彩。具体使用情况如下：

① "A 不 B"式

丑不叽　黑不出　笨不出　尖不出　凉不丁儿　细不丝儿

② "A 不 BC"式

憨不愣登　傻不勒忒　黑不雷忒　软不拉塌

③ "A 不拉几"式

能进入这一格式的形容词很多。描写颜色的有：

黄不拉几　红不拉几　黑不拉几　红不拉几　灰不拉几

描写性质、状态的有：

稠不拉几　稀不拉几　瘦不拉几

干不拉几　潮不拉几　傻不叽叽

描写感觉的有：

蔫不拉几　能不拉几　乏不拉几

沉不拉几　疼不拉几　麻不拉几

以上带后缀"不叽叽"的形容词，其语义以词根 A 为基础，"A 不拉几"则表示说话人对 A 的一种不舒服、不满意的感觉，例如：

（42）胡辣汤稠不叽叽、辣不叽叽叻，有啥吃头？

xu²¹·lɛtʰaŋ³³ tsʰou³¹ pʏ²¹ tɕi⁵⁵ tɕi⁵⁵，lɛʔ³¹ pʏ²¹ tɕi⁵⁵ tɕi⁵⁵·lʏ, iou²¹ sa³¹ tsʰʅ³³ tʰou

（43）你看他叻脸老是跟猴屁股样似，红不叽叽叻。

ni²¹ kʰan³¹ tɛʔ·lʏlian³¹ lau²¹ sʅ²¹ kən³³ xou²¹ pʰi³¹·kouiaŋ³¹·sʅ, xuŋ²¹ pʏ²¹ tɕi⁵⁵ tɕi⁵⁵·lʏ ʏ

此外，后缀"不拉几"也经常说成"不叽叽"，如：酸不叽叽、臭不叽叽、苦不叽叽，语义与功能与"A 不拉几"相同。

④ "A 不溜秋"式

黑不溜秋　红不溜秋　灰不溜秋

胖不溜秋　短不溜秋　干不溜秋

酸不溜秋　苦不溜秋　圆不溜秋

⑤ "A 不楞登"式

花不楞登　红不楞登　黄不楞登　灰不楞登　圆不楞登

这一格式多用于描写人的视觉感受，用于描写颜色时，表现了颜色的驳杂或不纯正；用于描写事物时，表示事物因某一形状特征而不好看，例如：

（44）你都五六十叻，还天天穿叻花不楞登叻。

ni²¹ tou³³ u²¹ liou³¹ sʅ²²·lʏ, xai²¹ tʰian³³ tʰian³³ tsʰuan²¹·lʏxua²² pʏ²¹ lən³³ tən³³·lʏ ʏ

（45）你看你把肚吃叻圆不楞登叻，也不嫌难看？

ni²¹ kʰan³¹ ni²¹ pa²¹ tu³¹ tsʰʅ³³·lʏiuan²¹ pʏ²¹ lən³³ tən³³·lʏ, yəʔpʏ²¹ ɕian³¹ nan²¹ kʰan²¹

这四类格式也有个性差异。一是在构词能力上有差异，"A 不拉几"式形容词数量较多。"A 不 BC"式和"A 不楞登"式形容词相对较少。二是描写范围有差异，"A 不 BC"式和"A 不楞登"式多用于描写颜色、性状等视觉效果。而"A 不拉几""A 不溜秋"式用于描写人或事物在视觉、味觉、性质、状态、感觉等方面的特性,适用范围很广。

2.3.3 里

"里[·li]"作为中缀常构成多音节形容词"A 里 AB"和"A 里 BC"式中,并且常含有贬义。例如:

稀里糊涂　黄里吧唧　迷离迷糊
流里流气　小里小气　啰里啰唆
腥里腥齁　马里马虎　啰里八唆
丢里瘩拉　慌里慌张　疙里疙瘩
活里活套　怪里怪气　糊里糊涂

2.3.4 骨

"骨[·kəʔ]"作中缀多构成名词、形容词。

①名词

花骨朵儿　墓骨堆儿坟头　笔骨筒儿　树骨墩儿　门儿骨墩

这里的"骨[·kəʔ]"嵌入具有两个名词性语素中,且其中一个需要儿化。有时中缀"骨[·kəʔ]"可以省略,语义不变,如"墓骨堆儿、笔骨筒儿",有的则不能,如"花骨朵儿"。

②形容词

中缀"骨[·kəʔ]"常构成"A 骨 B 儿"式的状态形容词,例如:

甜骨浓儿甜甜的感觉　黑骨洞儿黑黑的感觉

"骨[·kəʔ]"作为中缀构成的形容词往往可以重叠,例如:

甜骨浓儿浓儿　黑骨洞儿洞儿

2.4　小结

辉县方言语缀的数量相对较为丰富,与普通话相比,有许多普通话没有的方言特色成分。例如,除了具有与普通话用法相同的"老、小、初、第、儿、们、气"等外,还有普通话没有的"圪、不、骨、都、把、家、迄、顶、二、把、货"等,其中"圪、不、骨"比较特殊,既可以用作前缀，又可用作后缀。本章在对各个语缀进行详细描写的同时，还注重分析其语义特征和语法功能。尤其对辉县方言中使用频率较高的形容词双音节后缀"哄哄""巴巴""乎乎"进行了具体的分析总结。

第 3 章　重叠

3.1　相关概念

①重叠的判断

李宇明曾指出：重叠是使某语言形式重复出现的语法手段①。重叠之前的形式称为"基式"，重叠之后的形式称为"重叠式"，"没有基式就没有重叠式"。就重叠的基式而言，他指出了三个重叠的层次，不同层次的重叠具有不同的基式。"非词重叠的基式可以是一个语素，或者是一个没有任何意义的音节"，"词语重叠的基式是一个词或者一个短语"。

非词重叠和词语重叠分别属于构词法和构形法、句法的范畴，是本书研究的对象。语句重复属于超句法的范畴，不在本书讨论之列。凡是基式不成词，不能独立使用或者基式不明确的也不在本书考虑的范围。

②"重叠的词"与"词的重叠"

"重叠的词"是一个词，其内部构成可以是完全重叠（例如，AA式：妈妈、姐姐），也可以是部分重叠（例如：ABB 式，热乎乎、红通通）。这是一个构词法范畴的概念。

"词的重叠"则是词的进一步组合或者变化，可以采用不同的重叠形式表达不同的语法意义，并且与基式的语法意义不同。这是一个句法范畴的概念。

重叠作为一种语言形式，在构词和句法两个范畴都有所运用。但是

---

① 李宇明：《论词语重叠的意义》，《世界汉语教学》1996 年第 1 期。

在研究的时候,我们要把不同层次的重叠区分开来。本书的重叠研究只是"词的重叠"这方面。

③构词重叠和构形重叠

关于重叠式的作用,大多数学者将其分为两种:构词重叠、构形重叠。构词重叠是指接连反复某一音节或词根以组成新词的一种构词方式,构形重叠则是指对某一个词连续反复以表示某种语法意义的变化形式①。区分标准大致为:"凡是有原形词存在的重叠式应该视为构形重叠,原式词与重叠式词是同义词,只不过重叠式词附加了一些语法意义而已。""构词重叠可分为三种情形,一是由不表义的单音节构成一个双音节叠音词,二是没有可以单独使用的原式词,三是虽有可以单独使用的原式词,但重叠后与原式词在意义和词性上都完全不同。"②用比较重叠前后语义的方法研究重叠语义特征时主要侧重于构形重叠,可是辉县方言中不少重叠式名词与基式在语义及词性上虽然都有一定的区别,但它们之间的语义联系也不可忽视,因为下文阐述对象除了构形重叠外还包括构词重叠式在内。

④重叠式的意义

孙景涛曾说:"重叠是为了表达意义而引发的重复语音的形态构词现象。一个形式的重复产生一个新的意义。"③朱德熙在《语法讲义》中提出了研究重叠式应该注意的几个方面,其中之一就是重叠式的语法意义的研究④。李宇明在《论词语重叠的意义》中提到"确定重叠意义的基本方法,是比较基式和重叠式的表义差异,这种意义差异就被认作是重叠的意义"⑤。三位先生都认为重叠的形式与它的意义之间有着莫大的关系,前辈时贤也在这方面做了许多工作,取得了许多成果。本书将在吸收前辈时贤的研究成果的基础上,对辉县方言重叠式的意义进行讨论,以期初步了解辉县方言重叠式的意义。

---

① 张谊生:《副词的重叠形式与基础形式》,《世界汉语教学》1997年第4期。
② 华玉明:《四十年来的重叠研究》,《河池师专学报》1992年第2期。
③ 孙景涛:《古汉语重叠构词法研究》,上海教育出版社2008年版。
④ 朱德熙:《语法讲义》,商务印书馆1982年版。
⑤ 李宇明:《论词语重叠的意义》,《世界汉语教学》1996年第1期。

⑤重叠式的分类

关于重叠的分类，许多学者做过很详尽的研究。例如，刘丹青（1988）以汉藏语系的语言为对象，从类型学视角以有无标记把重叠式分为十类，其中有的还有小类。又如，李宇明（1996、2009）以普通话为对象，区分了非词重叠、词语重叠和语句重叠，分析了多种复叠式的组成形式、语法功能和语义特点。他指出，重叠一般会增加新的语法意义，重叠式与基式相比，不仅表示量多，也可表示量少等其他意义。

重叠是汉语普通话和方言中词语的一种重要的构形方式。本章主要考察辉县方言中名词、动词、形容词、副词和量词这五种词类的重叠，具体分析它们的构成形式、语义特征、语法功能、语用意义和音变情况。

3.2 名词重叠

关于名词重叠式，语法界早期的观点认为名词重叠式主要适用于儿童语和少数带量词性质的名词，一般名词是不能重叠的。黄伯荣、廖序东（1991）也认为只有少数带有量词性质的名词可以按 AA 式重叠，例如"家家、队队"等表示"遍指"义。在后来的研究中，名词重叠式仍主要存在于某些量化名词、儿童语及民歌中，但也有些增补和细化，例如，量词性名词表示"每一"的意思之外还有"众多""泛指"之义；部分名词对举时也可以重叠，例如"山山水水"。华玉明（1996）等提出某些表示名称的（例如"眷恋"）和个别表示时间的（例如"时刻"）双音节名词也可以重叠，重叠的形式是 AABB，重叠后泛指同类事物。他还指出名词重叠有使抽象概念具体化的功能。付欣晴（2016）提出重叠在方言中起的作用是"名词化"而非"名物化"，重叠后的语言单位不仅在词汇意义层面上具有了指称作用，在句法层面上也和普通名词一样在句中充当主宾语，不能作谓语，无论词汇层面还是句法层面它们都具有了一般名词的基本特征。不可否认名词重叠式的数量如此庞大，是"无法打入例外的"。① 尤其方言中的名词重叠式不仅数量大而

---

① 文雯：《现代汉语重叠式刍议》，《牡丹江教育学院学报》2006 年第 6 期。

且类型繁多，成为这方面研究的主要对象。

3.2.1 重叠形式

辉县方言名词重叠有 AA 式、A 儿 A 儿式、AAB 式、AB 儿 B 儿式、AABB 式和 ABCC 式六种。

①AA 式

辉县方言中能重叠的单音节名词多为表示物体或事物名称的词，重叠的方式主要有两种：单纯重叠和儿化重叠。AA 式是指单音节名词的重叠式，只有事物名词和少数时间词可以进入此种形式。例如：

（1）车车 兜兜 碗碗 裤裤 狗狗 灯灯 脚脚 手手 饭饭 肉肉 屁屁

（2）大大 公公 亲亲

（3）天天 年年 晌晌 月月 家家 门门

例（1）中的重叠词表示事物的名词，主要用于幼儿语言。这种重叠有的是由原本固定的词拆开后，将其中的一个语素重叠使用，例如"汽车"在儿语中可以说成"车车"。

例（2）是亲属称谓词。朱德熙曾指出，普通话"重叠式名词主要是亲属称谓"①。而在辉县方言中，表示亲属称谓的名词却不用重叠形式，如"爷爷、奶奶、妈妈、哥哥"在辉县方言中只能说成"爷、奶、妈、哥"。个别亲属称谓名词除外，如"大大伯母""亲亲亲戚"必须重叠，而有的只能用于背称，如"公公丈夫的父亲"。

例（3）中的重叠式的基式是带有量词性的名词。这种情况在辉县方言中普遍存在，且具有一致性，与普通话相同，此不赘言。

②A 儿 A 儿式

儿化重叠式在辉县方言中使用频率极高，广泛应用于名词、动词、形容词、副词和量词等词性中，这是因为辉县方言中儿化的使用特别广泛。单音节名词表小称时都用"A 儿 A 儿"重叠式，这类重叠式属于儿化重叠，付欣晴（2013）《汉语方言重叠式比较研究》、郜晋亮（2011）《晋城方言重叠式研究》、刘佳佳（2008）《孟州方言重叠式研

---

① 朱德熙：《语法讲义》，商务印书馆 1982 年版，第 26 页。

究》、高先（2010）《胶南方言语法探析》、高海珊（2008）《丰县方言语法研究》、陈淑静（1998）《平谷方言研究》中也有此用法。但是与辉县方言用法比较一致的见于辛永芬（2006）《浚县方言语法研究》，指出位于豫北晋语区和中原官话区交界地带的浚县，与普通话不同的是，基式为"A"的名词，其重叠式为"A 儿 A 儿"式。这一形式与辉县方言相同，但是辉县方言中"A 儿≠A"，因为有些单音节名词儿化后意义会随着发生改变（例如：面→面儿），并且只有儿化后的意义才能重叠；有些单音节词在辉县方言中儿化前后的词性会发生改变，例如"花、钩"在辉县方言中是动词，只有加上"儿"之后才是名词；再加上，很多单音节名词不加"儿"是无法独立存在的，例如"包、窝、节、櫊"等。所以笔者认为这种形式的基式为"A 儿"，而不是"A"。以下是"A 儿 A 儿"在辉县方言中的具体表现：

A. 儿童用语

嘴儿嘴儿→小嘴儿嘴儿　眼儿眼儿→小眼儿眼儿

鼻儿鼻儿→小鼻儿鼻儿　牙儿　牙儿→小牙儿牙儿

脸儿脸儿→小脸儿脸儿　手儿　手儿→小手儿手儿

腿儿腿儿→小腿儿腿儿　脚儿　脚儿→小脚儿脚儿

这类词专门用于大人对小孩儿的面称，表示小称，带有喜爱的感情。另外这类词前面还可加"小"来修饰，加强喜爱的程度，但只限于指称以上提到的部位。

B. 事物名称

面儿面儿　包儿包儿　窝儿窝儿　毛儿毛儿　钩儿钩儿　条儿条儿　节儿节儿

水儿水儿　棍儿棍儿　台儿台儿　本儿本儿　芽儿芽儿　泡儿泡儿　球儿球儿

沫儿沫儿　家儿家儿　瓶儿瓶儿　格儿格儿　圈儿圈儿　穗儿穗儿　牌儿牌儿

花儿花儿　丝儿丝儿　道儿道儿　孔儿孔儿　缝儿缝儿　櫊儿櫊儿　叉儿叉儿

在辉县方言中，这类重叠式的使用频率很高，人们日常生活中的很多事物都可以用 A 儿 A 儿式来指称，"A"一般不单说，只有"A"后加"儿"构成"A儿"才可以说。但是，有极少数的"A儿A儿"式中，"A儿"也是能单说的。这种重叠普通话中很少见到，基式"A儿"中有些看似量词，例如"条、节、圈、道"，实际上它们是以名词的性质重叠的，基式反映的是事物的形状概念，重叠之后语义特征中包含有"A状"的意思，表示事物在花色、形状等方面的特点。

C. 方位名词

方位名词重叠儿化后，一般加一个虚词词尾"迄"，相当于"最"。例如：

角儿角儿迄　头儿头儿迄　根儿根儿迄　边儿边儿迄　底儿底儿迄

辉县方言中还有两个方位名词的合音词是这样的重叠式，例如：

□ [tyŋ^{53}]（"顶上"的合音）——□□ [tyŋ^{53}tyŋ^{51}] 迄最顶端

□ [tia^{31}]（"底下"的合音）——□□ [tia^{31}tia^{41}] 迄最底部

这种重叠形式表示方位的最高级，其他方言地区也有类似的用法，如湖北吉首方言中"底底脚"表最下边之意，河南南阳方言中"底底下"表最下边之意，苏州方言中有"边边浪"表示最边上。

在"AA"式和"A儿A儿"式的关系上，我们发现，在辉县方言中没有一个"A儿A儿"式的基式是"AA"式；"AA"式也不可能生成"A儿A儿"式，只是"AA"式重叠的为数不多。

③AAB式

此式基式是"AB"，为偏正式名词性词组。AAB名词重叠式有多重构成方式，具体例如下：

（1）分分钱儿、毛毛钱儿、濛濛雨儿

（2）金金纸、涩涩秧、齉齉鼻

（3）咩儿咩儿羊、格儿格儿布、格儿格儿纸、花儿花儿裤、尖儿尖儿鞋、豁儿豁儿嘴、钩儿钩儿秤、奶儿奶儿庙

以上例（1）、（2）是由"AA+B"构成，B有时需要儿化，AA用来修饰限制B，个别AB也可以单用。其中例（1）、（2）中AA分别是名词、形容词（区别词），例（3）中"A儿A儿"部分必须儿化才能成词，儿化后为名词。

如上所述，AAB式都为名词，且有两种不同的构成方式，其中第二种方式所形成的重叠式数量相对较多。但是，形成的这两种重叠式

"AAB 儿"式和"A 儿 A 儿 B"式不受"AAB"的限制，都属于独立的形式。这是因为，这两式中的"儿"在辉县方言中去掉后都不能使用，但在此我们为了便于归类，暂且都将其归入"AAB"式，不再另立。

需要特别指出的是，当上述例（3）"AAB"式中的"AA"用来指事物的形状大小或者类属时，AAB 式也可以说成 BAA 式，反之亦然。例如：

（1）面儿面儿药　包儿包儿烟　瓶儿瓶儿醋

（2）药面儿面儿　烟包儿包儿　醋瓶儿瓶儿

上例（1）、（2）中对应的重叠形式虽然语义基本相同，但侧重点却不同。侧重形状、大小时，一般用"面儿面儿 B"，侧重类别时，一般用"B 面儿面儿"。当 AAB 的 AA 兼具名词与量词时，二者的意义便不同。例如，"包儿包儿醋"指用袋子装的一包包的醋，"醋包儿包儿"指装醋的袋子。"瓶儿瓶儿 B"和"B 瓶儿瓶儿"可以依此类推。

④AB 儿 B 儿式

AB 儿 B 儿式的构成形式可以分为两种：

（1）薄片儿片儿　细条儿条儿　窄缕儿缕儿

　　小瓶儿瓶儿　红绳儿绳儿　方框儿框儿

"AB 儿 B 儿"是一个整体，"AB 儿"是名词，A 为区别词，"B 儿"是名词性语素，在口语中可以单说，其内部层次属偏正结构，"AB 儿 B 儿"的基式不完全是"AB 儿"。例如，上例中的"窄缕儿"是"窄缕儿缕儿"的基式，但"白面儿（海洛因）""白面（小麦磨成的面粉）"都不是"白面儿面儿（白色的粉剂或粉末儿）"的基式。

（2）纸条儿条儿　土沫儿沫儿　水泡儿泡儿　圆圈儿圈儿

　　树苗儿苗儿　麦穗儿穗儿　笔尖儿尖儿　油点儿点儿

　　汗珠儿珠儿　泥汤儿汤儿　脚印儿印儿　山沟儿沟儿

　　月牙儿牙儿　油蛋儿蛋儿　石墩儿墩儿　布条儿条儿

在辉县方言中"AB"只有儿化后才能使用，所以例（1）、（2）的基式都是"AB 儿"，这里的单音节词通过儿化或加表小义的修饰词来表小称，如"小瓶儿瓶儿""细条儿条儿"中的"小""细"。我们在区分上述两小类重叠形式 A＋B 儿 B 儿和 AB 儿＋B 儿时，首先要看两者中词的结合紧密程度，如："面儿面儿"指"粉末状的东西"，所以

"白面儿面儿"即白色的粉末；"纸条儿条儿"指细小窄长的纸片儿。

辉县方言中 BB 一般都儿化，晋语则不儿化，例如陕西神木的"媳妇妇、指头头、毛褂褂"（邢向东，2002），山西祁县的"面盆盆、锅盖盖、树苗苗"（温春燕，2005），河北灵寿的"布袋袋、豆角角、酒壶壶"（刘玮，2008）等。

山西晋语的一些方言（太原、岚县、大同、平遥、洪洞、汾阳、左云）① 和晋南及周边的中原官话（例如万荣），陕西的西安、宝鸡，河南的南阳及甘肃的兰州等方言都有类似的 ABB 重叠式用法②。

晌午——晌午午儿

⑤AABB 式

在辉县方言中，这一重叠式数量相对不多，根据构成方式的不同，我们可以分为以下两种类型。例如：

（1）男男女女　祖祖辈辈　上上下下

　　　前前后后　里里外外　铺铺衬衬床上的东西

　　　家家户儿户儿　瓜瓜果儿果儿　豁豁牙儿牙儿器具边沿的豁口

（2）坑坑洼洼　花花草草　汤汤水水

　　　条条框框　婆婆妈妈　风风火火

　　　旮旮旯儿旯儿　黑黑拉儿拉儿　边边沿儿沿儿

上述两组 AABB 重叠式例中，（1）组是由基式 AB 重叠而成，例如"家户——家家户户"；（2）组是由 AA 和 BB 两个重叠式构成，AA、BB 都可以单用，有的需儿化后使用。无论是 AA＋BB 构成 AABB（"坑坑＋洼洼——坑坑洼洼"），还是 AB＋AB 构成 AABB（"旮旯＋旮旯——旮旮旯儿旯儿"），只是语法意义有所增加，词性和词汇意义均不变，属于构形重叠。

⑥ABC 儿 C 儿式

红薯片儿片儿　萝卜丝儿丝儿　玻璃渣儿渣儿　眼睛珠儿珠儿

此种重叠式的基式"ABC"为三音节名词，例如"红薯片儿片儿、眼睛珠儿珠儿"的"红薯片儿、眼睛珠儿"。其中名词重叠"C 儿 C

---

① 乔全生：《晋方言语法研究》，商务出版社 2000 年版。
② 黄伯荣主编：《汉语方言语法类编》，青岛出版社 1996 年版。

儿"用来表示形态。AB 和 "C 儿 C 儿"均可单独使用，AB 只是对 C 儿 C 儿的范围进行了限制，属于构形重叠。ABC 儿 C 儿式含有一种可爱的附加色彩。

3.2.2 语法意义

前面我们介绍了辉县方言名词重叠式有 AA、A 儿 A 儿、AAB、AB 儿 B 儿、AABB 和 ABCC 六种形式。下面我们将分别对这六种名词重叠式的语义特征进行讨论。

晋语中名词重叠式最主要的表义特点是"小"，辉县方言的名词性重叠式不仅可以表示"小"，还可表示其他语义。

①表示小称

辉县方言名词重叠式中属构形的重叠式绝大多数都具有这一形态意义。单纯重叠式"AA"和儿化重叠式"A 儿 A 儿"常用来表示物体是比较小或少的，例如"车车、碗碗、手手"和"嘴儿嘴儿、面儿面儿"等，它们相对于其基式而言，都有同类而较小的意味。但是，也有的词本身就有"小"的意思此外，例如 AB 儿 B 儿式例中的"薄片儿片儿、纸条儿条儿"和 ABC 儿 C 儿式例中的"红薯片儿片儿、眼睛珠儿珠儿"，它们的基式本身就是指细而小的事物。这些词语有儿化音，有轻读，表示量的减小。华玉明（2002）《汉语重叠研究》一文中也曾提及此语法意义。

辉县方言中名词重叠式"AA"可儿化也可不儿化，但意义有别。辉县方言只有重叠与儿化同时作用时，即只有重叠儿化式才有表示小称的作用。王春玲（2011）也指出四川西充方言中名词的儿化重叠式比单纯重叠式多了一种语法意义——表示小称。

②表示强调义

辉县方言中指"小"的名词重叠式很多用来表示强调意义：

A. 强调位置的极端性，这主要表现在辉县方言中一些表示方所部位的名词重叠式——A 儿 A 儿式，常常与"起"搭配使用，例如"边儿边儿起、顶儿顶儿起、头儿头儿起"等，其重叠形式表示所处位置的极端性，例如"床边儿边儿起"强调了在床的"最"边缘，"房顶儿顶儿起"强调在房子"最"高处。

B. 强调物体的形象性，这主要表现在 AB 儿 B 儿式中的（1）类词，例如："薄片儿片儿""细条儿条儿""白面儿面儿"和 ABCC 中的"红薯片儿片儿""萝卜丝儿丝儿"。

C. 强调物体的细微性，这主要表现在 AB 儿 B 儿式中的（2）类词，例如："纸条儿条儿""土沫儿沫儿""水泡儿泡儿"和 ABCC 中的"玻璃渣儿渣儿""眼睛珠儿珠儿"。

③表示遍指和专指

AA 式和 AABB 式用来表示遍指，它们都有表示"每一""逐一"的意思，例如"天天"表示"每一天"，"家家户户"表示"每一家每一户"。

用来表示专指的名词重叠式一是用于特定的对象，这主要表现在 A 儿 A 儿中的儿童用语，常含有"喜爱"的意思，这类词的数量有限，主要用于少数人体器官，例如"鼻儿鼻儿、脸儿脸儿、脚儿脚儿"。二是重叠式的词是一个凝固的词或机构，表达特定的意义，不能拆开使用。这主要表现在 AA 式中的亲属称谓，例如"公公、亲亲戚戚"。还有就是 AAB 式中的"金金纸、涩涩秧、囔囔鼻"都是用来专指某一个或某一类事物。

④表示多量

李宇明曾指出："物量的变化从理论上讲有加大（空间的拓展）和减小（空间的收缩）两个维度，但是由词语重叠所表达的物量变化没有加大的，只有减小的。"① 但是在辉县方言中还有表示"多量"的。其中含有"每一"的 AA 式和 AABB 式还具有夸张的意味，用来表示多量，含有"所有""重复""多数"的意思。例如"晌"是指"一日中上顿饭到下顿饭的这个时间段"，重叠后"晌晌"是指"一天又一天的晌午"，又如"祖辈"是指"祖先、祖宗"，重叠后"祖祖辈辈"是指一代又一代先人，还有"花花草草"指各种各样的花草，它们都具有"多量"的意义。

⑤表示色彩义

A 儿 A 儿式、AB 儿 B 儿式名词常含有亲昵、委婉、喜爱的感情色彩，重叠后表达的意义更为细微、精小。例如"面儿面儿、水儿水儿、

---

① 李宇明：《论词语重叠的意义》，《世界汉语教学》1996 年第 1 期。

泡儿泡儿"。又如"脚印儿印儿""红薯片儿片儿"。

AA 式中也存在很多针对儿童用语的名词重叠，它们不包含"每一"的义项，修辞作用明显，表示喜欢、亲切和细小的色彩。例如"手手""饭饭""狗狗"等，它们跟单音节名词"手""饭""狗"相比，虽然意义相同，但是读起来明显增加了亲切、细小的感情色彩。

名词重叠式除了具有感情色彩义，有的还兼有形象色彩义，重在表现物体的外部形态。这种重叠式的名词既具有名词的形象意义，又具备形容词形象、生动的特点，表现力极强。例如："今个做叻饭跟水儿水儿样似，照人儿。"这里的"水儿水儿"形容粥很稀，跟水一样，都能当镜子照人了，这种表达相对比"今天的粥煮得很稀"来说，更具形象性。

⑥表示描述

乔全生（2000）认为，在晋方言中，名词 ABB 式或 AAB 式重叠式在结构上具有一定的凝固性，表义上也有专门固定的意义，不能随意拆开。这类重叠式本身具有描写、修饰、补充意义。"这类词，从每一个音节或语素意义上看，都是选取某一个或某一部分语义区别特征，中心词是类属词，修饰、补充成分表示的是相关、相似、相同等语义特征。"①

辉县方言中 AAB 式，例如"濛濛雨、涩涩秧、温温水"和 AB 儿 B 儿式，例如"窄缕儿缕儿、月牙儿牙儿、圆圈儿圈儿"等都是这样的词语。由此看来，AAB 式名词前名的"AA"是对核心词"B"的修饰、描写、补充等，它具有一些形容词的功能，但又不能以形容词对待，因为"AA"成分不能单说，只有与后面的核心词在一起才能表达出自身的意义。ABB 式名词主要表现在对事物的描写和补充上，修饰的特征则相对不十分明显。

3.2.3 语法功能

总体来看，名词重叠式仍具备名词的语义特征和所有语法功能。

---

① 乔全生：《晋方言语法研究》，商务印书馆 2000 年版。

①作主语和宾语。辉县方言中所有的名词重叠式都具有此功能。例如：

(1) 饭饭吃完了？
(2) 俺家今个来了可多亲亲_{亲戚}。
(3) 娃娃叻小脸儿脸儿长叻真七_乖。
(4) 我叻作业本上净都是叉儿叉儿。
(5) 谱大会儿_{现在}叻毛毛钱儿都没有人要。
(6) 你可算穿上给你买叻花儿花儿裤了，我还以为你相不中叻。
(7) 药铺儿叻人还给我开叻些儿面儿面儿药。
(8) 往后上课不能互相传纸条儿条儿！
(9) 前几年一到下雨天，这路上哪都是坑坑洼洼叻。
(10) 这两天家家户户都把那新对联儿贴好了。
(11) 这地上叻玻璃渣儿渣儿都是谁弄唻？

②作定语

在辉县方言中，重叠后的名词一般不能修饰其他名词。在辉县方言中，AAB 式、ABCC 式不能作定语，只有 AA 式、A 儿 A 儿式、AB 儿 B 儿式、AABB 式在一定条件限制下可以修饰名词作定语。

AA 式中的亲属称谓名词作定语修饰名词时，必须具有领属关系。例如：

(12) 你穿叻是俺大大叻衣裳吧。
(13) 走，去她亲亲_{亲戚}叻猪场看看。

A 儿 A 儿式中，只有表示事物名称的重叠式可以作定语。例如：

(14) 我咋恁不待见你穿叻道儿道儿裤叻。
(15) 那一种面儿面儿叻药真难喝啊！

AB 儿 B 儿式中的（1）类词可以作定语。例如：

(16) 这些儿窄缕儿缕儿布能当麻包绳儿用。
(17) 你去小铺儿买点儿挪小瓶儿瓶儿醋。

AABB 式中重叠的名词常用来对所修饰事物进行描写或补充。例如：

(18) 你把屋□［liou⁵³］ᴴ "里头"的合音那旮旮晃儿晃儿叻圪渣垃圾都收拾干净昂！
(19) 家家户儿户儿叻灯笼都挂□［tɕʰiəʔ³¹］"起来"的合音了嘤！

③作状语

时间名词 AA 式可以在句中作状语。例如：

(20) 你天天睡到那晌午才起，要懒死了昂！

(21) 年年过年儿都热闹叨很！

④作谓语

辉县方言中能作谓语的名词重叠式只有 AABB 式，但是数量十分有限。例如：

(22) 他□［tsuo^{21}］这个人弄动啥老是婆婆妈妈叨，你并搭理他恁些家。

(23) 下雨天这路哪都不好走，坑坑洼洼叨。

辉县方言中的名词重叠式不能用来作补语，AA 式、A 儿 A 儿式、AB 儿 B 儿式、AABB 式中的个别情况可以作定语，少量的 AA 式、AABB 式甚至可以分别作状语、谓语。

表 3　　　　辉县方言名词重叠式的句法功能

成分 重叠式	主语	谓语	定语	状语	补语	宾语
AA	+	−	+	+	−	+
A 儿 A 儿	+	−	+	−	−	+
AB 儿 B 儿	+	−	+	−	−	+
AAB	+	−	−	−	−	+
AABB	+	+	+	−	−	+
ABCC	+	−	−	−	−	+

3.3　动词重叠

"晋语各区都有动词重叠式，单音节动词重叠与双音节动词重叠整体上看与普通话大同小异，只是有些读音和格式与普通话不同。""晋语动词重叠式从构成形式上看，有 AA（儿）、ABAB、ABB、AA"式[①]

---

① 乔全生：《晋方言语法研究》，商务印书馆 2000 年版，第 61 页。

等，其中还有一类是词嵌的构成形式，例如在晋方言中最常见的"圪""不""忽"等，他们可以构成"圪AA""圪A圪A"等。这一类词的出现，使晋方言中动词的重叠更加丰富，也更加生动。在辉县方言中，这一类词的重叠与其他晋语区相比则更加丰富多彩，虽然也有一些重合的地方，但在整体上仍有自身的特点。

辉县方言的动词共有八种形式，相对较丰富。重叠式所表示的语法意义除量少时短外，有时也表示动作持续的时间长、动作次数多的意思，有的重叠式还具有摹状的作用；从基式和重叠式的关系说，本书只探讨有基式的重叠式。

3.3.1 重叠形式

辉县方言中的动词重叠可分为三种形式：一是单音节动词重叠AA式、XAA式、XAXA式和XXAA式；二是双音节动词重叠AABB式、ABAB式和述宾式AAB式；三是有辅助成分的动词重叠式。

①单音节重叠式

在辉县方言中，AA式、XAA式、圪A圪A式同时存在，互相补充，各司其职，丰富了辉县方言单音节动词的重叠式。

A. AA式

这一重叠式的基式A是能够独立运用的单音节动词，AA是由A通过构形而成，第二个A语音会弱化，读作轻声。这种重叠形式与普通话用法类似，此不赘言。例如：

瞧瞧　想想　听听　歇歇　揉揉

坐坐　晒晒　耍耍　挠挠　修修

这类重叠式与普通话动词重叠相同，与其他晋语区（例如山西长子、平遥、原平、晋源、五台等地）[①] 不同的是，辉县方言中没有AA与"A—A"并存的现象，而是使用非重叠式"A（一）下 [ɕyəʔ²¹]"来表示，例如"看看——看（一）下""想想——想（一）下"等。此外，当表"尝试义"时，普通话用"AA看"式，而辉县方言常用"A个/下试试"的结构。

---

① 付欣晴：《汉语方言重叠式比较研究》，博士学位论文，华中师范大学，2013年。

B. XBB 式

在"XBB"式中，基式为"XB"，"X"主要为"圪"，此式又可以称为"圪BB"式。例如：

圪歇歇　圪说说　圪走走　圪看看　圪试试

圪挑挑　圪捣捣　圪泡泡　圪吃吃　圪吹吹

圪涮涮　圪搓搓　圪掬掬　圪晃晃　圪瞅瞅

这一形式是在"XB"的基础上重叠音节 B 构成。"圪"与单音节动词组成的词语并没有改变词性，只是在意义上和色彩上有变化。

C. XBXB 式

这一形式由派生词"XB"的重叠式，X 为"圪、忽、不"等，重叠式为"圪B圪B""忽B忽B"或"不B不B"等。例如：

圪挤圪挤　圪摇圪摇　圪扭圪扭　圪爬圪爬　圪蹦圪蹦

忽闪忽闪　忽挑忽挑　忽撂忽撂　忽掀忽掀　忽歇忽歇

不溅不溅　不挦不挦　不捏不捏　不喃不喃　不喷不喷

此类重叠式的基式都可单独使用，有较高的能产性，具有动作幅度小，持续时间短的语法意义。我们认为，与前一类"XBB"式不同的是，这里的"X"用来构形，"XB"在语义上有指小的意味。

D. XXBB 式

这种重叠式在辉县方言中的使用相对较少。X 仅为"圪""忽""不"，X 在此为构形语素。所以，"圪圪BB""忽忽BB""不不BB"分别是"圪B""忽B""不B"的重叠式。例如：

圪圪挤挤　圪圪摇摇　圪圪晃晃　圪圪闹闹

圪圪爬爬　忽忽闪闪　忽忽吓吓　不不溅溅

②双音节重叠式

双音节动词的完全重叠形式有两种：AABB 式和 ABAB 式。

A. AABB 式

AABB 式是动词重叠式中使用频率很高的一种形式。我们只讨论基式 AB 能够独立成词，单独使用的重叠形式，而通过叠语素 AA 和 BB 组成的 AABB 重叠式我们不予考察。例如：

挑挑拣拣　嘀嘀咕咕　骨骨蛹蛹　吆吆喝喝　晃晃悠悠

喜喜欢欢　缝缝补补　指指点点　摇摇晃晃　摔摔打打

扑扑来来　勾勾搭搭　拾拾翻翻　唠唠叨叨　唧唧哝哝

以上例词中的基式 AB 只限于联合式合成词，常用来描摹人的行为、状态，动态性较强，常用来表示动作的时短、反复。变调模式为"原调＋轻声＋原调＋轻声"。

除此之外，我们还常用"AA 停停"式，能进入此格式的动词较少。例如"吃吃停停、走走停停、哭哭停停"。这里 AA 和 BB 是同时或交替的关系，不是单纯的前后相连，它们的语序也比较稳定，例如"唱唱跳跳"一般不说"跳跳唱唱"。

B. ABAB 式

从内部结构上看，此重叠式的基式"AB"绝大多数为联合式动词，偏正式、补充式和动宾式动词也能进入此格式。此类重叠式的变调模式是"原调＋轻声＋原调＋轻声"。例如：

计划计划　将就将就　担待担待　拾掇拾掇　鼓捣鼓捣
清点清点　安置安置　照应照应　拆洗拆洗　合计合计
收拾收拾　打扮打扮　伺候伺候　走动走动　打听打听

③不完全重叠式

AAB 式

此形式是由双音节词 AB 重叠音节 A 后形成，这里的 AB 为述宾式离合词，AA 与 B 之间是述宾关系。例如：

理理发　洗洗澡　算算卦　烫烫头　操操心
转转圈　刷刷牙　洗洗脸　帮帮忙　喘喘气

该重叠式的语音特点通常为"原调＋轻声＋原调"，但最后一个音节 B 要重读。这种重叠式中的动词后面都可以加上"了"，例如"刷了刷牙、理了理发、算了算卦"等。

④有辅助成分的动词重叠式

这种重叠式的结构往往会产生新的意义，而不是组合成分语义的简单相加，比如普通话里的"V 着 V 着"。单、双音节的动词重叠式中间都可以加"一"，语法意义基本一致。这种现象主要是与当地人的习惯有关，多用于表示缓和语气的语境中。通常在语气急促的情况下，人们就会省略"一"，尤其表现在双音节动词的重叠中。

上述重叠式中的"AA 式""XBXB 式""ABAB 式"均可加入辅助

成分"一",形成新的重叠形式,即一 A 一 A 式、一 XB 一 XB 式、一 AB 一 AB 式,重叠式不变调。例如:

一拱一拱　一闪一闪　一摇一摇　一扽一扽　一捞一捞

一擀一擀　一摺一摺　一扭一扭　一压一压　一拽一拽

一圪挤　一圪挤　一圪蹦　一圪蹦　一圪摇　一圪摇

一忽闪一忽闪　一忽摇一忽摇　一骨涌一骨涌

一不溅一不溅　一扑来一扑来　一鼓捣一鼓捣

能进入这一形式的动词一般都是表示可以反复进行的动作动词,这类重叠式中"一"的语义已经虚化,更像一个词缀,这三种重叠式在辉县方言中也很常见,用来描写反复进行的动作的状态,重叠式不变调。辛永芬(2006)提到浚县方言中也有类似重叠式,并且指出"浚县方言动词重叠式'一 A 一 A'式和'一 AB 一 AB'式中的'一'跟数量短语重叠式中的'一'性质不同"[①]。辉县方言支持这一论断,因为能进行这种重叠的动词语义上的限制和浚县方言中的相同。

另外,AA 式还可以加入辅助成分"紧""慢"形成"XAYA"重叠式,目前只搜集到两个。例如:

紧说慢说　紧赶慢赶

3.3.2 语法意义

对动词重叠的语法意义我们从主观和客观两方面进行分析,既考察说话人的态度,又注重说明动作行为的短时和反复。

①表示"量"范畴

关于动词重叠式的具体语法意义,很多学者做过研究,有这样一些解释,比如"尝试、反复、持续、轻量、短时、不定量、少量、强化能动性"等,但在表"量"范畴这一点上,基本上都与朱德熙的观点一致,即"表示动作的时量短或动量小"(朱德熙,1982)。基式"A"或"AB"表示动作的一般过程,重叠式则给基式增添了"量"的意义。一般来说,若基式为持续性的动词,其重叠式多表示持续的时间

---

① 辛永芬:《浚县方言语法研究》,中华书局 2006 年版,第 99 页。

短；反之，重叠式多用来表示反复的次数少①。

A. 表示"量少"

AA 式表示动作的时短、量少。例如"你问问咱爸啥时候回来"句中的"问问"这个动作不表示反复多次，基本上一次就能达到要求。"你喝喝这汤甜不甜？"中的"喝喝"这个动作也是如此，只需要把馍放到嘴里尝一下知道咸淡就可以，并不需要细细品尝。又如"你听听是谁家叨喇叭响哩？"中的"听听"并不是表示"听"的持续进行，而是达到听清谁家的喇叭响的目的即可。

XBB 式相对于 AA 式来说，表示的"量"更少。晋语区有一种特殊的"圪+动词语素"类词，这类词"带有明显的指小意味，以指称幅度较小，持续时间较短的动作为常"②。辉县方言中也存在大量由"圪"组成的前缀动词及其重叠式。"圪"强调了动作行为的随意性、无目的性，并且常与"胡乱、随便、瞎胡"等类似的词语搭配出现。例如"挪衣裳胡乱圪搓搓就中了，不用洗恁干净"。"我就是去外头随便圪晃晃，哪都不去。""他今年就是瞎胡圪试试，谁知道嘹考上了。"

XBXB 式表示动作轻微、量少，但是比 AA 式稍长。这是因为词缀"圪""不""忽"表微量，"圪 B""不 B""忽 B"重叠后，又表示动作的反复进行。其中，"圪""不""忽"缀动词的重叠式不仅表示动作的短暂，而且还带有随意、轻松等感情色彩，有时还用来强调动态性特征。比如散步时可以对路边的景色"圪瞅圪瞅"，看到家里的灯泡"忽闪忽闪"，树被风刮得"忽摇忽摇"，以及水池里的水太满的状态"不溅不溅"。

AAB 式表示轻微和尝试，并伴随着动作的力度小、幅度小。例如"你明个来给俺帮帮忙吧"。"去洗洗澡，理理发，打扮叫精神点！"

刘丹青（1986）把苏州方言中的 ABAB 式与 AA 式并称为"轻指式"，认为它们"主观方面，指说话人对动词所表达的行为不看重的态度；客观方面，指行为的短暂持续或少量反复"③。

B. 表示"量多"

能重叠的动词主要是可控性动词，动词重叠最常见的作用是表示

---

① 刘月华：《动词重叠的表达功能及可重叠动词的范围》，《中国语文》1983 年第 1 期。
② 贾海霞：《晋语柳林话重叠式研究》，硕士学位论文，中央民族大学，2010 年。
③ 刘丹青：《苏州方言重叠式研究》，《语言研究》1986 年第 1 期。

"量少"，即赋予基式所代表的动作行为以反复次数少、持续时间短的意义，但也有"加大动量"的现象①。辉县方言中就有表示"加大动量"的动词重叠。

XXBB 式表示动作反复多次。例如"并^H'不应'的合音给这圪圪挤挤叻"。

AABB 式可以表示动作持续的时间长，动作的反复持续等意义。例如"缝补"表缝东西这个动作可长可短，但"缝缝补补"则强调的是不停地缝补，不仅动作持续的时间长，而且动作发生的次数频繁。又例如"嘀咕"是小声说话的意义，表示一个动作，重叠式"嘀嘀咕咕"不仅表示小声说话的动作，而且还表示这种动作反复多次地进行。

ABAB 式表量多，例如"她小叻，不懂事儿，你好多担待担待昂"。"今个去串亲亲，我得好好儿打扮打扮。"

XBYB 表量多。例如"俺俩人买叻十点多叻车票，紧赶慢赶，到那儿还是没坐上"。

②表示状态义

XXBB 式具有描述作用。"圪 B"原本是动词，重叠以后具有摹状的作用，形容某种状态。例如："圪圪挤挤"用来形容挤来挤去的状态；"忽忽 BB"跟"忽 B"比较，表义上重在加强对客观事物状态的描写。例如"忽忽闪闪"重在描述忽明忽暗的状态；"不溅"用来指液体溢出的动作，"不不溅溅"则是比较明显地描述液体将要溢出但又没溢出的这种状态，表义上更加丰富，并且能够突出时间上的持续。

AABB 式从表示动作频繁延绵、反复多次进而引申为表示动作行为的状态，可以形象地描写事物呈现的一种状态。例如"嘀嘀咕咕"。

一 A 一 A 式、一 XB 一 XB 式和一 AB 一 AB 式均表示反复进行的动作的状态。试比较：

（24）他走路一瘸一瘸叻。

（25）他走路一圪瘸一圪瘸叻。

（26）挪虫一骨蛹一骨蛹叻往前爬。

显而易见，重叠式比原式的形象性更加凸显，它们在表示动词动作

---

① 李宇明：《论词语重叠的意义》，《世界汉语教学》1996 年第 1 期。

的同时，侧重突出描述这种动作行为持续进行的状态。我们可以发现，辉县方言中动词重叠的语音特征表现为"重读＋轻读＋重读＋轻读"，重读的一般读音稍微拖长；用法上，重叠式后需加助词"叨"，常用来描摹人或事物的状态。

XBYB 式用来描写动作行为的发出者主观上努力，但却未达到预期的效果，侧重对这种状态的描写。

有些学者认为动词 AB 经过重叠后转化成了形容词，例如王春玲（2011）认为四川西充方言中的 AABB"语义特征和语法功能相当于状态形容词"[①]；辛永芬（2006）也指出河南浚县方言中的 AABB"是描写状态的，语义特征跟状态形容词相同，句法表现也跟状态形容词接近"[②]。事实上，从具有描述性这一角度来看，AABB 动词重叠式与形容词重叠式的确有共同之处，但是从语法性质上来看，仍然是动词。就其语法意义而言，基本语法意义是"表示动作持续和反复"，而且在很多方言中它进一步引申为表示动作行为持续的状态。

③表示主观义

在实际口语中，动词重叠式常带有一定的主观性，具体表现在以下几个方面：

A. 强调行为的轻松

在人们的日常交际中，多用 AAB 式、AABB 式表示行为轻松、自在。例如：

（27）俺妈给家得劲叨很，成天喷喷空儿聊天、打打牌。

（28）他走动路背膀个手儿，摇摇晃晃叨。

B. 强调委婉的祈求

主要表现在 AA 式中，例如：

（29）你给我改改这一篇文章呗。

（30）我把你身上叨土打打吧？

C. 强调行为的变化或延续

AA 式表达动作的变化不以人的意志为转移的过程，这时可在重叠

[①] 王春玲：《西充方言语法研究》，中华书局2011年版。
[②] 辛永芬：《浚县方言语法研究》，中华书局2006年版。

式前加"再",或者用在"叫"字使役句中,隐含说话者对人或事物顺其自然的态度。例如:

(31) 你再长长就跟恁爸一般高了。

(32) 叫垄沟□[liou⁵³]ᴴ"里头"的合音叻水往外流流。

(33) 叫他哭哭就中了。

辉县方言中动词 AA 式重叠,除了"尝试义""可控量"之外,根据语境可表示"完成"。例如:

(34) 你吃吃饭再去地农田。

(35) 叫我看看再说去不去。

(36) 把盖地晒晒再放到柜□[liou⁵³]ᴴ"里头"的合音。

以上三例句可改为:

(37) 你吃叻/完饭再去地农田。

(38) 叫我看完了再说去不去。

(39) 把盖地晒好了再放到柜□[liou⁵³]ᴴ"里头"的合音。

以上例句在辉县方言中都指的是动作——吃、看、晒的完成,而不是所谓的"自然的终结点"①。这些动作是非现实性的,它相当于英语中的将来完成式。

AAB 式可以表示过程的延续。例如:"我一路小跑,使死了要,叫我先喘喘气。"朱景松提出,动词重叠式只能容纳动作、行为呈现为过程的动词和作为过程展开的变化意义的动词,这些动词的意义提供了过程延续的可能性②。另外,陈立民也赞同动词重叠是要持续一段时间才会结束③。

D. 强调行为的尝试性

(40) 你猜猜看,今年咱家打了多少斤粮食?

(41) 你念念,这句话写叻通顺不通顺?

(42) 你尝尝□[tsuo²¹]这个菜咸不咸?

AA 式在祈使句里语气变得缓和,并且隐含亲切、商量的口气。例如:"你听听呗,看他啥心思。""来看看吧,俺织叻布中不中。"

---

① 陈前瑞:《动词重叠的情状特征及其体的地位》,《语言教学与研究》2001 年第 4 期。
② 朱景松:《动词重叠式的语法意义》,《中国语文》1998 年第 5 期。
③ 陈立民:《论动词重叠的语法意义》,《中国语文》2005 年第 2 期。

在实际的使用中，一种语法手段可能会涵盖多种语法意义，这也是汉语语法的一个特点。辉县方言中动词的这几种重叠式的语法意义也不例外，往往兼而有之，完全独立的用法很少，例如，时短量少的意义常常可以兼具尝试性或者委婉祈求。

李宇明指出，动词重叠主要起的是调整动作量的作用，即重叠式与基式比较，有些重叠表示动作反复的次数少、持续的时间短，有些重叠表示"多量"；至于"轻微""不经意""尝试""惯常"等语法意义，都是由"次少时短"或多量引申、派生出来的。他还指出，"量"具有不兼容性。动词重叠所表现出的"量"，是语言心理观念上的量，而不是客观物理观念上的可用数量词语（实指性的）标示的量。正因如此，动词重叠所表示的量具有一定的模糊性①。

3.3.3 语法功能

①单音节动词重叠式的语法功能

A. 在句中的语法位置

动词重叠以后，往往失去了基式动词的许多功能，例如基式动词可以加"的"作定语修饰名词；基式动词可以加"的"名物化；主谓结构中的动词是基式，可以在主语和谓语之间插入"的"，使整个结构名物化，但如果动词是重叠式，就不能这样②。具体表现为，重叠式动词不能再加动量词，其宾语也不能用动量词限定。例如：

（43）我看了看书。

（44）*我看了看两遍。

（45）*我看了看三本书。

但是，在失去基式动词许多功能的同时，重叠式在句子中的位置却更加灵活了。这一点辉县话和普通话是相同的。例如可以单独说：要要就学昂。但不能说：*耍就学昂。可以单独说：我要要。但不能说：*我耍。除非后面有数量短语"一下"或出现在上下文语境中。

AA 式可以作主语，一般要与连词"就"同现，但这时作谓语的动

---

① 李宇明：《汉语量范畴研究》，华中师范大学出版社 2000 年版，第 389 页。
② 石毓智：《试论汉语的句法重叠》，《语言研究》1996 年第 2 期，第 6 页。

词都不能是动作动词。例如：

（46）光说说是不管用叻。

（47）哭哭就没音儿了。

AA 式常在句子中作谓语，并且可以跟宾语、状语相搭配。例如：

（48）我尝尝就中了。

（49）我瞧瞧你叻新衣裳咴。

（50）你哄哄她，说不定就不使性了。

（51）你好好儿寻寻［ɕin⁵³·ɕin］找找，说不定□［tsuo²¹］这个寻着了。

（52）每回侼气［kɤ⁴¹tɕʰi³¹］闹别扭，你不去她娘家叫叫，她就不会回来。

XBB 式、XBXB 式和 XXBB 式可以在句中作谓语，但不能像 AA 式那样受"不"的修饰。例如：

（53）俺都瞎胡圪晃晃妥了，也没啥可转了。

（54）咱俩人往戏台前圪挤圪挤吧，要不看不见呀。

（55）这两天灶火叻灯老是忽闪忽闪叻，是不是要毁了？

（56）鱼儿给缸□［liou⁵³］ᴴ"里头"的合音不不溅溅叻，要窜□［tɕʰyə³¹］"出来"的合音哩。

XXBB 式具有描述性，因此还可以作定语和补语。例如：

（57）圪圪晃晃挪人是谁咴？

（58）将才把我使叻累得忽忽吓吓气喘吁吁叻。

B. 否定形式

重叠式动词在现实句中都不能被"不"或"没"否定，只能出现在虚拟句、条件句中①。辉县话的 AA 式能受否定副词"不"修饰，只能出现在表示建议的反问句、祈使句中，且重叠式后加表尝试义，已虚化了的"试试"［ʂʅ²¹ʂʅ］，向别人建议时常用"你 + 不 + AA + 试试"格式，用来表达语气委婉的特点。例如：

（59）你不穿穿试试，看能罩上不能？

（60）你不开开□［tsuo²¹］这个车试试，看相中相不中？

---

① 石毓智：《试论汉语的句法重叠》，《语言研究》1996 年第 2 期，第 6 页。

（61）你不考考试试咋知道就不中叻？

而在其他晋方言中动词重叠式与其他成分的关系却要受到许多限制，例如可以说"不看、不捆、不撩逗、不商量、不坐"，不能说"不圪看看、不圪捆捆、不撩逗逗、不商量量、不要圪坐圪坐"①。

②双音节动词重叠式的语法功能

AABB 式常在句中作谓语、状语和补语。例如：

（62）你成天缝缝补补叻，咋恁些做不完叻活儿叻？

（63）你用绳系紧它不就不扑扑来来叻。

（64）她今个使性叻，摔摔打打叻做了顿饭。

（65）俺妹儿喜喜欢欢叻往家跑叻，肯定考叻可好！

（66）旗杆叫风吹叻扑扑来来叻。

李晋霞根据动词重叠 AABB 式的表义内容把它们分为三类：第一，表动作义，例如：蹦蹦跳跳、来来回回、摇摇晃晃；第二，表抽象义，例如：记记忘忘、缝缝补补；第三，表引申义，例如：偷偷摸摸、拉拉扯扯。她还特别指出，引申义的 AABB 式具有了形容词的某些特征，倾向于形容词。②胡孝斌在《动词重叠 AABB 式的语法化》中指出 AABB 式的语法化是由动词性向形容词性发展的过程，因而不少 AABB 式具有了形容词的性质和用法，同时也失去了某些动词的功能，例如：不能带宾语、不加状语等。对此，笔者赞同胡孝斌的解释：上述这三种情况其实是 AABB 式语法化的三个阶段，动词 AABB 式语法化的过程就是动词性的 AABB 式向形容词性的 AABB 式不断演变的过程。在这一演变过程中，AABB 式的动词性不断减弱，而形容词性不断增强。在意义方面，动作义不断减弱，而描摹义不断得到加强。语法化程度最高的那些 AABB 式，其词类属性由动词转化为状态形容词，语义由表示动作转向描写状态，或者由动态的描写转向静态的描写，甚至还有的增加了指称的功能，或者指称某种活动，或者指称某种性质③。

ABAB 式在句子里只能充当谓语，并且在句中作谓语时，常与

---

① 乔全生：《晋方言语法研究》，商务印书馆 2000 年版。

② 李晋霞：《动词 AABB 重叠式探讨》，《河南师范大学学报》（哲学社会科学版）1999 年第 3 期。

③ 胡孝斌：《动词重叠 AABB 式的语法化》，《汉语学习》2006 年第 4 期。

"就"搭配。例如：

(67) 这两天没事儿，我把盖地被子都拆洗拆洗。

(68) 拾掇拾掇就利洒干净利落了。

(69) 你去拾掇拾掇挪板凳，要是能修好咾叻。

此外，还可以受否定词"不"和"没有"的修饰，例如：

(70) 屋里头谱乱家，你也木有收拾收拾？

(71) 就这□［io⁴⁴］"一个"的合音闺女，她爹娘也不给她打扮打扮。

(72) 你没有拾掇拾掇屋□［liou⁵³］ᴴ"里头"的合音，亲亲们来咾不好看。

AAB式在句中可以充当主、谓、宾成分。例如：

(73) 算算卦也不是啥见不得人叻事儿。

(74) 恁妈成天给家做做饭、打打牌、跳跳操，多得劲。

(75) 她光好喜欢去旁谁别人家串串门、说说话。

③带辅助成分的动词重叠式的语法功能

一A（AB）一A（AB）中A为单音节动词，AB为双音节动词（包括圪B、忽B、不B），一A一A和一AB一AB只是音节数目不同，语法功能完全相同，故放在一块儿描述。它们在句子里充当谓语、状语和补语。例如：

(76) 小狗儿用嘴一拱一拱，一会儿嘎把门拱开了。

(77) □［tsuo²¹］这个灯泡儿一忽闪一忽闪叻，估计要不中了。

(78) 蚰蜒蚯蚓一拱一拱叻往土里头钻。

(79) 小闺女儿屁股一扭一扭叻往前走，要能死咾叻。

(80) 她高兴叻一圪蹦一圪蹦叻。

(81) 风把红旗刮叻一扑来一扑来叻。

④余论——关于辉县方言中的动词多叠式

动词的多叠式包括重叠次数为三次及四次的重叠形式，主要出现在官话、赣、闽、吴、客、徽等方言共21处[①]。属于晋语区的辉县方言的动词多叠式主要表现为四叠AAAA式，它往往是AA式的再重叠形式，

---

① 付欣晴：《汉语方言重叠式比较研究》，博士学位论文，华中师范大学，2013年，第111页。

与其基式相比更强调动作持续的时间长,并强调动作在持续进行的过程中有了后面的结果或发生了某种变化。四个音节读成两个音步,语音段落是2+2。在句中单独作谓语,后面不能够带宾语、补语。例如:

(82)作业多死了,做做做做就做烦气了。

(83)嚷嚷嚷嚷就嚷使慌了。

(84)有个小孩儿给外头瞎喊乱喊,喊喊喊喊,就把喉咙喊哑了。

(85)你小时候恁胖家,咋长长长长,就长谱瘦叻?

(86)这两天很下雨,下下下下,就发水了。

(87)俺奶可好看电视,看看看看就睡着了。

(88)我往黑板上写字,写写写写,就写歪了。

通过例句我们可以发现,AAAA 式在句子中不能独立使用,必须跟有后续成分。一种是出现包含同一个 A 的动词短语来照应前面,例如前三个例句;一种是后续成分不重复前面的动词,而是用别的动词,例如后四个例句。

3.4 形容词重叠

3.4.1 重叠形式

辉县方言中形容词重叠式有两种类型:一是单音节形容词重叠式,有 A(儿)A 儿式和 AA 儿 A 儿式;[①] 二是双音节形容词重叠式,有 AB(儿)B 儿式、AAB(儿)B 儿式、AXB 儿 B 儿式和 BA 儿 A 儿式。

①单音节形容词重叠

A. A(儿)A 儿式

A 代表单音节形容词,除表绝对意义和"坏字眼"的单音节形容词不能进入此格式外,其他的单音节性质形容词均能进入该格式,这与杨俊芳提出的观点正好相反。并且,普通话中的这种重叠式有些可以不儿化,而辉县方言必须儿化。不管基式"A"是什么字调,重叠以后第一个音节 A 都不变调,而第二个音节 A 统一变为阴平调 44,念得重而

---

① 杨俊芳:《汉语方言研究形容词重叠研究》,博士学位论文,复旦大学,2008 年,第 111 页。

长，有强调的色彩。例如：

A 为阴平：尖尖儿　稀稀儿　松松儿　酸酸儿　光光儿　香香儿
　　　　　黑黑儿　青青儿　花花儿　乖乖儿　孬孬儿　精精儿
A 为阳平：白白儿　长长儿　薄薄儿　圆圆儿　稠稠儿　潮潮儿
　　　　　咸咸儿　油油儿　麻麻儿　甜甜儿　蓝蓝儿　能能儿
A 为上声：好好儿　短短儿　鼓鼓儿　小小儿　紧紧儿　饱饱儿
A 为去声：辣辣儿　厚厚儿　大大儿　硬硬儿　胖胖儿　瘦瘦儿
　　　　　净净儿　涩涩儿　淡淡儿　热热儿　慢慢儿　利利儿

此种结构出现频率很高，一般第一个音节不儿化，尤其是韵母为[an]的性质形容词，例如"短短儿""咸咸儿"。有的第一个音节也可以儿化，例如韵母为[uŋ]的"红儿红儿""松儿松儿"和韵母为[au]的"小儿小儿""好儿好儿"。

B. AA 儿 A 儿式

能进入 A（儿）A 儿式的单音节形容词还有一种重叠式，即三叠式"AA 儿 A 儿"式。在读音上，AA 儿 A 儿式中"A"仍读本字调，第一个"A 儿"统一变为阴平调"33"，第二个"A 儿"都读作阴平调"44"。上述例子都可以进入这一形式，例如：

A 为阴平：尖尖儿尖儿　稀稀儿稀儿　松松儿松儿　酸酸儿酸儿
　　　　　光光儿光儿　香香儿香儿　黑黑儿黑儿　青青儿青儿
　　　　　花花儿花儿　乖乖儿乖儿　孬孬儿孬儿　精精儿精儿
A 为阳平：白白儿白儿　长长儿长儿　薄薄儿薄儿　圆圆儿圆儿
　　　　　稠稠儿稠儿　潮潮儿潮儿　甜甜儿甜儿　咸咸儿咸儿
　　　　　麻麻儿麻儿　红红儿红儿　蓝蓝儿蓝儿　能能儿能儿
A 为上声：好好儿好儿　短短儿短儿　鼓鼓儿鼓儿　小小儿小儿
　　　　　紧紧儿紧儿　饱饱儿饱儿　满满儿满儿　扁扁儿扁儿
A 为去声：辣辣儿辣儿　厚厚儿厚儿　大大儿大儿　硬硬儿硬儿
　　　　　胖胖儿胖儿　瘦瘦儿瘦儿　净净儿净儿　涩涩儿涩儿
　　　　　淡淡儿淡儿　热热儿热儿　慢慢儿慢儿　嫩嫩儿嫩儿

② 双音节形容词重叠

A. AB（儿）B 儿式

这种重叠式的基式为 AB，在辉县方言中可单独使用，都是性质形容词。凡是能进入这一格式的，重叠部分第二个音节必须儿化，第一个音节如果是后鼻音韵母［iŋ］／［əŋ］／［aŋ］的话，则"ABB儿"或"AB儿B儿"两式皆可。重叠之后，在ABB儿式中，第一个音节B念本字调，并且重读，时值短，第二个音节儿化后变阴平调44，次重读，时值较长；在AB儿B儿式中，第一个音节儿化后仍为本字调，念得轻而短，第二个音节儿化后变为阴平调44，念得重而长。例如：

扑了了儿　光年年儿　轻巧巧儿　热闹闹儿　凉快快儿
利色色儿　囫囵囵儿　平展展儿　松散散儿　腼腆腆儿
出坦坦儿　斯文文儿　痛快快儿　得劲劲儿　软和和儿
年轻儿轻儿　紧张儿张儿　干净儿净儿　宽敞儿敞儿
冷清儿清儿　清亮儿亮儿　大方儿方儿　机灵儿灵儿
稳当儿当儿　齐杵儿杵儿　展样儿样儿　四方儿方儿

B. AAB儿B儿式

从辉县方言形容词重叠的使用频率上看，重叠为"AAB儿B儿"式的现象非常普遍。上面能作"AB儿B儿"式重叠的形容词，都可以重叠为"AAB儿B儿"式，重叠后，两个儿化音节B都读本字调，相比较而言，第一个音节B儿化后的读音较第二个音节B儿化后重一些。例如：

现现成儿成儿　糊糊涂儿涂儿　迷迷瞪儿瞪儿
随随便儿便儿　干干净儿净儿　满满当儿当儿
抠抠色儿色儿　顺顺当儿当儿　活活套儿套儿

C. AXB儿B儿式

此式中的"X"是指中缀"不/圪/没"，凡是能进入"AB（儿）B儿"和"AAB儿B儿"这两式的双音节形容词都可以扩展为"AXB儿B儿"式，并且这三个词缀的使用也有一定的规则。"AB（儿）B儿"式中，只有当基式"AB"中"B"的韵母是［an］或［ei］时，插入中缀"不/圪/没"皆可，三者可以互换，不影响表达效果。例如："光没年年儿""年不轻儿轻儿""稳圪当儿当儿"等。"AAB儿B儿"式中，当韵母为后鼻音［aŋ］、［iŋ］时，一般使用中缀"不"或"没"，例如："现不成儿成儿""满不当儿当儿"；当韵母为单元音［u］或［ɛ］时，常用中缀"圪"，例如"糊圪涂儿涂儿""抠圪色儿色儿"。

D. BA儿A儿式

这种重叠式的基式是"AB",是状态形容词,可以单独使用。与其他重叠式相比,"BA儿A儿"式的使用频率相对较低,重叠后的读音与"AB儿B儿"式的读音规则相同,第一个音节儿化后仍为本字调,念得轻而短,第二个音节儿化后变为阴平调44,念得重而长。这一重叠式只能插入中缀"圪"构成"B圪A儿A儿"式,此不赘言。例如:

新崭儿崭儿　香喷儿喷儿　冷冰儿冰儿　凉冰儿冰儿
红通儿通儿　圆滚儿滚儿　瘦精儿精儿　硬梆儿梆儿

3.4.2　语法意义

①形容词重叠式的程度意义

李宇明指出,"所有的词语重叠都与量的变化有直接或间接的关系,因此'调量'是词语重叠最基本的语法意义"。"刻画度量有多种语言手段,但无疑重叠式是其重要的手段之一。"我们将辉县方言中由相同基式构成的重叠形式进行比较,可以发现它们之间程度义的差异。

A＜A(儿)A儿＜AA儿A儿

当形容词A构成重叠式"A(儿)A儿"或"AA儿A儿"之后,程度义都得到了强化,但两者强化的程度是不一样的,A(儿)A儿倾向于程度适中,而AA儿A儿式则明显程度加深。例如:

(89) 酸葡萄。

(90) 酸酸儿叨个葡萄。

(91) 酸酸儿酸儿叨个葡萄。

在葡萄当中,只要是稍微带点"酸"都属于"酸葡萄",而只有"较酸的葡萄"才能称为"酸酸儿叨葡萄",所以酸＜酸酸儿。虽然"酸酸儿"比"酸"程度义深,但"酸酸儿"毕竟没有达到"很(非常)酸"的程度,而且"酸酸儿"有时还能受"有点"的修饰。而"酸酸儿酸儿"在语义上表示无以复加的程度,带有夸张的意味,表达一种极致。相当于"酸极了/十分酸/酸透了"的意思,根本不能受"有点"的修饰。因此在以上三个句子当中,例(91)中的葡萄无疑是最"酸"的。

李宇明认为AA式的语法意义与其句法位置无关,无论处于何种句法位置，AA 式的语义都是表示程度的加深。他还认为，定语和谓语位置上 AA 式表达出的程度减弱义是由其儿化造成的，非儿化的 AA 式并不表示程度的减弱。"就减弱程度而言，儿化比句法位置的作用也许更大些。因此可以说，减弱度量是形容词重叠式在特定的句法位置上由多种因素作用而形成的语法意义的变体。"

B. AB＜AB（儿）B 儿＜AXB 儿 B 儿＜AAB（儿）B 儿

当形容词 AB 构成重叠式 AB（儿）B 儿、AXB 儿 B 儿或 AAB（儿）B 儿之后，由于前两式都是部分重叠，所以强化的程度较弱些，而 AAB（儿）B 儿是完全重叠，所以强化的程度较强。例如：

（92）他开车稳当。

（93）他开车稳当当儿叻。

（94）他开车稳不当儿当儿叻。

（95）他开车稳当当儿当儿叻。

在以上四个句子中，例（95）所描述的"他"开车最稳当。

C. BA＜BA 儿 A 儿

虽然 BA 类形容词本身已经带有修饰成分，已具有一定的程度义，但重叠成 BA 儿 A 儿式之后，程度义在原先的基础上又增强，BA 儿 A 儿式虽然是部分重叠，但已经达到了"很（非常）A"的程度。例如：

（96）脸冻叻通红。

（97）脸冻叻红通儿通儿叻。

这两例都是描述"脸冻得很红"，但由于使用了不同的词语形式，"红"的程度是不一样的，例（97）的表述让人感觉脸是"非常红"的。

②形容词重叠式的形象色彩

吕叔湘把形容词重叠式称为生动形式。朱德熙把形容词重叠式归入状态范畴，称为"状态形容词"。朱景松更是直接地提出，形容词重叠式最核心的语法意义是造成某种状态。这一特性同样在辉县方言形容词重叠式上体现得很充分，而且不同的重叠式体现的状态性是不同的，有的重叠式状态性较强，有的重叠式状态性较弱。

BA 儿 A 儿式，因为基式 BA 原本就是状态形容词，经过重叠之后，其状态性更加凸显，具有很强的表现力。例如：崭新——新崭儿崭儿、喷香——香喷儿喷儿、冰冷——冷冰儿冰儿。

A（儿）A 儿式、AA 儿 A 儿式、AB（儿）B 儿式、AXB 儿 B 儿式、AAB（儿）B 儿式重叠式一般不是对对象形态的直接描写，而是利用重叠这种形式来唤起人们对形态的某种经验，例如"酸酸儿"虽然不能将"酸"的形态很形象生动地直接呈现在我们面前，但也不是例如单音节"酸"那样单纯地表示一种属性，而是通过重叠这种手段起到一种渲染的作用，在人的意识中，开拓一个新的联想空间，唤起我们头脑中对"酸"这一具体形象的感受。

总之，和现代汉语一样，辉县方言形容词重叠式通过重叠强化事物的某种性状，加强描写性和状态性，从而使得表达更加形象生动。

③形容词重叠式的感情色彩

AB（儿）B 儿式、AXB 儿 B 儿式、AAB（儿）B 儿式、BA 儿 A 儿式这些双音节重叠式的感情色彩和基式相比不会发生变化，例如："大方"是褒义词，构成重叠"大方方儿""大大方儿方儿""大圪方儿方儿"也是褒义词。"扑了"是贬义词，构成重叠"扑了了儿""扑扑了儿了儿"后仍旧是贬义词。但单音节重叠式 A（儿）A 儿式和 AA 儿 A 儿式中一些词语的感情色彩会发生变化，下面我们具体分析这两种重叠式。

当 A 为贬义或褒义时，AA（儿）A 儿式和 AA 儿 A 儿式的感情色彩不会变，仍旧是贬义词或褒义词。例如："憨、憨憨儿、憨憨儿憨儿"都是贬义词，"好、好好儿、好好儿好儿"都是褒义词。

当 A 是中性时，有些 A（儿）A 儿式和 AA 儿 A 儿式由于采用了变调的语音形式，增添了亲切、喜爱的感情色彩，成了褒义词。以"辣"为例：

（98）挪那个菜太辣，吃不进！

（99）挪那个菜辣辣儿叻，怪好吃！

（100）挪那个菜辣辣儿辣儿叻，吃着真过瘾！

中性词"辣"在褒、贬的语境中都能出现，但构成重叠的"辣辣儿""辣辣儿辣儿"只能出现在褒义的语境之中，成为褒义词。

3.4.3 语法功能

辉县方言形容词的重叠式常出现在句尾作谓语、定语、补语，而用作状语的句法成分情况相对较少。所有的重叠式在具体使用中都要加结构助词"叻",以上六种形式的入句情况如下。

①作谓语

辉县方言中所有的形容词重叠式都可以作谓语,且其后不带宾语。例如:

(101) 这山楂汤酸酸儿叻,甜甜儿叻。

(102) 将刚刚下罢过/了雨,天蓝蓝儿蓝儿叻。

(103) 小孩儿叻脸光(没)年年儿叻。

(104) 孬蛋儿他家叻人老是抠抠色儿色儿叻。

(105) 谱大会儿现在俺姥爷就糊(圪)涂儿涂儿叻。

(106) 蒸馍是不是放好几天了,硬(圪)梆儿梆儿叻。

②作定语

作定语的形容词重叠式修饰名词性成分,无论哪种格式,一般都要带"叻",但是如果放在受数量词修饰的名词前时可以不带"叻"。例如:

(107) 外头下叻厚厚儿叻一层雪。

(108) 好好儿好儿(叻)个人叫他给气走了。

(109) 圆圆圆儿(叻)个枣儿叫我没弄好咽了。

(110) 年轻儿轻儿(叻)个小闺女儿咋说冇就冇了。

(111) 现现成儿成儿叻饭还好挑三拣四了。

(112) 满(不)当儿当儿叻一车玉粟玉米。

(113) 红(圪)通儿通儿叻小脸儿瞧着真叫人喜欢。

③作补语

作补语的形容词重叠式句法环境比较单一,其前不加程度副词,后面可以加"叻",补语表示结果或程度。例如:

(114) 她叻小手儿拽我拽叻紧紧儿叻。

(115) 今个今天俺妈把饭做叻稠稠儿稠儿叻。

(116) 俺哥开车开叻稳(不)当儿当儿叻。

(117) 这两年他家叻日子儿过叻顺顺当儿当儿叻。

(118) 你炒这菜光闻着就香喷儿喷儿叻,肯定可好吃。

④作状语

作状语的形容词重叠式修饰动词或动词短语,只有"AA 儿"式和

"AXBB 儿"式能在句子中充当状语成分。例如：

（119）你好最好慢慢儿叻走，可不敢不能叫跌咾。

（120）小杰把他叻作业本平（不）展展儿叻铺了一地。

综上所述，各重叠式在充当句法成分时，呈现出以下特点：

第一，单音节形容词重叠式可以作状语。基式"A"都是性质形容词，重叠式则变成了状态形容词，具有状态形容词的语法功能。但是相对于其他句法功能来说，重叠式作状语的能力是最弱的。并且，辉县方言单音节形容词的重叠式必须儿化，而有些方言单音节形容词重叠时有儿化和不儿化两种形式，例如湖北襄樊话、陕西合阳话中的形容词重叠式有"AA"式和"AA 儿"式的对立。

第二，双音节形容词重叠后充当各句法成分的自由度比基式要高，主要充当谓语和补语，定语次之，状语最少。而加缀重叠式的句法功能却很丰富，能够自由地充当句子中的谓语、定语、状语和补语。

第三，充当状语或定语的这些重叠式都可以转化到谓语或补语的位置上来。这与辉县人在说话时的习惯密切相关，把重叠儿化后的形容词放在信息焦点的位置能够更好地凸显这种强调的语义，从而更好地把语表形式与语里意义结合起来。

第四，有的重叠式前面还可以加副词"老是、就、好"等一类字眼，例如例句（104）、（105）、（119）。但是一律不能加表示程度的"可、怪、血、太"等副词，例如不能说"可酸酸叻、怪面丹儿丹儿叻、血囫囵囵儿叻"，这是因为这六式中的重叠本身是一种强化形式，具有强调的作用，同时儿化本身已含有一定的程度。

第五，形容词的重叠式所在的句子，主语必须是确指的。并且，一般只用于肯定式，不用于否定式，例如只能说"这菜绿绿儿叻"或"玉粟玉米晒叻干圪绷儿绷儿叻"，不能说"这菜不绿绿儿叻""玉粟玉米晒叻不干圪绷儿绷儿叻"。

3.5　副词重叠

本书只讨论重叠前后词性不发生变化的副词重叠式。

3.5.1 重叠形式

普通话中的副词重叠的形式比较单一,只有 AA 式和 AABB 式。辉县方言中,副词的重叠形式相对较丰富,主要分为两类:一类是单音节副词重叠式 AA 式,加缀重叠式 AXA 式和多叠式 AAA 式和 AAAA 式;一类是双音节副词重叠式 ABB 式和 AABB 式。

①单音节副词重叠

A. AA 式

a. 将将儿　可可儿　早早儿　死死儿

b. 偏偏　明明　单单　真真　紧紧　整整　情情

　　白白儿　慢慢儿　狠狠儿

上例中 a 类词可以说是最严格的副词重叠式,基式为单音节副词 A,A 可以单独使用,属于构形重叠,这一形式在辉县方言中很常见。b 类词是叠词式副词,基式为多义词,例如"白","没有效果;徒然"[1]是其为副词的意义之一,重叠式"白白儿"只有这一种含义。在语音特点上,不管儿化与否,AA 式第一个音节"A"读原调,第二个音节"A"都变为轻声。

"将将"儿化时,为时间副词,同邢老师说的"刚刚$_1$";不儿化时,为时间名词,意为"刚刚$_2$"。"将将"有时表示"仅仅/恰好"之类的意思,因跟时间概念无关,而且情况比较单纯,不必讨论[2]。"情情"的基式"情"在辉县方言中本身就是语气副词。黄伯荣指出:"一个副词究竟表示什么意思,往往须结合全句语境仔细体会。"[3] 辉县方言"情"的语义较为复杂,适用于多种语言环境,在现代汉语中并无与之完全对等的词。它常用于谓词性成分前,表示某种动作或状态在时间线度上没有条件约束地进行下去。常用的语气有三种:表责怪、表警告、表鼓励。语气副词"情"是表示说话人语气的副词,带有强烈的主观性。其中表示责备语气的多用于亲人朋友间或陌生人发生冲突时;表警告的语气多用于长辈对晚辈、领导对下属或强者对弱者;表鼓励的

---

[1] 《现代汉语词典》第 5 版,商务印书馆 2005 年版,第 23 页。
[2] 邢福义:《邢福义学术论著选》,华中师范大学出版社 2003 年版,第 173 页。
[3] 黄伯荣:《形容词和副词的界限》,《语文学习》1956 年第 7 期,第 29—31 页。

语气使用范围较广,可广泛应用于家庭或公共社交场合。"情"多用于祈使句,表示说话人对听话人的某种期望,无论是责备、警告还是鼓励,白话色彩较浓。

B. AXA 式

这一形式的基式为 A,能进入此形式的词缀只有"打",即"A 打 A"式。重叠后第一个 A 读原调,第二个"A"读轻声。在辉县话中,能进入此式的单音节副词很少,目前笔者仅发现三例,例如:

实打实(儿)　明打明(儿)　稳打稳

C. AAA 式

能进入 AA 式 a 类的单音节副词都可以重叠为 AAA 式,但是这一形式的后两个音节必须儿化,且读音都变为轻声。例如:

将将儿将儿　可可儿可儿　早早儿早儿　死死儿死儿

D. AAAA 式

这一重叠式的基式仍然为可单独使用的单音节副词 A,重叠后语音上的变化为,第一、第三音节重读,第二、第四音节轻读。目前笔者仅发现两例,例如:

紧紧紧紧　老老老老

② 双音节副词重叠

双音节副词重叠式的基式都是可单独使用的副词 AB。

A. ABB 式

重叠后 ABB 儿式第一个音节 B 读原调,第二个音节 B 变轻声;AB 儿 B 儿式,后两个音节 B 读音上都变轻声。例如:

一定定儿　险门儿门儿　差会儿会儿

B. AABB 式

这一形式的结构形式和语法功能与普通话相同,重叠后的变调形式为"原调+轻声+原调+轻声"。例如:

结结实实　实实在在　确确实实　陆陆续续
的的确确　时时刻刻　多多少少　稍稍带带

3.5.2　语法意义

关于副词重叠式的语法意义,王继同在《论副词重迭》中指出副词基式与重叠式基本功能、词汇意义一致，只是增加了部分"强化"的意味。张谊生也说，"有相当一部分单音节副词由于其副$_2$的频繁使用，已经逐渐凝固成了一个与副$_1$相对的同义词了"[①]。很大一部分副词重叠后只是增强了强调语气，例如：

（121）a：白给他干了几天活儿！

　　　　b：白白儿给他干叨几天活儿！

有一部分副词重叠后其语义发生了分化。例如：

（122）a：你情看电视了！

　　　　b：你情情看电视了！

"情情"的语义由"情"的"警告"义变为"责备"，"情情"并非是表示警告的语气，后面也不带将会出现的不良后果，而是单纯表示责备。

辉县方言副词重叠式的语义特征主要表现在两个方面：一是重叠前后表示的程度义有差别；二是强调时短量少。前者适用于所有的重叠式，后者主要表现在 AA 式、AAA 式和 ABB 式上。

①程度加深

凡是具有此语义特征的基式都是程度副词。例如：

A. A 与 AA 式

（123）你真费气淘气、不让人省心。

（124）你真真费气淘气、不让人省心。

"真真"比"真"的程度强。

B. A 与 AXA 式

（125）你就实说吧，要多少了？

（126）你就实打实儿说吧，要多少了？

"实打实儿"有"实实在在"的意思，程度义比"实"要强很多。

C. A 与 AAAA 式

（127）他老是坐紧那傍边儿。

（128）他老是坐紧紧紧紧那傍边儿。

"紧紧紧紧"明显比"紧"表示的程度深，是最高级，并且带有夸张的附加色彩。

[①] 张谊生：《副词的重叠式和基础形式》，《世界汉语教学》1997 年第 4 期，第 42 页。

D. AB 与 ABB 式、AABB 式

（129）放心吧，俺哥明个一定去。

（130）放心吧，俺哥明个一定定儿去。

（131）我确实不知道他来了。

（132）我确确实实不知道他来了。

"一定定儿""确确实实"表示确定的程度均比"一定""确实"更强，并且，基式副词具有评注性，常用来表示说话者对事件、命题的主观评价和态度①。

②强调时短量少

凡是具有此语义特征的都是时间副词或范围副词，并且重叠式都必须发生儿化。例如：

A. A 与 AA 儿式、AA 儿 A 儿式

（133）我将吃罢饭。

（134）我将将儿吃罢饭。

（135）我将将儿将儿吃罢饭。

从时间的长短来看，将将儿将儿＜将将儿＜将。

（136）我今个狠打叨他一顿。

（137）我今个狠狠儿打叨他一顿。

（138）我今个狠狠儿狠儿打叨他一顿。

从动作的轻重量来看，狠狠儿狠儿＜狠狠儿＜狠。

B. AB 与 AB 儿 B 儿式

（139）将才险门儿叫车怼着我。

（140）将才险门儿门儿叫车怼［tuei^{55}］着我。

从时间的长短来看，险门儿门儿＜险门儿。

③强调主观性语气

具有此语义特征的多是程度副词或语气副词，它们发生或不发生儿化依赖于主观上强调的内容，有时是主观上责备的语气。例如：

（141）他才五十就退休了，情情在家歇，也不说出来找个事做！

（142）你都谱大了，天天情情吃喝玩乐了，一点正事不干！

---

① 张谊生：《现代汉语副词研究》，学林出版社 2000 年版，第 18 页。

(143) 你真是个甩手掌柜，地里恁些活儿你亏光瞧不见，情情等着我来干，你想使死我了！

(144) 恁都真真是一天都不叫人省心。

(145) 他给我说这事是真真叫我没法儿弄。

上述前三例出现的语境是说话人对听话人有条件相助的事情却坐视不管的态度表达强烈的不满和责备。后两例是说话人对句中提到的人或事表示无可奈何的心情的同时，也带有一定的责备语气。

有时也可表示羡慕。例如：

(146) 闺女、儿都有成色，你情情给家歇吧，可不用再种地了。

(147) 她真是有福气，找了个好婆家，家里啥都不用你操心，情情上个班。

"情情"表羡慕的语气是从基式"情"的鼓励语气中发展而来的，"情情"后面往往是交际双方都认可的积极的状态。当话语中的对象是听话者时，鼓励的语气较重，羡慕的语气较轻，如例（146）；当话语中的对象是第三方，并不涉及听话者和说话者时，往往只具有羡慕的语气，如例（147）。

3.5.3 语法功能

辉县方言中副词的各个重叠式均可在句中作状语，有时还可作独立语。各重叠式充当具体的语法功能的情况如下：

作状语

AA 式

(148) 你真真费气呀！

(149) 你明明□[tsuo²¹]ᴴ"知道"的合音是他偷唻，还不吭声气儿。

(150) 眼看就浇完了，偏偏儿这时候河□[liou⁵³]ᴴ"里头"的合音没水了。

(151) 我将将儿从新乡回来。

(152) 俺爸狠狠打叻他一顿。

(153) 你情情给家好吃懒做，都不说去寻活儿干。

AXA 式

(154) 你给我实打实儿叻说，到底恁俩人去干啥唻？

（155）你这人明打明儿叻给俺这儿偷东西，猖狂叻很呀！
（156）你情情放心吧，这活儿我给你稳打稳叻拿下。

AAAA 式

（157）坐紧紧紧紧那傍边儿揶人是他妹儿哝。
（158）你哪回考试不是班里老老老老末后墩儿。

ABB 式

（159）我今个黑儿一定定儿把你送走。
（160）将才关车门儿叻时候，险门儿门儿叫挤我手。
（161）路结冰哩，我差会儿会儿滑跌。

AABB 式

（162）我今个也去吧，多多少少能给你穿穿忙。
（163）我成天往那儿跑叻，稍稍带带叻就给你买叻。
（164）我确确实实不知道他去哪了。
（165）天一冷，小鸟儿陆陆续续叻都飞走了。

此外，副词重叠式还增加了基式的灵活性，单音节副词只能用于谓语前主语后，重叠后则可以用于主语前，例如：

（166）你明知道我今个没空儿，还叫我来穿忙帮忙。
（167）明明你/你明明知道我今个没空儿，还叫我来穿忙帮忙。

3.6 量词重叠

比起动词和形容词重叠式的研究，汉语量词重叠的研究起步比较晚，大概是从 20 世纪 70 年代末开始的。朱德熙（1982）指出在某些方言中，一些数词也有与量词相类似的重叠用法，方言学者多将它们和量词重叠放在一起讨论。

普通话中，单音节量词主要包括两类：一类是物量词，它表示计算人或事物数量的单位，主要又包括两种，一是度量衡单位，例如"斤""两""尺"等，二是习用单位，例如"个""件""双""堆"等。一类是动量词，它表示计算行为数量的单位，例如"次""趟""回"等[①]。

[①] 邢福义、汪国胜：《现代汉语》，华中师范大学出版社 2011 年版，第 206 页。

朱德熙（1982）指出普通话中量词重叠式就是单音节量词的重叠式，例如"个个、张张、本本、句句、棵棵"。这类重叠式包含"每"的意思："个个"就是"每一个"，"张张"就是"每一张"①；也可以强调"多"②，例如"朵朵"就是"很多朵"，"阵阵"就是"好大一会儿"。重叠式量词可以修饰名词，但是不能作宾语。

我们在讨论辉县方言量词重叠时，除了与普通话中的"量量（儿）"相同的完全重叠式外，也包括数量结构重叠、加缀重叠（"圪"）和增音（"成""又"）③形成的不完全重叠式。所以，辉县方言量词重叠式主要有两种：一种是完全重叠式 AA 式、AABB 式；一种是不完全重叠式——AA 式、一 XAA 式、一 A 一 A 式、一 A 又一 A 式、一 AB 一 AB 式、成 A 成 A 式。

3.6.1 重叠形式

普通话的量词与数词组合成数量结构才在句子中修饰名词，只有少数量词重叠后可独立运用。例如"个个、本本、张张、棵棵"等。辉县方言中，单音节量词可重叠的数量很多，并且可以独立使用。虽然也有与普通话相同的重叠形式，但种类相对较多，用法也较复杂。数量结构和增音形式的重叠也比较有特色。

①完全重叠式

A. AA 式

除度量词外，其他的单音节量词一般都可以直接重叠为 AA 式，物量词 AA 两个音节都不变调，动量词 AA 第一个音节不变调，第二个音节读轻声，二者一般都儿化。例如：

物量词：根根　颗颗　句句　批批

年年（儿）　月月（儿）　天天

个（儿）个（儿）　件儿件儿　对儿对儿　样儿样儿

动量词：回（儿）回（儿）　顿（儿）顿（儿）　趟儿趟儿遍儿

---

① 朱德熙：《语法讲义》，商务印书馆 1982 年版，第 26 页。
② 邢福义、汪国胜：《现代汉语》，华中师范大学出版社 2011 年版，第 206 页。
③ 彭春芳：《湖南涟源杨家滩话重叠式研究》，博士学位论文，中央民族大学，2007 年，第 105 页。

遍儿

B. AABB 式

能进入这一形式的量词较少，一般是一些名词性语素临时活用为量词，或是兼属名词的准量词①（表时间性的），我们只找到三例。例如：

家家户户　分分秒秒　年年月月

②不完全重叠式

在辉县方言中，数量结构重叠式中的数词只能由"一"组成，其他数词不能进入。

A. 一AA 式

这一重叠式的基式是数量词"一A（儿）"，这一形式在辉县方言中的使用频率比较高，A既可以是物量词也可以是动量词。重叠后其语音形式为，第一个音节A读原调，第二个音节A读轻声，且大多儿化。例如：

一堆堆　一捆捆　一间间　一摞摞　一辆辆

一行儿行儿　一撮儿撮儿　一件儿件儿

一趟儿趟儿　一遍儿遍儿　一阵（儿）阵（儿）

另外，还可在"一"和"AA（物量词）"中间加特定形容词（"大""小"）作量的评估。例如"一小撮儿撮儿""一大堆堆"。而普通话这种量词重叠式是不可以的。

B. 一XAA 式

这一形式在辉县话中非常普遍，凡是能进入"一AA式"的都可在"一"后加词缀"圪"或"不"构成"一XAA"式。受词缀"圪"的影响，此形式中的"AA"必须是"表小"的量词，而与词缀"不"搭配的一般表示"量多"，并且都必须儿化。例如：

一圪星儿星儿　一圪阵儿阵儿　一圪撮儿撮儿　一圪朵儿朵儿

一不串儿串儿　一不溜儿溜儿　一不篮儿篮儿　一不拧儿拧儿

以上例词也可说成"一XA"式，"XA（儿）"可以独立成词，例如"一圪截儿木头、一圪堆儿粪、一圪卷儿纸、一圪把儿米、一不串儿葡萄"等。

---

① 邢福义：《汉语语法学》，东北师范大学出版社1996年版，第195页。

C. 一 A 一 A 式

此重叠式是由数量词"一 A"整体重叠后构成的重叠式，A 为物量词和动量词，且 A 常常儿化。重叠后第一个音节 A 重读，第二个音节 A 次重读。例如：

物量词：一根一根　一套一套　一条一条　一副一副

一张一张　一筐一筐　一把一把　一家一家

一对儿一对儿　一条儿一条儿　一茬儿一茬儿

一道儿一道儿　一串儿一串儿　一牙儿一牙儿

动量词：一遍儿一遍儿　一趟（儿）一趟（儿）　一回（儿）一回（儿）

一阵儿一阵儿　一步一步　一下一下

准量词：一刀一刀　一笔一笔　一家一家　一步一步

基式是物量词的重叠式，同"一 AA"式，在语用需要的情况下，可加形容词"大、小"来修饰说明，例如"一大口一大口""一小把一小把"等。

D. 一 A 又一 A 式

凡是能进入"一 A 一 A"式的量词，无论是物量词还是动量词，均可进入"一 A 又一 A"式，强调数量或动量的重复。重叠后"又"重读，其他音节读原调，除动量词外一般不儿化。例如：

一篇又一篇　一阵又一阵　一杯又一杯　一捆又一捆

一村又一村　一天又一天　一年又一年　一盆儿又一盆儿

一回（儿）　又一回（儿）　一趟儿又一趟儿　一遍儿又一遍儿

E. 一 AB 一 AB 式

这种格式是数词"一"与双音节量词"AB"（含"一 XA"）组成的数量结构重叠，AB（或"XA"）常常儿化，且只能是物量词，重叠后第一个音节 B（或"XA"中的"A"）重读，第二个相同部分的音节变轻声。例如：

一圪枝儿一圪枝儿　一圪截儿一圪截儿　一骨都儿一骨都儿

一不缕儿一不缕儿　一不垒一不垒　一圪堆（儿）一圪堆（儿）

另外，在辉县话中存在一些从双音节名词借来的临时作为物量词使用，也可以与"一"组成"一 AB 一 AB"式。例如"一平车儿一平车儿（土）、一簸箕一簸箕（圪渣垃圾）、一锅炉一锅炉（煤）"等。

F. 成 A 成 A 式

只有惯用物量词和度量衡量词能进入这一形式，重叠式不变调。例如：

成捆成捆　成堆成堆　成根成根

成吨成吨　成斤成斤　成亩成亩

有时也有"A 成 A"这一形式，意义和用法不变。

3.6.2 语法意义

量词重叠式的语义特征因句法功能而不同，它们最基本的词汇意义一般表示"每一"或"多"。而辉县方言量词的重叠式在词汇意义基础上概括出来的范畴意义主要有四点。

①表周遍性

"周遍性"的意义包括"所有的"和"每一"，"所有的"是总而言之，"每一"是分而析之①。A（儿）A（儿）式、AABB 式、一 AA 式、一 A 一 A 式、一 XA 一 XA 式均可表此种意义，其中 AA 式最具代表性。并且，重叠后常出现或加上范围副词"都"②。这与普通话基本相同，也是普通话常用的形式。例如：

（168）对对都叫你穿烂了。

（169）以前叨人穷，顿儿顿儿都吃不饱。

（170）家家户户都把对联贴好了。

（171）恁家叨地，一块儿块儿都种叨谱好家！

（172）一家一家都盖了新楼房。

（173）你闲着没事儿干咾，把这几骨堆儿蒜一瓣儿一瓣儿叨都剥干净昂。

例（168）、（169）中的"对对""顿儿顿儿"分别指的是"每一对鞋""每一餐饭"的意思，例（170）中的"家家户户"指的是"每一家、每一户"，例（171）的"一块儿块儿"是"每一块儿"的意

---

① 李宇明：《汉语量范畴研究》，华中师范大学出版社 2000 年版，第 334 页。

② 李宇明认为："'都'的总括必须有一个域，表示该域中的成员皆例如此。'都'的总括域即是复叠所表示的域，在上下文中，伴随复叠式往往出现这种域的话语。"

思，例（173）中的"一瓣儿一瓣儿"也表示"每一瓣儿""所有的蒜瓣儿"。晋城方言中也有这样的用法①。另外，准量词"年、月、日、天"等的重叠式也含有"每"的意思。

②表逐量

"逐量"表示量的"逐一"性，即行为动作是有先后顺序的，动作是接连不断的。"一A一A"式、"一AA"式都可以表示"逐量"的意义，以前者为主。例如：

（174）话要一句一句叨说。

（175）你把苹果削成一片儿一片儿叨，恁奶奶奶好方便吃。

（176）咱一样儿样儿都看看，招哪□[io⁴⁴]"一个"的合音好看。

例（174）中的"一句一句"隐含有"说完这一句，再说另一句"的先后意义在里面；例（175）中的"一片儿一片儿"是指将一个完整的物体，分成若干同质的个体；例（176）中的"一样儿样儿"含有"看完这一样东西，在看另一样东西"的先后顺序。在其他方言中也有类似的用法，例如河南浚县方言中也有"一A儿一A儿"的两次重叠结构。"哪能一捆儿一捆儿都解开看看呀哪能一捆一捆地都解开看看呀。"② 辛永芬认为"一捆儿一捆儿"表示遍指意义。但在辉县方言中，这种结构除了表示遍指意义，还可以表示逐量意义，甚至可以表示状态，例如"衣裳上ᴴ叫你搁叨一道儿一道儿叨"。

一AB一AB式也可表示"逐一""接连不断"，一般用于连成一簇的东西，与其搭配的中心语比较固定。例如"一圪截儿一圪截儿（木头）、一骨都儿一骨都儿（蒜）、一不缕儿一不缕儿（头发）"。

③表反复

具有此语法意义的量词重叠式的基式都是动量词。

一A一A式表动作"反复""连续"，含有"一A之后又一A"的意思。例如：

（177）他一趟一趟叨往县里跑。

（178）饭要一口一口叨吃。

---

① 邰晋亮：《晋城方言重叠式研究》，硕士学位论文，青海师范大学，2011年。
② 辛永芬：《浚县方言语法研究》，中华书局2006年版，第95页。

这里的"一A一A"式，都不能用"一A"来替换。另外，"一A一A"含有"不着急、慢条斯理"之意，而基式"一A"则无此意。另外，一A一A式重叠后在于强调个体。后面的"叨"根据不同的语言使用情况或有或无，这种用法在普通话和其他方言中也有。

一A又一A式表示数量多、频率高，次数反复，具有连续义，一个接一个，连续不断。例如：

（179）我今个往县里跑叨一趟儿又一趟儿。

（180）手镯串叨一回又一回，快不中了。

④表主观量

"主观量"是含有主观评价意义的量，与"客观量"相对立。它是由陈小荷最先提出的，在《主观量问题初探——兼谈副词"就"、"才"、"都"》一文中，陈小荷提出主观量表达的是说话人对量的大小的主观评价，包括"主观大量（评价为大）"和"主观小量（评价为小）"。单音节形容词重叠式表示程度的轻微还是程度的加重不取决于其在句子中作何种成分，而取决于整个句子是否主观化。我们这里所谓主观化的句子包括祈使句和表示句子的使用者主观意愿、愿望等的句子。

沈家煊指出，"主观性"是指说话者在说出一段话的同时表明自己对这段话的立场、态度和情感，从而在话语中留下自我的印记[①]。李善熙认为："语言的主观性表现在量范畴上，就形成了'主观量'这一概念。'主观量'是语言的主观性在量范畴上的具体体现。"[②] 李宇明认为"量"是人们认知世界、把握世界和表述世界的重要范畴。"量"这种认知范畴投射到语言中，即通过"语言化"形成语言世界的量范畴[③]。人们在对量进行表述时，往往会带有对量的主观评价，或认为这个量是"大量"，或认为这个量是"小量"。带有主观评价的量是"主观量"，

---

① 沈家煊：《语言的"主观性"和主观化》，《外语教学与研究》2001年第4期，第268—275页。

② 李善熙：《汉语"主观量"的表达研究》，博士学位论文，中国社会科学院语言学系，2003年。

③ 李宇明：《汉语量范畴研究》，华中师范大学出版社2000年版，第30页。

不带有主观评价的量是"客观量"①。他还指出，数量标是指具有标示主观量功能的数量词语，是表达主观量的语表手段之一，数量短语的复叠是数量标的情况之一②。付欣晴、朱文明（2013）指出量词带缀重叠式的语义特点集中表现为具有强烈的主观性，能显示出说话人对量的主观评价，这种"主观量"义甚至可以说是它的主导语义③。

A. 主观大量

"主观大量"是人们在对"量"进行表述的时候，主观上认为是"大量"的主观评价。AA 式、AABB 式具有表示主观大量的意义，这可以与它表示"周遍"的语法特点结合起来考虑。例如：

（181）件儿件儿衣裳她都洗叻可干净。（件儿件儿：每一件）

（182）我去寻你，回儿回儿都扑个空儿。（回儿回儿：每一回）

（183）家家户户都挂上了红灯笼。（家家户户：每一家每一户，所有的）

这里的重叠式在强调"每一""所有的"的周遍意义时，也突出了说话人主观上强调数量多，另外，例（181）、（183）还表达出说话人对上述事物或事情的满意、惊讶的主观感情色彩，例（182）则是不满、埋怨的主观感情色彩。

一 AA 式、一 A 一 A 式、一 A 又一 A 式表主观大量时，物量词强调"数量多"，动量词强调"次数多"。例如：

（184）下雨咾，这一堆堆粮食可咋弄哩？

（185）你成天一遍儿一遍儿叻说我，有意思嘞！

（186）你把麻绳一根一根叻都绞好。

（187）她一回一回就没说用劲考上过。

（188）饭得一口一口叻吃，事儿得一件儿一件儿叻做，贪多嚼不烂。

（189）每年河堤那柴火他都是一（大）捆儿一（大）捆儿叻往家背。

---

① 李宇明：《汉语量范畴研究》，华中师范大学出版社 2000 年版，第 111 页。
② 李宇明：《汉语量范畴研究》，华中师范大学出版社 2000 年版，第 145 页。
③ 付欣晴、朱文明：《汉语方言量词加缀重叠式"AXA"与主观量》，《南昌大学学报》（人文社会科学版）2013 年第 5 期。

（190）你这一顿又一顿叻混吃混喝到多旦什么时候了？

例（188）中的"一口一口""一件儿一件儿"是用来教育人吃饭、做事要懂得方式，不能操之过急。并且这一形式的动作接连进行方式还可以引申出"大/多"的意思。

一 XAA 式表"大量"时，词缀"X"必须为"不"。例如：

（191）今年叻葡萄树结叻都是一不串儿串儿叻葡萄。

（192）村东头儿盖了一不列儿列儿很多排楼房。

例（191）、（192）中的"一不串儿串儿""一不列儿列儿"，由于词缀"不"多表示面积大或体积大的东西，所以"一不串儿串儿葡萄"相当于"一大串葡萄"，"一不列儿列儿楼房"指"很多排楼房"。

成 A 成 A 式表示"量大、完整"的意思。例如：

（193）你上学叻书给家成堆成堆叻摞着叻。

（194）这几天粮食走叻好，都是成吨成吨叻拉叻。

例（193）侧重从数量上说"上学用的书多"。例（194）侧重从重量上强调"车拉走的粮食多"。

B. 主观小量

一 AA 式、一 XAA 式重叠式在量上比基式要小，具有此意义的都是物量词的重叠式，充分表现了说话者在对量的表达上"少量"的主观评价。试比较：

（195）你真是叻拐娇气啊，一步步路儿都嫌使慌。

（196）我才跑了一（小）会儿会儿，就嚼吓喘成□［tsuo²¹］这个样儿叻。

（197）俺妹儿为了减肥，天天就吃一点儿点儿饭。

（198）你并"不应"的合音老是掉那一圪拧儿拧儿饭给碗□［liou⁵³］ᴴ"里头"的合音。

（199）我就卯剩或留这一圪星儿星儿叻，你可不敢给我拿走昂。

例（195）、（196）、（197）中的"一步步""一会儿会儿""一点儿点儿"指的是"路不远""时间短暂""吃得很少"的意思，都是数量上少；例（198）、（199）中的"一圪拧儿拧儿""一圪星儿星儿"均有"很少、一点""极言其少"的意思，这里指的是体积较小的事物。

基式"一 A（儿）"不管在数量还是体积上，相对重叠式来说都较多较大，这样就形成各量的层级：一圪 AA←AA←A（儿）。例如：

一圪截儿截儿←截儿截儿←截儿

需要注意的是，量的大小、多少还要根据基式 A 的性质特点和句子所处的环境而定。以"一 AA"式为例，试比较：

a. 一口口水、一把把土

b. 一盆盆水、一堆堆土

上例中由于基式 A 的性质特点不同，所以 a 组表量小，b 组表量大。

有时同一个格式，根据不同的语境，同一形式也有不同的表现，试比较：

a. 你就接这一口口水够谁喝？

b. 给他弄一口口水蘸蘸嘴唇。

上述例句，a 出现的场景一般是说话人在口渴的情况下使用，而 b 一般是针对病人，不能大口喝水的情况下使用。

综上所述，AA 式、AABB 式所表达的主观大量在来源上属于"夸张型主观量"[①]。李宇明认为，多量与周遍性之间也不是决然可分的，周遍性是多量的极限，但因夸张、模糊等手段的运用，使一些表周遍的重叠式也带有多量的色彩。[②] 一 AA 式、一 A 一 A 式、一 A 又一 A 式在表达客观量的同时都表达了主观大量，在主观量的来源上属于李宇明所说的数量短语"直赋型主观量"。辉县方言中与数量结构连用表主观量的词语主要是"大、小"，如例（189）、（196）。还有一些量词具有明显的主观评价意义，例如："一 XAA"式中词缀"圪""不"的插入，给这一重叠式带来了一定的主观量。

3.6.3 语法功能

句法功能指一个单词、一个词组或一个从句在句子中作某个成分，常见的有主语、谓语、宾语、定语、状语、补语、表语。"句法研究的是句子的内部结构，以词作为基本单位。"[③] 辉县方言量词重叠式的句

---

① 李宇明：《汉语量范畴研究》，华中师范大学出版社 2000 年版，第 114 页。
② 李宇明：《汉语量范畴研究》，华中师范大学出版社 2000 年版，第 345 页。
③ 朱德熙：《语法讲义》，商务印书馆 1982 年版，第 25 页。

法功能分析如下。

A. AA 式

AA 式物量词构成的重叠式在句中一般作主语，动量词构成的重叠式一般在句中作状语。例如：

（200）恁家叻小孩儿们个儿个儿都可有本事。（主语）

（201）这一回，俺孩儿考叻还算中，门儿门儿都是九十多分。（主语）

（202）家家有本儿难念叻经啊。（主语）

（203）我往后可不跟你下棋了，盘儿盘儿都输。（主语）

（204）对对鞋都叫你穿拆乎烂了。（主语）

（205）回儿回儿他都考不好。（状语）

（206）早先俺都顿儿顿儿吃不饱饭呀！（状语）

（207）给你说多少遍儿了，你遍儿遍儿都记不住，真没法儿说你。（状语）

此外，物量词重叠式 AA 可以作主语的定语；动量词重叠式"AA"也可以作主语。例如：

（208）件儿件儿衣裳都洗叻可干净。（主定）

（209）就这一滴儿滴儿水，你说我咋会够喝？（主定）

（210）我去恁家寻你，回儿回儿都扑个空儿。（主语）

（211）小时候老是去俺姥家，顿儿顿儿都是我好吃叻饭。（主语）

（212）你叻衣裳真难洗，遍儿遍儿都洗不净。（主语）

B. 一 AA 式

"一 AA 式"中物量词重叠式可在句中充当主语、宾语、定语；动量词重叠式可作状语。例如：

（213）恁都一个儿个儿都有本事了，都看不起人了。（主语）

（214）（盐）一拧儿拧儿就够了。（主语）

（215）我真吃饱了，我只能再吃一点儿点儿昂。（宾语）

（216）瓜子儿就给我卯剩了一蒙儿蒙儿。（宾语）

（217）你办这事儿一点儿点儿好处都没有。（定语）

（218）年轻人连一星儿星儿苦都吃不咾会中。（定语）

（219）一点儿点儿米都没有了，叫我咋做饭叻？（定语）

(220) 我一下儿下儿就写完了昂。（状语）

(221) 他成天一趟儿趟儿叻往我这儿跑。（状语）

C. 一XAA式

一XAA式后常跟结构助词"叻"共现，在句中作主语、谓语、宾语和宾语的定语。例如：

(222) 一圪拧儿拧儿都不能给我拿走！（主语）

(223) 你切叻菜一圪截儿截儿叻。（谓语）

(224) 我就卯剩或留这一圪星儿星儿叻，你可不敢给我拿走完昂。（宾语）

(225) 你再给我挑走一圪堆儿堆儿（饭），要不我吃不咹。（宾定）

(226) 你并"不应"的合音老是掉那一圪拧儿拧儿饭给碗□［liou^{53}］^{H}"里头"的合音。（宾定）

(227) 我掉了一不撮儿撮儿头发。（宾定）

D. 一A一A式

"一A一A"式在辉县话中使用非常普遍，其后都需加结构助词"叻"才可在句中使用，可充当所有句子成分。例如：

(228) 这一道儿一道儿叻画叻啥。（主语）

(229) 恁家叻那俩孩儿，一个一个都多争气。（同位语）

(230) 跟旁谁喷哒叻时候，他老是一套一套叻。（谓语）

(231) 场地叻麦秸一捆儿一捆儿叻。（谓语）

(232) 俺家吃叻都是一盘儿一盘儿叻。（宾语）

(233) 一筐一筐叻葡萄都烂完了，真可惜。（定语）

(234) 一车一车叻砖都是俺爸自己来回拉叻。（定语）

(235) 贪多嚼不烂，你得一门儿一门儿叻学才中。（状语）

(236) 他一趟儿一趟儿叻往城□［liou^{53}］^{H}"里头"的合音送货。（状语）

(237) 俺姥成天一遍儿一遍儿叻说早先叻事儿，真是老了絮嘴。（状语）

(238) 那布叫你撕叻一缕儿一缕儿叻。（补语）

这一形式在句中作主语时，常常省略句中的中心语，这是因为听话人和说话人都明白所指对象是谁，所以不必重指，如例（228）所指的是"画的痕迹";作谓语时,数量短语重叠式加"叻"后便被赋予了形容词的特性,如例(230)、(231)。作宾语时,重在强调描写某种动作或形状完成后事物所形成的一种状态,如例(232);作定语时,主要用来修饰主语,如例(233)、(234);作状语时,多表方式,强调动作的重复,如例(237)的"一遍儿一遍儿";作补语时,重在补充说明动作行为所形成的一种状态。如例(238)的"一缕儿一缕儿"。

一 A 又一 A 可作谓语、定语、状语和补语,表示数量、次数很多。例如:

(239)恁哥喝酒一杯又一杯,这酒量可以啊。(谓语)

(240)柴火一捆又一捆,我算是背不完了。(谓语)

(241)一下雨这屋□[liou⁵³]ᴴ"里头"的合音就漏水,接了一盆儿又一盆儿叻水。(定语)

(242)我今个吃错东西了,一趟儿又一趟儿叻往茅跑。(状语)

(243)你□[tsuo²¹]这个孩儿真不听说听话,说叻一遍儿又一遍儿,也不听。(补语)

这一形式作谓语时,是对主语的描述,句中的主语一般是由主谓短语构成,例如"一杯又一杯"是对"恁哥喝酒"的一种描写,如例(239)、(240);作定语、状语和补语时,后面要加结构助词"叻",都是表示对谓语描写时所呈现出来的一种状态,如例(243)中的"一遍儿又一遍儿"是谓语"说"的补语,描写"说"所呈现的一种状态。

E. 一 AB 一 AB 式

这类数量重叠式与"一 A 一 A"式语法功能相似,常在句子中作谓语、定语、补语和状语,在句中常与助词"叻"结合使用。例如:

(244)你把葱切成一圪截一圪截叻。(谓语)

(245)一平车一平车叻苹果都抢光了。(定语)

(246)他把那一圪堆儿一圪堆儿(叻)蒜挂到墙上了。(定语)

(247)玉粟早就一嘟噜一嘟噜叻挂房檐上了。(状语)

(248)□绳都叫老鼠咬成一圪截儿一圪截儿叻。(补语)

F. 成 A 成 A 式

在句子中主要作定语、状语。例如:

(249)一到收秋叻时候,谁家都是成包成包叻粮食往家拉。(定

语）

（250）成堆成堆叻麦秸垛都叫水冲走了。（定语）

（251）他家人这几儿最近老是成捆成捆叻拉柴火。（状语）

（252）前些年俺庄儿就开始成亩成亩叻承包种树了。（状语）

G. AABB 式

（253）阳末儿现在家家户户都有电视。（主语）

（254）过年叻时候，家家户户叻肉都吃不完。（定语）

3.7　小结

　　重叠式在普通话和各地方言中都比较常见，与普通话相比，辉县方言量词的重叠形式丰富多样，存在很多普通话中不曾使用的结构方式。本章一方面总结了辉县方言量词的几种重叠形式，另一方面从形式、语义、语法三方面分析了辉县方言名词、动词、形容词、副词和量词的重叠使用情况，以期加强对辉县方言重叠形式的认识，展现辉县方言的地域特色。

　　用于一般陈述句的形容词儿化重叠式，不管出现在句子的什么位置上，都表示程度的减轻或轻微；而用于祈使句或表示说话人主观意愿、愿望的句子里的形容词儿化重叠式，不管句法位置如何，都表示程度的加强或加重。单音节形容词重叠形式在表示不同的语法意义即轻微和加重时，有些词的重叠形式读音相同，第二个音节都读同阴平；有些词的重叠形式读音不同；重叠式表示程度轻微时，第二个音节读同阴平，重叠式表示程度加重时，形容词不是去声的，第二个音节读同去声，形容词是去声的，第一个音节读半去，第二个音节仍读去声。

　　在辉县方言的重叠式中，除动词重叠后不发生儿化外，名词、形容词、副词和量词均发生儿化。重叠和儿化都是汉语中重要而突出的语音和语法现象，二者在语法意义方面又有着一定的共同性，重叠可以表示"轻微"，儿化可以使词义"轻化"。重叠形式儿化是辉县方言重叠式普遍存在的现象，是具有独特重要意义的。

第 4 章　副词

　　副词在语言中是一个特殊的词类，"是主要充当状语，一部分可以充当句首修饰语或补语，在特定条件下，一部分还可以充当高层谓语和准定语的具有限制、描摹、评注、连接等功能的半开放类词"[①]。其句法位置虽然固定但实际上又具有一定的灵活性，数量也有逐渐增加的趋势，语法意义也比较虚，由于副词本身的这种复杂性，导致副词在语法中占有非常重要的地位，所以我们研究方言语法时也要对方言中的副词予以重视。

　　豫北晋语处于山西晋语与中原官话的过渡地带，蕴藏着丰富的语言资源，可是长时期学界只能看到获嘉方言材料，给研究带来很大的不便，这已成为制约豫北晋语研究的瓶颈。纵观周边省份，由温端政等撰写的山西省方言志系列丛书和由钱曾怡等编撰的山东省方言志系列丛书已经出版完成，由邢向东主编的陕西省方言重点调查研究系列丛书也已经开始陆续出版。而目前豫北晋语研究中，除《获嘉方言研究》外，很难再找出完整的、系统的、学术价值较高的方言研究著作，其他已有研究论著也多是关于安阳、林州等少数方言点的研究，大部分地点的基础性研究还相当薄弱，对温县方言专文研究的只有徐承俊《温县土话与普通话简说》（1958）一篇，修武、延津等则几乎是未被开发的处女地，豫北晋语至今没有一部较大规模的系统的语音、词汇对照集，斯为学界之憾事。

　　从现代方言学角度出发，较早对豫北晋语调查研究的是高本汉。20世纪60—80年代贺巍关于获嘉方言的研究成果成为豫北晋语单点研究

[①]　张谊生：《现代汉语副词的性质、范围与分类》，《语言研究》2000年第2期。

的典范之作。90年代豫北晋语研究出现断层。2000年以后，不少博士、硕士纷纷加盟其中，研究呈复苏之势。从研究内容来看，近年来有关豫北语音的研究成果相对较多，入声和变韵是学界关注的两大热点；而方言词汇、语法的相关研究成果较少；对豫北晋语整体进行面上探讨的论著更少。因此，本书旨在对豫北晋语区的副词进行较为系统的调查，在此基础上进行各方言点间的共时、历时比较，并建立这个系统内的语料库，以期对这一地区今后的研究提供有参考价值的资料。

大家对方言副词的研究越来越关注，研究各地方言副词的专著和论文也不断涌现，有的是对整体副词进行分类描写，而有的则是针对其中比较有特点的副词进行专项研究分析。如汪国胜《大冶方言语法札记》（1994），除对本地方言语法进行了详细的描写，对当地方言副词的全貌也进行了分析。马启红《太谷方言副词说略》（2003）则是通过方言副词与普通话比较分析，总结方言副词所蕴含的特点。

近三十年豫北晋语词汇、语法方面的研究论著相对较少，前期主要是贺巍的一些成果，如《获嘉方言的表音字词头》（1980）、《获嘉方言形容词的后置成分》（1984）、《获嘉方言词汇》（1989），见《获嘉方言研究》《获嘉方言的语法特点》（1990）等。20世纪90年代陈章太、李行健主编的《普通话基础方言基本词汇集》（1996）收入林县方言词汇。第一部对豫北方言语法做专书系统研究的著作是辛永芬的《浚县方言语法研究》（2006），有专门章节对浚县各类副词进行了梳理、归纳，总结了其重要特点。

专门针对豫北晋语各方言点副词的研究成果主要见于硕士、博士论文中，且大多是关于程度副词的研究。如刘成亮（2007）关于焦作方言"很"类程度副词研究；孙庆波（2009）关于卫辉晋语"可"类程度副词研究；荆文华（2011）关于新乡方言个别语气副词研究；杨菲（2012）关于温县方言程度表示法的研究；张新萌（2014）关于博爱方言程度副词研究；邱晨（2015）关于安阳方言程度副词研究；宋慧娜（2017）关于获嘉方言中的副词与普通话副词的对比研究。

辉县方言属于豫北晋语区，辉县方言副词与普通话副词相比，区别很大，更丰富，语义特征和句法功能具有浓郁的地方特色。部分副词源自古代汉语，部分副词与其他地区方言副词相同或相近，显示了辉县方言的融合性。按照语法学界传统的副词分类方法，再结合辉县方言的实际情况，本书将辉县方言副词分为程度、范围、情态、时间、频率、语气和肯否等类别，选取最具地方特色的副词，从语义、句法和语用三个方面进行研究。在研究过程中，我们注重将意义和用法相似的副词放在一起加以比较，并且与普通话近义副词进行比较，展现辉县方言副词的特色。

4.1 程度副词

程度副词是表示事物性质状态或动作行为的程度，它常位于动词和动词性短语、形容词和形容词短语之前以及少数名词、名词性短语前，但是辉县方言中也存在一些位于谓词性成分之后的副词。典型的程度副词用于对形容词、助动词、心理动词等所表达的性质、行为等的程度进行量化，是主要的程度量的标记。现代汉语程度副词是个为数不多，基本上可以列举的封闭类，各语法论著所列举的程度副词多寡不一，但都有"很、最、更、太、极、比较、稍微"等使用频率极高的几个。我们鉴别程度副词和划分其范围的基本准则就是从"表程度，修饰形容词、做状语"出发的。王力曾把程度副词分为相对程度副词和绝对程度副词两类。在语言学界中，一般情况下都遵循这一分类的准则。马真曾经结合比较句式对程度副词进行了考察，从外形上验证了王力分类的合理性。张桂宾也涉及五个比较句式分别对这两类程度副词进行了归类判断。因此，我们在给程度副词分类时，沿用王、李的分类标准和方法，在此基础上，再根据量级的差别对这两类程度副词进行下位分类。因为既然是程度副词，其所表程度自然有量级的差别。现代汉语的程度副词虽然为数不算太多，但构成一个从低量、中量乃至极量的层级序列[①]。

4.1.1 镇、恁

"镇 [tsən²¹³]"和"恁 [nən²¹³]"是一对表近指与远指意义的程

[①] 蔺璜、郭妹慧：《程度副词的特点范畴与分类》，《山西大学学报》（哲学社会科学版）2003年第2期。

度副词，使用颇为广泛，独具方言特色。"镇［tsən²¹³］"可以看作"这么"的合音，意思大致相当于普通话中的"这么"，"恁［nən²¹³］"是"那么"的合音，相当于普通话中的"那么"，都可修饰形容词或动词、动词词组，表达程度很高。如"镇高、镇黑、镇齐杄整洁、恁远、恁香、恁能聪明、镇害怕、恁愿意"等。

但在具体使用时，"镇［tsən²¹³］""恁［nən²¹³］"只有加"式"构成"镇式""恁式"才能用来表行为动作的方式，单独使用也没有指代词的其他用法，故不在本书的讨论之列。辉县人用"镇［tsən²¹³］""恁［nən²¹³］"时，指代意义并不明显，而是侧重表示主观程度高，副词的功能和用法尤为凸显。这与英语中的"so"如出一辙。例如：

（1）Why are you so late?（你为什么这么晚?）

（2）He is not so tall as I.（他没我那么高。）

由于"镇"和"恁"的意义和用法一致，以下我们只对"镇"作详细分析，进而与"恁"进行对比分析。

1）语义特征

意义大致相当于普通话的"很"或"太"，既可对"主观程度"极高进行肯定，也可对"程度过分"的否定。例如：

（3）镇冷叻天，我可不想出门儿。

（4）你咋镇烦人叻!

（5）你镇不清头，说你几遍儿叻都不改。

（6）舀镇多水咋叻？一点点就中叻。

（7）今年热天夏天咋镇热啊。

（8）你说你镇老实□［io⁴⁴］"一个"的合音人，咋学会说瞎话叻。

2）句法分布

① "镇［tsən²¹³］" +形容词

修饰形容词，中心语可褒可贬，一般表示事物的性质状态或直观的感受。例如：

（9）恁家人咋都镇能干。

（10）镇大房就住恁俩人！

（11）你叻脸色儿咋镇黄，是不是有病叻？

（12）你镇大年纪还去外头干活？

上面例中大部分是"镇 + 单音节形容词 + 名词"格式，名词前的"叻（的）"常常可以省略，例如"镇大房""镇大年纪"里的名词"房、年纪"前都省略了"叻（的）"。这是由于汉语双音节化和语音节律的需要，导致"叻（的）"被弱化以致省略。

②"镇 [tsən²¹³]" +动词/动词短语

修饰动词或动词性短语，"镇"往往要重读。例如：

（13）你□ [tsuo²¹] 这个小孩儿镇不听说！

（14）镇好吃！我再吃一碗。

（15）你镇想考博，那你就考哕。

3）语用功能

"镇 [tsən²¹³]"作为语气副词在进行话语交际时，说话人往往遵循礼貌原则，更多地从对方的立场和角度出发，表达自己赞同并附和对方观点，从而达到增进与对方的感情交流，保证谈话顺利进行并取得理想的表达效果。例如：

（16）A：我夜个昨天将刚买叻衣裳，好看哕？

　　　B：镇好看。（褒贬准则）

（17）A：小强今个今天又打架咉。

　　　B：镇不听说。（损益准则）

（18）A：他可烦人叻，不跟我说就随便拿我东西。

　　　B：镇随便儿。（趋同准则）

以上几种情况一般不能换作"老"和"可"。

当然，在有些情况下，说话人也会站在自身的立场进行陈述，带有强烈的主观色彩。例如：

（19）他家叻那俩孩儿咋镇能叻。

（20）你又把钱包儿弄丢了，咋镇没成色叻。

4）"镇 [tsən²¹³]"的用法比较考察

①与"真"比较

普通话中的"真"作副词为"的确、实在"讲时，辉县方言中也有对应的"真 [tsən⁴⁴]"，二者并无区别。例如：

（21）他家人真好！

但是，如果我们把"真"换成"镇"，声调由阴平换为去声，说话人在表述时语气往往会加重，表达的程度也会随之加强，是"很、非常"的意思。

②与普通话的"太"比较

"镇［tsən²¹³］"与"太"的相同之处是都可用于感叹句中，既有肯定形式，又有否定形式，修饰形容词、动词或动词短语，表示称颂、赞美、夸奖或不理想、不如意等语气。但具体用法上，"镇"大致相当于普通话的"太……了"，例如：

（22）娘叻，□［tsuo²¹］这个人镇胖家！

（23）你镇独，咋不把她娶进门儿叻？

③与普通话的"很"比较

A. "镇［tsən²¹³］"的主观性强。在表达说话人的感情时，"镇［tsən²¹³］"的主观感情强烈，褒贬色彩浓郁；而"很"的客观陈述性较强，一般用于描写、陈述或客观评价的句子，是个很典型的程度副词。

B. "镇［tsən²¹³］"只能作状语，不可以作补语。但是普通话的"很"既可以作状语，也可以作补语，比如普通话中的"好得很""高兴得很"在辉县方言中就不能说成"好得镇""高兴得镇"。

这是因为，辉县方言常使用后加补语成分来描述动词或形容词的状态，如"死了""毁了""……的要命"之类的词，而不是与"很"类相关的词作补语。例如"使毁了、渴死了、恶心叻要命、笑死了、高兴毁了"等。

C. 在修饰动词性成分上，"很"可以修饰一个"动+数·量·名"的述宾结构①。例如：很看了几眼，很喝了几杯酒。但是"镇［tsən²¹³］"不可以。

D. 在修饰形容词以及动词或动词性词组的否定式时，只能在"镇［tsən²¹³］"后加"不"，构成"镇+不+A/VP"的形式，而普通话中"很"则不受此限制，位置比较灵活，既可位于"很"前，也可位于"很"后。例如：

（24）他很乖。他很喜欢。

---

① 马真：《普通话里的程度副词"很、挺、怪、老"》，《汉语学习》1991年第2期，第11页。

（25）他镇乖。（√）他镇喜欢。（√）

（26）他很不乖。他很不喜欢。

（27）他镇不乖。（√）他镇不喜欢。（√）

（28）他不很乖。他不很喜欢。

（29）他不镇乖。（×）他不镇喜欢。（×）

④与"恁"的比较

A. 时态上，"镇［tsən²¹³］"出现的句法环境一般是现在时，而"恁［nən²¹³］"则是过去和未来时。这与它们分别用来表示近指和远指有关。如"镇热""镇冷"一般指直观的、亲身感受的，是现在时。如果一个人炎热的夏天说"镇热"，是近指，意思是"当时热"，相当于"这么冷啊！"但他不会说"恁热"，因为"恁热"是远指，一般不指当时。"恁热"用在说话人听了从火炉城市武汉回来的人说到炎热的程度之后的反应，因为不是当时当地冷，所以是过去式。

B. 性质上，"镇［tsən²¹³］"所修饰的成分一般是直接的、第一手资料，而"恁"则是间接的。如一个人对给予他帮助的人说"你对我镇好，叫我咋谢你叻"，这时指的是说话人的亲身经历和直观感受，所以要用"镇［tsən²¹³］"。而当说话人将这件事给第三方讲述时，对方会给予建议，则须用"恁"，有"人家对你恁好，你可得好好谢谢人家"这样的说法，这时因为对于第三方来说这件事是间接的感受，而非亲身经历。

下边是"镇［tsən²¹³］"和"恁［nən²¹³］"在辉县话中的用法示例：

（30）你镇独有本事，咋不把□［tsuo²¹］这个题算对叻。

你恁独有本事，还见天听别人使唤。

（31）咱妈做叻面条儿镇好吃，还有没叻？

咱妈做叻面条儿恁好吃，你咋不多吃点叻？

（32）你咋镇没成色叻，又把钱弄丢叻。

你咋恁没成色叻，又叫把钱儿偷走叻。

（33）恁家小孩儿可长镇高叻。

他家小孩儿可长恁高叻。

5)"镇［tsən²¹³］""恁［nən²¹³］"的历时考察

在近代汉语中也有"镇[tsən²¹³]""恁[nən²¹³]"作副词的用例：

(34) 倒底谁的妇人，总镇快去办呀。[民国/小说/大清三杰(下)]

(35) 花镇好，驻年华、长在琐窗。(南宋/宋词/吴文英词)

(36) 墙头马上初相见，不准拟、恁多情。(北宋/宋词/柳永词)

(37) 师兄直恁多礼，祖师已派我等相迎，只要进去朝参便了，何必又要传宣。[清/小说/《八仙得道》(上)]

(38) (末白) 婆婆，我且问你：挑着恁多鞋做甚么？(元/全元曲/戏文)

(39) 虽然这头发值不得恁多钱，也只把做些意儿，一似教化一般。(元/全元曲/戏文)

(40) 恁好景佳辰，怎忍虚设。(北宋/宋词/柳永词)

(41) 你家中既有恁好的迎欢卖俏，又来稀罕俺们这样淫妇做甚么？(明/小说/《金瓶梅》崇祯本)

(42) 偏他恁好胜，问他怎的！(明/小说/《金瓶梅》崇祯本)

(43) 不深，再过一生，仍不能脱离尘网，便再经十世人世，也保不住定有恁好结局。[清/小说/《八仙得道》(上)]

(44) 新来乍到，就恁少条失教的，大剌剌对着主子坐着！(明/小说/《金瓶梅》崇祯本)

近代汉语中，"镇"和"恁"和辉县方言中"镇[tsən²¹³]""恁[nən²¹³]"的用法已基本一样，虽还兼有指代意义。但表"程度"的意义已相当明显。

6) 与"镇[tsən²¹³]""恁[nən²¹³]"搭配的固定词组

① "镇些(儿)""恁些(儿)"

这一组词主要用来表达物品数量上的多少。"镇些""恁些"用来表达"多"意，"镇些儿""恁些儿"则是表达"少"意。例如：

(45) A：今年俺家叨没花果无花果树又结了可多，俺妈叫我给恁送来一篮。

B：镇些！

(46) A：人来了！

B：就镇些儿！□[tsuo²¹]这个东西可沉啊，得再寻

□［tɕiə²¹³］"几个"的合音。

根据上述语境可知，例（45）明显指的是"量多"，例（46）则指"人少不够"。

② "镇巴""恁巴"

"镇巴""恁巴"是与"镇""恁"相对应的表示程度高的一组词，只用来修饰动词。例如：

（47）我恁巴喊你，你就没听见？

（48）他镇巴打你，你就不嫌疼。

（49）你镇巴吃，咋老吃不胖叻？

但与"镇""恁"相比，"镇巴""恁巴"修饰动词时除了表程度意义，还兼表频度，有"一直"之义，所以两者不能互换。例如：

（50）你不应镇巴喊叻，离镇远他会能听见？

（51）*你不应镇喊叻，离镇远他会能听见？

（52）你恁巴干，再使□［tɕʰyə³¹］"出来"的合音病儿可没人替你。

（53）*你恁干，再使□［tɕʰyə³¹］"出来"的合音病儿可没人替你。

（54）恁爸成天恁巴打你，你就不嫌疼？

（55）*恁爸成天恁打你，你就不嫌疼？

在修饰形容词时，辉县人多用"镇［tsən²¹³］""恁［nən²¹³］"，例如：

（56）你看这水镇清，都能看见河底。

（57）这衣裳镇花，我镇老叻会能穿。

（58）今个清起清早恁早家，你去干啥唻？

总之，"镇巴""恁巴"和"镇［tsən²¹³］""恁［nən²¹³］"这两组词既有联系又有区别，它们的分工与合作也体现了辉县方言副词的丰富和分工的精确。

4.1.2 怪

1）语义特征

在辉县方言里，"怪［kuai²¹］"常用在形容词、动词或动词性短语之前作状语，含有主观评价或判断的意义，大致相当于普通话中的"很"，既可以表示程度很高，有时也带有反语意味，表示程度过了头。

还带有评价判断的感情色彩，与普通话的"挺……（的）"基本相当。例如：

(59) 你怪自觉，饭都给我做好叻。

(60) 你做叻饭还怪好吃叻。

(61) 他可怪能，不吭声气儿把车开走叻。

(62) 他还怪横，动不动就想上手。

2）句法分布

① "怪 [kuai^{21}]" +形容词

在晋方言中的"怪 [kuai^{21}]"修饰形容词时，一般都不修饰表示愉快、喜爱意味的词，如太原①、太谷②方言中就有类似用法。但在辉县方言中，能进入这一格式的大多是表示感情意味的形容词，既可以表示积极意义，也可以表示消极意义。例如：

(63) 你今个_{今天}打扮叻怪好看咧。

(64) 他家挪_{"那个"的合音}小孩儿怪□ [tɕʰi^{44}] _乖家。

(65) 恁家叻小孩儿们都打扮叻怪干净家。

(66) 水怪凉叻，咱少兑点儿热水唡。

(67) 怪好叻核桃树，咋叫谁砍叻。

(68) 他家叻人都怪□ [kʰuo^{213}] _{厉害、凶}叻，咱可惹不起昂。

② "怪 [kuai^{21}]" +动词

能进入这一格式的动词往往是表示心理意愿或心理变化的动词，也多为积极意义。个别动词前还可加形容词修饰，但多为消极意义的形容词，主观性较强。例如：

(69) 一说给他买新衣裳叻，怪喜欢家！

(70) 你还怪待见他叻。

(71) 你还怪能傻喷叻。

③ "怪 [kuai^{21}]" +动词性短语

(72) 天天自己躺小车儿□ [liou^{53}]^H _{"里头"的合音}，俩腿还怪好动叻。

---

① 冯孝晶：《太原方言副词》，硕士学位论文，辽宁大学，2011年，第7页。

② 马启红：《太谷方言副词说略》，《语文研究》2003年第1期，第61页。

（73）镇式这样一弄，我心□［liou⁵³］ᴴ"里头"的合音还怪不得劲叻。

（74）我还怪想叫你来俺家住几天叻。

3）"怪［kuai²¹］"的用法比较考察

①与普通话的"怪"比较

A. 辉县方言中"怪"的使用范围比普通话广。普通话中的"怪""带有亲昵、满意、爱抚、调皮的感情色彩"①，而"卑鄙""残忍"之类的词在普通话里都不能受"怪"修饰，但是在辉县话里则可以用。例如：

（75）咱这儿一到黑儿讫晚上大街上黑灯瞎火叻，怪吓人。

（76）他庄儿村叻人还怪孬种叻。

B. 普通话中的"怪"后边必须要加"的"，但辉县方言里一般都不用。例如"怪好""怪孬"，有时候会加上语气词，并且不限于功能和意义与"的"相同的"叻"，还有其他语气词，如"家""啊""呀"。

②与普通话的"很"比较

A. 两者用作程度副词时所修饰的对象是相同的，都可以是形容词、动词或动词性短语。

B. 两者句末不需要语气词也能足句。例如：

（77）她长得很乖。

（78）她长叻怪□［tɕʰi⁴⁴］乖。

C. 两者的否定式不同。普通话"很"的否定式有"很不 X"和"不很 X"，如"很不好"和"不很好"，后者表示程度减弱②。而辉县话"怪"的否定式只有"怪不 X"格式，如"怪不好"。普通话中的"很不好＝很坏"，"不很好＝有点儿坏"，而辉县话中"怪不好"表达的程度介于"很不好"和"不很好"之间。

③与南阳方言中的"怪"比较

据丁全（2001）认为南阳方言中的副词"怪"③是由实词转化而来

---

① 马真：《普通话里的程度副词"很、挺、怪、老"》，《汉语学习》1991 年第 2 期，第 9 页。

② 吕叔湘主编：《现代汉语八百词》，商务印书馆 1999 年版，第 268 页。

③ 丁全、田小枫：《南阳方言》，中州古籍出版社 2001 年版，第 215 页。

的，因此还带有"奇怪"的意义痕迹，有"意外""惊奇"的意味，如说"这车怪快"就是出乎预料，比想象的要快，并且常在"怪"之前加"还"，如说成"这车还怪快哩"，意外惊奇的味儿就更浓了，还有满意的意味，如说"这菜怪香"或"这菜还怪香哩"，也是指原来以为不怎么样，吃了之后，感觉比想象的要好，且有满意的意味。辉县方言的"怪"除了具备这些特点以外，还可以用来表示消极的感情色彩，并且用法也更加丰富。

4）"怪 [kuai^{21}]" 的历时考察

"怪 [kuai^{21}]"自唐代以来，就有"很、甚"的意思。例如：

（79）赠遗珍宝，怪不可述。（李朝威《柳毅传》）

（80）行里许，遥见一女，立丘墓上，神情意致，怪似九娘。（《聊斋志异·公孙九娘》）

（81）宝玉道："看了半日，怪烦的，出来逛逛，就遇见你们了。"（《红楼梦》第十九回）

（82）宝玉笑道："我怪闷的，来瞧瞧你作什么呢？"（《红楼梦》第十九回）

（83）这倒轻松灵便，省的有包袱背着，怪沉的！（《龙图耳录》第三十四回）

4.1.3 死

1）语义特征

"死 [sʅ^{21}]"在普通话里可以作动词、形容词和副词，辉县方言中的"死 [sʅ^{21}]"不仅具有普通话中的全部用法，而且作副词时用法更多、更灵活，意义也更为丰富。本章暂不讨论"死"作动词和形容词的情况。作程度副词时，表示事物的性质已经到了不能再发展的程度，有"甚、极"之义，和普通话的"很、非常"相比，"死"的程度更高、更强，是程度副词中的高量级副词。这点与武汉方言的"死"[1] 用法类似。

2）句法分布

程度副词"死 [sʅ^{21}]"不仅可以像普通话的"死"那样作程度补

---

[1] 胡琪：《武汉方言副词研究》，硕士学位论文，华中师范大学，2009年，第17页。

语，还可以作状语放在形容词、动词前。

①"死［sɿ²¹］"+动词

"死［sɿ²¹］"修饰的动词以单音节为主，修饰的动词短语多含有贬义，并且常以否定形式出现，表示动作的延续，不间断，相当于"拼命地、一直"，有"不满、厌恶"的意味。例如：

（84）硬是死学会中？

（85）他成天死吃、死睡，不胖才怪叻。

（86）恁儿你儿子给外头死喊。

（87）他成天啥也不干，死好赌喜欢赌博。

（88）你咋镇这么死不要脸叻。

（89）前时年前年他借我叻钱，镇大会儿现在死不认账。

（90）滚一边儿昂，我阳末儿现在死不能看你。

上述例句修饰行为动词时，表示"做事不灵活"或"贪婪"的意思，如例（84）、（85）；用在否定句中时，所表达的意思是"坚决"的意思，这和普通话中的"死"的意思一样，构成"死+不+VP"格式，如我们可以说"死不要脸""死不听说""死不争气""死不讲理"等。

②动词+"死［sɿ²¹］"

后面能加"死［sɿ²¹］"作补语的单音节动词不多，仅限于"□［tɕyə²¹³］骂、像、想、恨、恨、催"等，并且必须在其后加上"叻"构成"VP+死+叻"格式才能使用。有时为了突出程度极深，往往会在"死"前加上"要"。例如：

（91）天黑叻还不往家，想叫恁妈□［tɕyə²¹³］骂死你叻呀。

（92）把电视声音关小点儿，聒噪吵死叻。

（93）他俩人长叻要像死叻，我老是分不清谁是谁。

（94）我要恨死你咋叻。

（95）你要把我催死叻，越催我越慢。

（96）好几天没吃肉叻，要把我想死叻。

其中以"爱""想""恨"作谓语时，句子可由"V+死+O"变为"V+O+V+死"，语义不变，上述例句可变为：

（97）我想你想死叻。

（98）我恨旁谁别人赌钱儿恨死叻。

但是前式为常见句式。

③ "死［ṣʅ²¹］" +动宾结构

死受罪　死磨人　死气人　死要面子

在这一结构中，其前标记"死［ṣʅ²¹］"也可以用在"动宾结构"的中间，构成"动+死+宾"结构，如"受死罪""磨死人""气死人""要死面子"等。"死［ṣʅ²¹］"由前标记变成了中标记，整个结构也变成了补充结构。这种标记和结构改变后语义并没变，程度性质也没变。

在"死+动宾结构"中有一个词组特别要注意——"死受罪"，这里表示强程度标记的"死"可以用意义完全相反的"活"来替代，替代后意义和性质都不变。在辉县方言中，"死受罪"等于"活受罪"，但程度标记"活"不能像"死"一样变为中标记插入动宾结构中。

④ "死［ṣʅ²¹］" +形容词

能受"死［ṣʅ²¹］"修饰的形容词一般都是表示消极意义的单音节性质形容词，带有主观评价性，含有厌恶、怨恨或不满的情绪，一般不用于自身。"死［ṣʅ²¹］"不能修饰"善良、勤快、灵活、喜欢、美丽"等积极形容词，如不能说"死勤快"。即使是中性的形容词，进入该结构后就会明显带有这种消极情绪，显现出说话人否定的语义倾向。如果是表积极意义的形容词，则需在形容词的前面加上否定副词才能使用。例如：

(99) □［tsuo²¹］这个人长叨死难看，还挑三拣四。

(100) 这一包儿东西死沉掂不动。

(101) 恁姨夫死懒，成天搁家养膘叨。

(102) 你□［tsuo²¹］这个闺女阳末儿现在死犟，跟个犟头驴样。

(103) 她家人死抠，一分钱儿都借不走。

(104) 这一回和叨面死硬，咋揉都揉不开。

(105) 他死不听说，叫他往东非往西。

(106) 他从小就死肉慢，一点都不扯急。

有时为了强调程度的极深，还会使用重叠形式"死A死A"，其后必须加"叨"成句，贬义色彩更加明显。如例（101）可改为"恁姨夫死懒死懒叨，成天搁家养膘叨"。除此之外，还可以说成"死+A+

巴+A"，语义程度比"死+A"要深很多，能进入这两种格式的形容词多为单音节非褒义词，如我们可以说"死沉巴沉、死懒巴懒、死冷巴冷"。

⑤形容词+"死［sʅ²¹］"

上面能进入"死+形容词"格式的形容词都能进入这一格式，且是表示贬义或中性的单音节和双音节的形容词，句末常带"叻"，形成"形容词+死+叻"格式。例如：

（107）你要懒死咾叻，见天天天睡。

（108）今个今天叻天热死叻。

（109）中药喝着苦死叻。

（110）你看他要憨死咾叻。

（111）一天都冇喝水叻，干渴、旱死叻。

（112）你成天过叻窝囊死叻。

（113）他住叻屋儿□□［tsʰə?³³nan²¹］脏死叻，就不能收拾收拾。

"形容词+死+叻"格式也可替换为"形容词+死+人"，两者在语法意义和程度性质上并无区别，并且在辉县方言汇总的使用频率比"死"高。如"丑死叻""沉死叻""辣死叻"等同于"丑死人""沉死人""辣死人"。三音节以上的短语如"窝囊死叻"也能替换为"窝囊死人"。从语法结构层面上讲，这里的"死叻""死人"都是作为补语出现的。

"形容词+死+叻"格式还可以扩展为"形容词+叻+要+死"，进一步加强程度的量级，表示程度达到极点。"要死"的替代是作为后标记补语出现的，同样带有"不满、埋怨"的口气。如我们可以说："他家人懒叻要死，地□［liou⁵³］ᴴ'里头'的合音都长草叻也不去薅。"能进入这一格式的还有下列形容词：

丑叻要死　沉叻要死　热叻要死

辣叻要死　疯叻要死　苦叻要死

难看叻要死　受罪叻要死　麻缠叻要死

气人叻要死　幸福叻要死　伤心叻要死

3）"死［sʅ²¹］"的历时考察

"死［sʅ²¹］"用来表示程度深，达到顶点，在明清时期已有用例。

例如：

(114) 这添添小哥，今年十三岁，天生的甚是聪明，父亲喜欢死他，却哪里知道这就里也。（杨文奎《儿女团圆》三折）

(115) 众邻舍明知道此人死得不明，不敢死问他。（施耐庵《水浒传》第二十五回）

4.1.4 血

1）语义特征

辉县方言"血［ɕyəʔ²¹］"相当于辛永芬（2006）提到的"些"①，意义上相当于普通话中的"挺"，表示程度相当高。在辉县方言中，"血［ɕyəʔ²¹］"的使用频率也很高，"血［ɕyəʔ²¹］"的组合能力也很强，既可以用于修饰形容词，也可以修饰动词或动词词组。

2）句法分布

①"血［ɕyəʔ²¹］"+形容词

"血［ɕyəʔ²¹］"常常用来修饰表积极意义的形容词，相当于普通话的"挺"，表示程度稍深，重在表示主观上的某种褒义评价②。例如：

(116) 今个今天买叻西瓜血甜。

(117) 今个这饭看着不咋样儿，吃着还血好吃叻。

(118) 挪洋车儿镇破，骑着还血溜快哩。

(119) 你跑叻血快！

(120) 你穿□［tsuo²¹］这个衣裳血好看。

(121) □［tsuo²¹］这个儿货指男性血能干，就不嫌使慌累。

"血［ɕyəʔ²¹］"用于说明事物的性质或状态时，有"惊奇、喜爱、赞美"的意思，如例（116）；用于说明人时，有赞叹和佩服的意思，如例（119）—（121）。

"血［ɕyəʔ²¹］"还可修饰表消极意义的形容词，相当于普通话的"极、非常"，表示程度很高，含有"……极了、……透了"之义，具有一定的贬义色彩，句末常加语气词"呀""家"。例如：

---

① 辛永芬：《浚县方言语法研究》，中华书局2006年版，第129页。
② 徐红梅：《皖北涡阳话形容词程度的表示方式》，《阜阳师范学院学报》2006年第2期。

(122) 镇大会儿现在这机关单位办事儿血黑呀！
(123) 他家叻人血笨家，啥都不会弄！
(124) 恁爸成天管叻血严，哪都不叫你去。
(125) 今年量叻麦秕。

② "血 [ɕyəʔ²¹]" +动词

"血 [ɕyəʔ²¹]"修饰动词时，多为表示心理活动或意愿的动词或动词词组，在句中作谓语和补语，一般不带贬义色彩。例如：

(126) 他家挪"那个"的合音小孩儿血小胆。
(127) 只要他俩人血愿意，恁老两口儿就并"不应"的合音褒贬挑三拣四叻。
(128) 黑起晚上□[io⁴⁴]"一个"的合音人给大街上走还血害怕叻。
(129) 恁爸镇瘦，干活还血有劲叻。
(130) 他办叻事儿血没水平家！
(131) 恁爷说动话血不中听！
(132) 他家叻媳妇儿血不讲理，成天找事儿。
(133) 恁小两口都血会过。

此外，"血 [ɕyəʔ²¹]"还可以直接用在名词前，一般用于骂人，例如"血龟孙""血孬种"。如果是比较熟悉的人互相调侃时，语气就会比较缓和，表示随意、喜爱、亲昵的感情色彩，程度相对弱一些。

"血 [ɕyəʔ²¹]"有时也修饰动词和名词，多是骂人坏到了极点或指两人关系不好。例如：

(134) 你□[tsuo²¹]这个人说话血不讲理！
(135) 这一群小孩儿们血孬种，把俺家叻菜地扑腾叻不像样儿。
(136) 挪"那个"的合音人血信球！

4.1.5 通

1）语义特征

"通 [tʰuŋ⁵³]"，也有人写作"统"，《汉语方言大词典》(1999)：〈副〉很，非常。①中原官话。河南洛阳读为 [tʰuŋ⁴⁴] ~好着哩。

②晋语。河南安阳读为［ₓ tʰuŋ］他~没学问哩/~好看哩①。

丁全（2001）认为，南阳方言中的"通"除表示程度加深，除相当于"很""挺"外，还大致相当于"一直""持续"，如：你不要提醒他，他还通想不起来哩。还大致相当于"更"，表示比较的程度，如：我比你还通不了解他哩②。辉县方言也有这样的用法。

张邱林（2009）详细比较分析了陕县方言中的"统"与普通话中的"很"在语义涵盖、组合能力、句法功能等方面的区别与联系③。

"通"在辉县方言中的语音形式是［tʰuŋ⁵³］，表示程度相当高，相当于普通话中的"挺、很"。修饰形容词或动词，只能作状语。但相比"很"，语气要强烈得多。而且在口语中，"通"往往重读，表示程度更高。"通"多用于如意的事情，较少用于不如意的事情。

2）句法分布

①"通［tʰuŋ⁵³］" +形容词

（137）恁儿［ləʔ²¹］还通小叻咋就不上学叻？

（138）天还通早叻就叫走叻。

（139）枣儿还通青叻，等红咾再够昂。

上例中的"儿小""天早""枣青"都是在发展变化着的，随着时间的推移，这种动作或状态都会消失或变化。如果是一种相对固定的状态，则一般不用"通"修饰，除非有一定的语境支撑，例如：

（140）你懂叻还通多叻，我真是小看你俩。

（141）俺妈做叻饭通好吃叻。

（142）恁家小孩儿通能俩。

（143）他通精着叻，你可得④防着点儿。

（144）水通深叻，你浮水不咋行［xaŋ²¹］，可并下来昂。

（145）恁家离武汉还通远叻。

----

① 许宝华、宫田一郎：《汉语方言大词典》（第3卷），中华书局1999年版，第4555页。
② 丁全：《南阳方言中的特殊副词》，《南都学坛》2001年第4期，第70页。
③ 张邱林：《"方—普"语法现象与句法机制的管控》，中国社会科学出版社2009年版，第33—41页。
④ 汪国胜、王自万：《开封方言表示可能的"得"和"得能"》，《语言研究》2013年第4期。

(146) □［tsuo²¹］这个衣裳你穿上还通好看吶。

上述例句中"他精""水深"都必须是说话人亲自经历或体验过的。

②"通［tʰuŋ⁵³］"+动词

(147) 你叻洋车儿_{自行车}修修还通能骑呐。

(148) 你爸对你叻学习通操心叻。

(149) 俺这俩孩儿通争气叻。

(150) 你镇巴教我我还学不会，真是通不好意思叻。

4.1.6 可

1) 语义特征

"可"在普通话里作副词，张斌（2001）在《现代汉语虚词词典》总结主要有几种意义：A. 用在陈述句中，有"的确、确实"的意思，表示强调的语气，如，这个问题可把他难住了。/这样暴躁的脾气我可没见过。B. 用在祈使句中，强调某种要求、劝导或希望，常常同"要""得""别"等词连用，如，你可要想想清楚。/你可得把讲稿带回来啊。/你可别喝了，再喝就醉了。C. 用在感叹句或者疑问句中表示加强语气，句末多用语气助词，在反问句里"可"用在句子头上，如，爸爸，你可回来了！/这么大的地方，可上哪儿去找他呀？/这么多年了，老板，你可给我涨过工钱？① 总之，在普通话里，"可"兼有语气副词和程度副词的用法。辉县方言没有 C 这种用法。

由于辉县方言中没有普通话的"很""好""忒""十分""特别""深"等作状语的程度副词，因此，在表达高量级的程度时，"可"就成为辉县方言中使用频率最高的程度副词之一，"可"相当于普通话中的"很、非常、十分"等用来表程度高的意义，既可表客观程度，也可表主观程度，如："可大""可小""可懒""可孬""可简单""可要面子""可好看""可有成色_{本事}"等均作日常口语用。"可"既修饰单个的形容词或动词，还修饰动词词组。"可"需重读，句末常有语气词搭配使用，且主语与"可"之间略有停顿。在辉县方言中，"可"的使

---

① 张斌：《现代汉语虚词词典》，商务印书馆2001年版，第318—321页。

用频率极高，功能和用法也极其丰富。按照功能和意义的不同，我们把"可"分为"可₁[kʰəʔ⁴⁴]"和"可₂[kʰuo²¹]"。"可₁[kʰəʔ⁴⁴]"用作程度副词，而"可₂"用作语气副词时两种读音皆可，即"[kʰuo²¹]／[kʰəʔ⁴⁴]"。本节我们只讨论"可₁"的意义和用法，有关"可₂"的具体用法详见 4.5.2。

2）句法分布

① "可₁[kʰəʔ⁴⁴]" + 名词

邢福义先生（1996）认为"普—方验证，即立足于普通话，横看方言，考察所研究的对象在方言里有什么样的表现，以方言印证普通话"①。他还从语言和文化角度剖析了"很 + 名词"结构的特定语用价值和文化蕴含。②"可₁ + 名词"在辉县方言中得到了印证，但能进入此格式的名词很少，并且往往表示贬义，多用于背指或者比较熟悉的两个人面指③。例如：

（151）他老是瞧着可₁信球家。

（152）你成天弄□[tsuo²¹]这个样儿瞧着可₁流氓呀。

（153）他□[tsuo²¹]这个人可₁鳖形呀。

② "可₁[kʰəʔ⁴⁴]" + 形容词

进入该格式的形容词既可以是单音节形容词，也可以是双音节形容词。"可₁"在句中要重读，对后面的形容词起强调作用，表示程度高，相当于普通话中的"很、挺"。例如：

（154）他跑叻可₁快叻，我咋撵都撵不上。

（155）她叻作文写叻可₁好，老师老是给班上念。

（156）恁家叻车一洗瞧着可₁新。

（157）俺哥叻女朋友长叻可₁好看。

（158）他可₁老实哪。

（159）可₁多人都不待见喜欢他。

----

① 邢福义：《汉语语法学》，东北师范大学出版社 1996 年版，第 465 页。
② 邢福义：《邢福义学术论著选》，华中师范大学出版社 2003 年版，第 545—556 页。
③ 张邱林：《"方—普"语法现象与句法机制的管控》，中国社会科学出版社 2009 年版，第 18 页。

（160）人可₁够叨，你去歇吥。

后两例都是强调"人多"，但程度意义不同，例（154）只是一般的陈述，语气较缓和，例（155）语气明显加重。再如"苹果可₂ [kʰuo²¹] 青叨"表示虽青但也可以吃。"苹果可₁ [kʰəʔ⁴⁴] 青叨"则表示苹果太青，不能吃，后句"青"的程度极强。

有时为了表示程度更高，"可₁+单音节形容词"还可重叠为"可₁X 可₁X"，或者在后面加上一个后续句进一步补充说明程度所达到的地步。这里的"可"与普通话的"很"类似，而双音节形容词一般没有此种用法。例如：

（161）她把家扫叨可₁净可₁净。

（162）市□ [liou⁵³]ᴴ "里头"的合音 叨楼盖叨可₁高可₁高。

（163）你穿□ [tsuo²¹] 这个衣裳瞧着可₁宽可₁宽，跟个桶样似。

（164）她把脸抹叨可₁白可₁白，白叨跟鬼样似。

（165）市□ [liou⁵³]ᴴ "里头"的合音 叨楼盖叨可₁高可₁高，高叨瞧不见顶儿。

③ "可₁ [kʰəʔ⁴⁴]" + 否定副词 + 形容词

这一格式相当于普通话中的"很+否定副词+形容词"，例如：

（166）他阳末儿现在过叨可₁不咋样儿啊。

（167）你吃叨可₁不瘦呀！

（168）你叨字写叨可₁不好看啊。

需要指出的是，这一格式在辉县方言中多用于两人对话时反驳对方使用。例如：

（169）A：恁爸把车擦叨可₁明。
　　　　B：啥呀，可₁不明，顶上咋能照人哩。

（170）A：你夜个黑儿昨天晚上盖哩盖底 [kai⁵³·ti] 被子可₁暖和吥？
　　　　B：啥可₁暖和，可₁不暖和，我夜个昨天盖着你诺盖底，半夜都把我冻醒了。

例（169）"可₁不明"是用来反驳上句 A 说的"可₁明"，指"很不明亮"。例（170）"可₁不暖和"是用来反驳上句 A 说的"可₁暖和"，指"很不暖和、很冷"。这在答语的后半句中往往会进一步补充说明。但有时候为了符合语言交际中的经济原则，B 答语的后半句即使省略，人们一般都可以根据语境理解说话人所表达的具体意思。例如：

(171) A：今个我给路上碰见恁老师，他说你给学校可₁孬，老欺人，是真叻不是？

B：啥呀，我可₁不孬。

(172) A：恁老师说你考试可₁粗心。

B：可₁不粗心，瞧。

例（171）的 B 答话可以再补上"孬我咋还得三好学生哩"。例（172）的 B 答话可再补上"粗心我咋能考 100 分哩"。

④ "可₁ [kʰəʔ⁴⁴]" +动词

A. "可₁ [kʰəʔ⁴⁴]" +一般动词

(173) 这一回你可₁帮我大忙叻。

(174) 我当你可₁懂叻，谁知ᴴ "知道"的合音跟我一样。

(175) 你把鞋放这儿可₁碍事儿唡。

(176) 我可₁待见喜欢他家挪"那个"的合音小闺女儿。

(177) 这几天他叻腿可₁得疼唡。

(178) 他爹可₁打他哝。

(179) 你就可₁上性儿叻。

前四例都用来表示程度很深。例（176）表示人的某种生理状态向深变化。例（177）、(178) 表示动作强烈且持续时间长。为了强调这种程度之强烈，常说成"可₁ V 哝"，如"可₁嚷吵架哝""可₁闹哝""可₁吃哝"。

"可₁"在这一格式中，还可指动作的持续反复，有"一直"义。例如：

(180) 你可₁说吓，把旁谁都说走叻。

(181) 你可₁给那哭吓，反正没人哄你。

(182) 你可₁说吓，看谁跟你一式意见相同。

这一用法常出现在说话人对听话人持续反复进行的动作的反感，说明在此之前，对方从未停止该动作行为，所以这种用法能达到中止对方继续进行的语用效果。

B. "可₁ [kʰəʔ⁴⁴]" +心理活动动词

能进入这种格式的心理活动动词既可以是单音节的，也可以是双音节的，且主语一般是第一人称。"可₁"在句中要重读，对后面的心理活动的动词起强调作用，表示程度高，与现代汉语中的"很"相似。例如：

（183）我可₁想去她家耍两天。

（184）我可₁怕恁爸回来怼我。

（185）我可₁可烦他，成天吸烟，熏死我叻。

（186）他可₁愿意叻，说啥都中。

（187）我可₁后悔把他送走，镇小家，不□［tsuo²¹］ᴴ "知道"的合音 能吃苦不能。

在某些语境下，说话人为了表达自己的主观情感，会采用重叠形式"可V可V"来强调程度更高。

"可₁［kʰəʔ⁴⁴］"用于句首时，常常省略主语，但不能单说或单独回答问题。例如：

（188）可₁不愿跟她厮跟一起去买东西，挑三拣四叻。

（189）可₁可烦你昂，话恁多家成天。

C."可₁［kʰəʔ⁴⁴］" + 否定副词 + 一般动词

能进入此格式的一般只限于双音节动词。例如：

（190）俺儿阳末儿现在可₁不听说，叫他咋他不咋。

（191）我可₁不指望你有啥大成色，规规矩矩做人就中。

（192）我可₁没说跟你一起儿去昂。

（193）到学咾你可₁不敢跟老师顶嘴叻。

需要说明的是：在辉县方言中，也有"可₁ + 否定副词 + 单音节动词"的形式，但这种格式中的"可₁"已经不是程度副词了，而是辉县方言语气副词"可₂"的用法。这不属于本节的讨论范围。

⑤ "可₁［kʰəʔ⁴⁴］" + 动词短语

辉县方言"可₁［kʰəʔ⁴⁴］"后的动词短语有以下几种情况：

A."可₁" + 动宾短语

（194）他挪人可₁有意思叻。

（195）并"不应"的合音 看他镇大叻，干啥事儿可₁没出息叻。

（196）他不管弄啥都可₁能沉住气。

（197）他儿今年可₁下工夫叻。

(198) 河南人都可₁肯常常吃面食，变叻花样儿叻做。

(199) 他家那俩小闺女儿嘴都可₁会说叻。

例（196）中的"可₁能"不同于普通话的"可能"，而是副词"可₁"修饰情态动词"能"。后两例中常在"可₁"前加"都"，加强肯定的语气。

B. "可₁ [kʰəʔ⁴⁴]" +动补短语

能进入这一格式的动补短语一般都和否定副词搭配出现，"可₁ [kʰəʔ⁴⁴]"要重读，强调程度高。例如：

(200) 我可₁看不惯你挪样儿，成天吊儿郎当叻。

(201) 小小年纪成天可₁想不开。

(202) 你老是可₁管叻宽哩，真烦气。

(203) 咱这一片儿叻人都可₁看不惯他挪样儿，你就并 "不应"的合音 跟他一般见识。

(204) 我算叻算，觉叻可₁划叻来/可₁划不来。

(205) 你叻身体比以前可₁强多叻。

C. "可₁ [kʰəʔ⁴⁴]" +动词"肯" +方位名词

这种结构中，"可₁"要重读，与现代汉语中的"太"相似，强调后面的方位名词的空间位置，例如：

(206) 你把一凡挤叻可₁肯□ [liou⁵³]ᴴ "里头"的合音，往外头□□ [kʰən²¹kʰən²¹] 挪挪。

(207) 这一回买叻座位儿又是可₁肯后靠后。

辉县方言里没有直接在形式上否定"可₁+动词'肯'+方位名词"这种结构的，一般要否定这种结构只能用改变词汇的方法，如例（207）可说成："这一回买叻座位儿可₁肯中间"。

⑥可₁ [kʰəʔ⁴⁴] +否定副词+动词短语

A. 动宾短语中的"有"类短语，否定形式是变"有"为"没/没有"，例如：

(208) 老王可₁有本事叻，啥都会干。→老王可₁冇本事叻，啥都不会干。

B. 动宾短语中非"有"类短语，否定形式是在动宾短语前加否定副词"不"，例如：

（209）小妮儿长叨可₁像她爸。→小妮儿长叨可₁不像她爸。

（210）俺姥可₁好干净。→俺姥可₁不好干净。

3）"可₁[kʰəʔ⁴⁴]"的用法比较考察

①"可₁[kʰəʔ⁴⁴]"与安阳方言比较

在河南其他方言中也有"可"作程度副词用的，且这两个意义上的"可"发音不一样。如安阳方言中的"可"在表评注性语气时读[kʰə⁰]，表程度深时读[kʰə⁴²]，作者还认为评注性语气副词比程度副词更为虚化，在语音上符合语法化的等级理论①。

②"可₁[kʰəʔ⁴⁴]"与其他程度副词比较

A．"可₁[kʰəʔ⁴⁴]"与"通"

"可₁[kʰəʔ⁴⁴]"与"通"都可用来表示程度，强调程度高，二者在使用时，"通"的句末须加语气词"俩""叨"，而"可₁"可加可不加。试比较：

小敏叨对象儿可₁高叨。　　小敏叨对象儿通高俩。

浩宇可₁听话。　　　　　　浩宇通听话俩。

这衣裳可₁难看。　　　　　这衣裳通难看俩。

他成天可₁费气。　　　　　他成天通费气叨。

通过比较我们可以看出：凡使用"可₁[kʰəʔ⁴⁴]"字的例句语气上更侧重于表达突出个人情感，主观性较强，着重体现"合心意高兴或不合心意厌恶"等主观感情。"通"字句则显示出说话者持一种置身事外的态度对客观事实进行描述，表达自己观点，但主观感情并不浓厚。因为使用"通"字句的说话者往往不是物品的所有者或事物的直接相关人，对被陈述对象不会引起情感上的巨大波动。再如：

（211）A：这是他情人节送给我叨礼物，我可₁喜欢叨。

B：他对你通好俩，礼物还通好看叨。

B．"可₁[kʰəʔ⁴⁴]"与"最"

在与被修饰词搭配上"可₁"还可以修饰单纯方位名词表示"最"义，而"通"没有此类用法。例如：

---

① 王琳：《安阳方言中的副词"可"》，《郑州航空工业管理学院学报》（社会科学版）2009 年第 4 期。

可₁里头（最里面）　　可外头（最外面）

可₁前头（最前面）　　可后头（最后边）

可₁东傍（最东面）　　可西傍（最西面）

总之，这两个表示程度深的程度副词在辉县方言里活动能力比较强，在句子中既可以作谓语、补语也可以作定语；表达的情感比较丰富，是使用者要准确表达语意时不可或缺的。

4）"可₁[kʰəʔ⁴⁴]"的历时考察

在《金瓶梅》《红楼梦》《歧路灯》等近代汉语语料中查到的副词"可"的语料中大多都是作语气副词，只找到两例"可"作副词与辉县话中的"可"表程度意义较为接近。例如：

（212）宝玉笑道："这可好吃了。"玉钏儿听说，方解过意来，原是宝玉哄他吃一口，便说道："你既说不好吃，这会子说好吃也不给你吃了。"

（213）芳官吹了几口，宝玉笑道："好了，仔细伤了气。你尝一口，可好了？"芳官只当是顽话，只是笑看着袭人等。袭人道："你就尝一口何妨。"晴雯笑道："你瞧我尝。"说着就喝了一口。

4.1.7　很

1）语义特征

辉县话程度副词"很[xən²¹]"主要用在形容词、动词或动词短语之后作程度补语，表示程度高，也可用在动词、形容词之前作状语，但与普通话程度副词"很"的意义和用法不完全一样。

2）句法分布

关于"很[xən²¹]"，本节只着重讨论它最具特色的地方，即它的句法分布，可以构成以下几种句法格式。

①"动词/形容词+很+叻"

这一结构表示动作行为的程度或数量"超过了应有的限度或范围"①，有"过度、过量"义。说话人采用这种格式，一般情况是为了表示对对方某一行为遭遇的极度同情，同时表达自己的主观看法和评

---

① 胡光斌：《遵义方言语法研究》，四川出版社集团2010年版，第277页。

价。能进入这一格式的动词往往是表示具体行为动作的，能进入这一格式的形容词不管是褒义还是贬义，总是被说话人附加上较强的否定态度。例如：

（214）丝瓜皮你削很叻，肉都刮掉不少。

（215）这几儿把恁妈使累很叻，面黄肌瘦叻。

（216）咱家小狗儿渴很叻，逮着地叻水喝叻半天。

（217）你是瘦很叻，要不会没一点气。

（218）我叻牙这两天又肿很叻，不能吃一点东西。

（219）他旁啥别的毛病没有，就是能很叻。

（220）恁奶激动太很叻，血压都上去叻。

前三例是动词，后四例是形容词。例（219）中"能"在辉县方言里指"聪明、机灵"，本是个褒义词，"能很叻"则是指"能过头了"。一个人聪明机灵是好事，但是如果过分，就会遭人嫌弃。此外，从哲学辩证的角度来看，任何事物发展一旦超越某一限度，那么随之便会走向其对立面或走向消亡。因此，即使"A/V"是褒义的，但其程度如果过量，往往产生的客观结果却不尽人意，甚至使人反感。

但有时，"V/A + 很 + 叻"这一格式不表同情，而表示对对方某一过度行为的不满之情，例如：

（221）玉粟晒很叻，叶儿都圪蔫叻。

（222）你把落生儿花生炒很叻，一骨嘟煳糊味儿。

此外，"V + 很 + 叻"结构还可以作补语，出现在"V + O + V 很叻"格式中。例如：

（223）你叻病就是干活儿干很叻才得叻。

（224）你叻眼很发炎就是熬夜熬很叻。

②动词 + 叻 + 很

能进入"动词性短语 + 很"结构的动词都是心理活动动词，还有一部分一般是行为动词。例如：

（225）俺哥对她喜欢叻很，哪舍不儿舍不得囔吵她。

（226）小孩儿们对老师都是害怕叻很，跟老鼠见了猫样似。

（227）他能花钱叻很，还不好干活儿。

（228）我可烦他叻很，见天说话有一句实话。

(229) 俺姥爷好喝酒叻很。

③形容词+叻+很

"很[xən²¹]"用在形容词之后时，中间必须加"叻"，构成"A+叻+很"格式。例如：

(230) 并"不应"的合音害怕，他□[tsuo²¹]这个人好叻很。

(231) 恁妹儿横叻很，还有说两句她就该厉害叻。

(232) 他家挪闺女叻嘴溜叻很。

(233) 小杰家叻人麻缠叻很。

(234) 这楼护梯陡叻很，不敢上。

(235) 俺侄女儿□[tɕʰŋ⁴⁴]乖叻很，都好喜欢□[tɕʰia⁴⁴]抱她。

此外，"A/V+叻+很"格式中的程度补语"很"还可以被程度副词"太""可""才"等修饰，普通话中并没有这种用法，表示的程度更高。例如：

(236) 你叻裤往上提叻太很叻，难看死了。

(237) 都不说赶紧吃苹果，都烂叻可很呀。

(238) 要不是我叫俺奶少□[tsaŋ²¹]放、搁点儿盐，菜咸叻才很叻。

以上四例，所表示的程度和语气还是有不同之处。前三例表示的意思基本相同，但最后一例是在一种假设的状态下，有比较地说明程度的不同。比较下面这两个例子：

(239) 调叻菜可甜淡。

(240) 要不是我叫她再□[tsaŋ²¹]放、搁点儿盐，菜甜淡叻才很叻。

(241) 他家地基往那傍挪叻很。

(242) 他家地基往那傍挪叻才很叻。

3)"很[xən²¹]"用法的比较考察

①与普通话中的"很"相比

《现代汉语八百词》将"很"的用法归为5类：其一，用在形容词前，表示程度高。其二，用在助动词或动词短语前，表示程度高。其三，用在"不……"前。其四，用在四字语前。其五，用在"得"后，表示程度高。① 根据"很"的这五种用法，我们来对比一组例子：

普通话	辉县话
很好	好叻很
很应该	很烂/很蹦
很不好	*
很厉害	厉害叻很
热得很	热叻很

通过对比，我们可以得出：

第一，两者都可以表示程度高，但表示的程度量级有差别。普通话的"很"只表示程度高，辉县方言的"很［xən^{21}］"在某种特定的语境下表示超过一定的范围、标准，有"过于"之意。如："厉害叻很"表示过于厉害。

第二，充当的句法成分大致相同，但辉县方言的"很"在作状语时所修饰成分与普通话不同，并且不用于否定式。

此外，普通话有"很是"这一说法，如："很是漂亮"，但辉县方言没有这种表达法。

②其他方言的"很"

成都方言的"很"作程度副词时要后置，表示程度极高，超过了一般限度。辉县方言中也有类似用法。例如：

(243) 哭很了眼睛遭不住②。

湖南安化县的冷市镇、马路镇、石门县的蒙泉镇③，双峰县的花门镇，均有"动词/形容词＋很＋哒"这一句法结构，句末必须带有"哒"，否则句子不自足。例如：

(244) 不要太被别个抢很哒不要太被别个欺负了。

(245) 走路倒走晤稳，怕是饿很哩走路都走不稳，可能是饿得过度了。

(246) 今夜里个蔬菜你煮很哩，唔好吃今晚上的蔬菜你煮得过度了，不好吃。

---

① 吕叔湘：《现代汉语八百词》，商务印书馆 1984 年版，第 266—268 页。
② 李荣：《成都方言词典》，江苏教育出版社 1998 年版，第 318 页。
③ 杨锋：《湖南省石门县蒙泉镇方言副词研究》，硕士学位论文，湖南师范大学，2011 年，第 41 页。

安徽舒城方言也有此种用法，句法结构为"动词/形容词 + 很 +（着）"①，例如：

（247）她吃饭能吃很。

（248）小王长得漂亮很。

4.1.8 太

1）语义特征

《例释》中认为普通话中的超量级副词"太"的义项有三个：①强调程度非常高，常用于感叹句中，后面总有语气词"了"与它呼应；②与否定词"不"组合，修饰动词或形容词，表示减轻的、否定的程度或不十分确定的行为动作，有委婉的口气；③表示"过于""过分"的意思，指超出某种程度，经常用在叙述句中，表示不企望的事情。

"太"的语义本身只表示程度高得超过一般标准，至于它合理与否，是否过分，说话人是持肯定还是否定态度，则与具体的语用义有关，要看其程度发展是否符合主体需要。如果符合主观愿望，则程度再高也不嫌过分；如果不符合主观愿望，"太 VP"就有过分之义②。

与普通话相比，辉县方言中的"太［tʰai²¹³］"修饰谓词性词语后，不管谓词性词语本身的感情色彩如何，体现的都是说话人的主观态度，表示程度过头，说话人持否定色彩。例如：

（249）恁儿也太不听说叨咊。

（250）这俩儿货太能傻喷。

（251）他家叨人都太料能逞能。

2）句法分布

①"太［tʰai²¹³］" + 形容词

"太［tʰai²¹³］"修饰形容词时，表示程度过头，含有贬义色彩。例如：

（252）她把脸抹叨太白叨，真难看。

（253）你买叨衣裳太贵叨，我都穿不起。

---

① 程瑶：《舒城方言语法专题研究》，硕士学位论文，广西师范大学，2007 年，第 32 页。
② 张谊生：《现代汉语副词探索》，学林出版社 2004 年版，第 69 页。

(254) 菜炒叻太咸叻。

(255) 恁管小孩儿管叻太严叻。

(256) 裤腰太宽，我不能穿。

(257) 水太烧叻，等会儿咾再喝。

例（252）表示白得过分了，不希望看到这么白；例（253）表示衣服价格很贵，超出自己的承受能力；例（254）表示菜不是一般的咸；例（255）表示对孩子的管教过于严格，有不赞成这样做的意思；例（256）表示裤腰太大，尺码不适合自己；例（257）表示水烫得很，现在喝不了。

② "太〔tʰai²¹³〕" +动词

(258) 我太知道叻！

(259) 我太去过叻！

(260) 我太不想跟你说话昂！

(261) 你老是太逞能，谁叫你上来唻。

(262) 旁谁一有个啥事儿，你并"不应"的合音太眼红昂。

(263) 你太把这一回考试当回事儿叻。

前三例中的"太〔tʰai²¹³〕"起的是强调作用，有"当然"的意思，后三例则有加强程度的作用，表示"过于"的意思。

③ "太〔tʰai²¹³〕" +否定结构

常用于祈使句中，例如：

(264) 我这两天太不想动。

(265) 做人并"不应"的合音太贪心，啥都想占着。

(266) 你太不讲理叻。

(267) 你太不懂事！

3）与普通话的"太"比较

①否定表示式相同。普通话中的"太"常与"不"连用，辉县方言相同。例如：

(268) 你太不讲理叻。

(269) 你太/真不懂事！

(270) 他真/可不懂事。

但是，普通话表示程度减弱时，采用"不太+形容词/动词"格式，是一种委婉的表达方式，比"不"直接修饰形容词或动词的语气轻。辉县方言虽然也有"不太"和"太不"这样的说法，但是没有这个普遍，多用"不咋"表达此意。例如：

（271）你瞧他中咾，我瞧可不咋中。

（272）你给我买叻鞋不咋合适，看能不能换个大点儿叻。

（273）我坐这儿不咋能瞧清黑板。

（274）他说叻话我不咋能听懂。

②感情色彩不同。普通话中的"太"多用于感叹句，表达积极的感情色彩，辉县方言中的"太"则偏向于表达消极意义，与其对应的表示积极意义的高量级程度副词多用"真/怪"。例如：

（275）普：你们俩长得太像了！

方：恁俩人长叻真像呀！

他俩人长叻怪像叻。

（276）普：你开车太快啦！

方：你开车真快呀！

你开车怪快家！

通过比较，可以得知，方言中"真/怪"既可用于当面指称对方或指称现场出现的事物，也可用于指称未出现的第三方。

4）"太 [tʰai²¹³]" 的历时考察

"太 [tʰai²¹³]" 的古今义同，都用来表示程度，有"很"的意思，例如：

（277）人或说偃曰："太横矣！"（《史记·平津侯主父列传》）

（278）贵富太盛，则必骄佚而生过。（《潜夫论·忠贵》）

（279）暮婚晨告别，无乃太匆忙。（杜甫《新婚别》）

（280）好，倒说得干净！只太把良心昧了。（《长生殿》十三出）

（281）今儿他来，明儿我来，见错开了来，岂不天天有人来呢？也不至太冷落，也不至太热闹。（《红楼梦》第八回）

4.1.9 紧

1）语义特征

副词修饰方位词以及部分具有方位意义的名词，是汉语中副词的一种特殊用法。其特点表现在：第一，这类副词一般要求含有"达到顶点"的语义特征并且具有表比较的功能。第二，副词所修饰的名词应当是表示方位意义的。这些方位名词语义上要求一种相对性的特点。所谓相对性，就是说"上、下、前、后"等并不是绝对的方位，两两相对的时候，它们不是"非此即彼"的绝对关系，而是相对的，其间有个中间状态①。普通话中的"紧"是形容词，而辉县方言中的"紧"既可以充当形容词，又可以充当副词。充当形容词时，与普通话意义相同；充当副词时，是辉县方言特有的，表达与普通话"最"相当的意义，不能修饰动词或形容词，只用来修饰限制方位词，表示所处方位的极限。例如：

（282）俺家给紧南边住叻。

（283）她给紧前头坐叻。

（284）你把柜紧底下叻盖地拿到楼顶晒晒。

这里的"紧 [tɕin⁴⁴]"还可重叠为"紧紧"，重叠后有变音现象，读"[tɕin²¹tɕin²²]"，进一步强调程度的加深，表示处所方位的最高级，有夸张的语气。例如：

（285）你把钱儿塞到柜叻紧紧里头，谁能寻着？

（286）你走到这条路叻紧紧头儿起，就看见他家叻。

（287）小孩儿睡到床叻紧紧边儿起，差忽儿掉地。

2）"紧 [tɕin⁴⁴]"的历史考察

"紧 [tɕin⁴⁴]"在明代就有表示"十分、非常"的意思，为过甚之义。例如：

（288）妙得紧！胜似我旧时戴的。（王济《连环记》二十出）

（289）况且脚下烂泥，又滑得紧，不能举步。（《醒世恒言》三十八卷）②

观察例句我们可以得出，"紧"明代常用在形容词后作补语，表示程度深的意义，而在辉县方言中只能用在方位词前表达程度意义，"紧"用法的这种发展变化有待我们进一步研究。

---

① 中国语文杂志社编：《语法研究和探究》，商务印书馆 2008 年版。
② 许少峰：《近代汉语词典》，团结出版社 1997 年版，第 583 页。

3）与"紧［tɕin⁴⁴］"搭配的固定词组

辉县方言副词"紧［tɕin⁴⁴］"还能修饰代词及称谓词，后常附着"着"组成固定用法，用来表示某样东西给某人有优先使用的权利，含有"任随"的意思。例如：

（290）好吃叻都紧着恁妹妹吃，她不是还小叻嘤。

（291）钱儿先紧着你花，你不是正急用叻。

4.1.10 大

"大［ta²¹］"表示程度深，在辉县方言中的分布面较窄，仅和少数名词、动词搭配。例如：

（292）大清起就起来扫地。

（293）大开个门儿就走叻。

（294）大冬天大掀着怀冷不冷？

例（292）的"大清起"指"刚刚天亮"，强调扫地的时间极早；例（293）的"大开门"指的是"门完全打开"，与后面的"走"形容鲜明的对比，强调这种行为的不应该；例（294）的"大冬天"尤指"冬天的寒冷"，强调是深冬，"大掀着怀"指的是"穿的衣服（尤指外套）完全不扣扣子"，这种行为与这种天气的极其不搭。

普通话中的否定形式"大+不+V/A""不+大+V/A"，表示不经常义的"不+大+V""V+不+大+V/A""不+大+N"等与否定动词"不"连用的结构在辉县方言中都不用"大"，一般说"可不""不咋"，例如：

（295）普：学和不学大不一样。

方：学跟不学可不一样。

（296）普：他不大想去。

方：他不咋想去。

（297）普：我们家不大吃面。

方：俺家不咋吃面条儿。

普通话中有"大+有+名词""大+为+动词或形容词"的格式，辉县方言则无。

4.1.11 生

"生 [sən⁴⁴]" 常作状语，一般只用在表示身体或感觉或心理感觉的谓词性成分前，表程度之深，意为"很、特别"。例如：

（298）头没弄好碰墙头上叻，生疼生疼叻。

（299）大冬天用凉水洗衣裳真是受罪，生冷生冷叻。

（300）他生怕我去告他叻，见天跟着我。

我们发现，《歌谣集成·五月妇女叙活歌》有此用法：

棋子疙瘩豆干，吃的生欢①。

"吃的生欢"为中补短语，"生欢"是补语，补充说明"吃"这一行为的状态。"生"是修饰"欢"的副词。"生欢"为状中式偏正短语，意思是"特别欢"（"欢"即"快""起劲"的意思）。

近代汉语里也有"生"作副词的用法，唐宋元清时期就表示"甚、极"的意思。例如：

（301）何期王陵生无赖，暗听点漏至三更，损动霸王诸将士，枉煞平人数百千。（《敦煌变文集·汉将王陵变》）

（302）生憎帐额绣孤鸾，好取门帘帖双燕。（卢照邻《长安古意》）

（303）吾母病肺生怯寒，晚风鸣屋正无端。（杨万里《负丞零陵更尽而代者未至家君携老幼先归追送出城正值泥雨万感骤集》）

（304）无限鲜飙吹芷若，汀洲。生羡鸳鸯得自由。（贺铸《南乡子》）

（305）生怕闲愁暗恨，多少事，欲说还休。（李清照《凤凰台上忆吹箫》）

（306）只是薛蟠起初不欲在贾府中居住，生恐姨父管束，不得自在。（《红楼梦》第四回）

（307）老张祖在长安城外住，生是个老实的傍城庄家。（杨景贤《西游记》二本六出）

（308）小道呵，生怜他意中人缘未全，打劫俺闲中客情慢牵。（洪升《长生殿》四三出）

---

① 辛景生：《渭南地区民间歌谣集成》，三秦出版社1989年版，第98页。

前六例摘自《虚词历时词典》①，后两例摘自《近代汉语词典》②。

4.1.12 傻

辉县方言中的"傻［sa²¹］"相当于普通话中"很，非常"，既能修饰形容词，又能修饰动词或动词短语，还可修饰名词。例如：

（309）你看他长叻个儿傻高。

（310）恁姨成天傻大方，做生意挣不咾一分钱儿。

（311）你就知道个傻高兴。

（312）恁些人去干活儿，你有少傻积极咾！

（313）并"不应"的合音看她恁瘦，傻能吃。

（314）他清是长叻个傻大个儿。

"傻［sa²¹］"对所修饰的词的感情色彩没有限制，但无论修饰什么色彩的词语，都表示对事物的不满、厌恶的情绪。

4.1.13 好

1）语义特征

"好［xau²¹³］"表示动作行为或时间程度极深。在句中常与"一顿"或"得"连用，用在动词或形容词前后，句末语气词可加可不加。例如：

（315）今个_{今天}他这两家儿可一顿好嚷吵架。

（316）他爸一进门儿就把他一顿好打。

（317）见回每次去俺姥家都是一顿好吃。

（318）你放假没回来，恁奶好（得）念叨你。

（319）回来一看他妈没给家，好得哭呀。

（320）做叻好吃叻没给她卯_{剩或留}着，她好得怪我呀。

（321）俺都等你好大会儿咧，你咋还不来叻。

（322）天好几儿有下雨咧。

"好［xau²¹³］"用在动词或形容词之后作补语，则是反话正说，相

---

① 何金松：《虚词历时词典》，湖北人民出版社1994年版，第10页。
② 许少峰：《近代汉语词典》，团结出版社1997年版，第1009页。

当于普通话的"狠、够",有揶揄、调侃的意味。例如:

(323) 今个今天可叫我忙好叻。

(324) 这一回可把他治好叻。

(325) 恁叻狗把俺菜地可扑腾好叻。

2)"好 [xau²¹³]"的历时考察

"好"自元代起就已有表程度的意义。例如:

(326) 恨天,天不与人行方便,好着我难消遣,端的谱留连。(王实甫《西厢记》一本一折)

(327) 这人姓魏,好一表人物,就是我相公同年,也不辱没小姐。(凌濛初《二刻拍案惊奇》十七卷)

(328) 为是你不许我吃荤,偷了些吃,也吃你要得我好了。(施耐庵《水浒传》第五十三回)

(329) 〔红云〕夫人去好一会。姐姐,咱家去!(王实甫《西厢记》四本三折)①

(330) 原来却是教授,好两年不曾见面,我再桥上望你们半日了。(施耐庵《水浒传》第十五回)

以上例句中的"好 [xau²¹³]",前两例表示"甚、多么",中间一例表示"够、狠",后两例用于时间前,强调时间的久长。

4.1.14 不咋

辛永芬(2006)认为,浚县方言中,"不咋儿"是"不怎么"合音后的儿化形式,本是个短语,但因常用在形容词、助动词或某些动词短语前表示程度不深,语感上已经凝固成词,使用频率也很高,故把它归入程度副词②。笔者和辛的看法一致,但在辉县方言中"不咋"一般不儿化,相当于普通话的"不太/不大"。

修饰形容词时,表示程度轻微,例如:

(331) 你买叻衣裳质量不咋好。

(332) 这几儿几个字儿你写叻不咋好看,再写一遍儿哒。

---

① 许少峰:《近代汉语词典》,团结出版社1997年版,第452页。
② 辛永芬:《浚县方言语法研究》,中华书局2006年版,第133页。

(333) 屋儿不咋热叻,你并"不应"的合音开空调叻。

(334) 枣儿还不咋熟,你都可都够完叻。

修饰动词时,强调动量少或发生的次数少,如果是心理动词常与"有点儿"连用。例如:

(335) 他有点儿不咋愿意跟你去。

(336) 这几儿最近咋不咋来俺家串门儿叻?

(337) 他不咋懂事儿,你并"不应"的合音跟他一般见识。

(338) 他不咋好吃肉,你都拿走吥。

(339) 你不咋得劲,就并"不应"的合音吸烟叻。

(340) 我不咋去县城,镇么远,来回使死叻。

从语用角度看,它是一个典型的模糊限制词,不仅表示语气缓和,还表示说话人遵从礼貌原则,从而表现出对对方的礼貌和尊重的态度。

4.1.15 显

"显 [ɕian²¹]"义同"稍微、显得有点……"只修饰形容词作补语,表示表现出的某种情形超出或者没达到一定范围,但也没造成严重后果。例如:

(341) 来叻显早叻,门儿都没开。

(342) 过事儿喜事东西准备显少叻,不够用。

(343) 你叻衣裳买叻显小叻,再大些儿就好叻。

在"显 [ɕian²¹]"和形容词中间往往可以加"叻",例如:

(344) 屋显叻小叻,人都坐不开。

(345) 糖显叻少叻,一点儿都不甜。

(346) 房显叻有点儿潮,晾凉才能住。

"显+叻+形"和"显+形"用于主语之后时,可以互相替换,例如:

(347) 屋显(叻)小叻,人都坐不开。

用在谓语之后时不能互换,只能说"显+形",例如:

(348) 醋放叻显多叻,牙都酸倒叻。

(349) 你吃叻显胖叻,对身体不好。

4.1.16 捏个

"捏个[niə⁴⁴kəʔ³]"用在动词或动词性短语前,表示数量、时间、空间不多,意思相当于普通话的"稍微、略微",其后的动词常常重叠。例如:

(350)车有点儿小,咱捏个挤挤就都坐下叻。

(351)我挪衣裳你捏各洗洗就中,又不□□[tsʰʅ³³nan²¹]脏。

(352)你给那儿捏个再住几天昂,过两天我就去接你。

(353)阳末儿马上就输完叻,你再捏个等等。

(354)就镇些儿东西,你捏个吃吃妥了。

(355)今个今天做这饭捏个够咱吃。

(356)捏个到最后够用。

(357)捏个抽个空儿,就把活儿干完叻。

例(352)、(353)中加上"再",在语义上与之前形成对比,程度上有所加强。试比较:

捏个大些儿 再捏个大些儿 捏个再大些儿 捏个再大一些儿些儿

相比之下,程度在逐渐增强,中间两个程度相当,而后面的"一些儿""一些儿些儿"从数量上逐渐减少。

用在形容词前,表示程度不深,有"勉强"的意思。例如:

(358)今年捏个瘦些儿叻。

(359)裤腿儿捏个长些儿就好叻。

4.1.17 不老

"不老[pəʔ⁴²lau²²]"表示程度轻微,较低,"老"在语义上相当于"大、太、怎么"。"不老+形容词/动词短语"格式与普通话中的"不+很/太+形容词/动词"这种格式结构相同,整个格式表示程度轻微,用法十分普遍。"不"不是起到否定的作用,只是用于说明程度稍轻一些,句末不需要语气词。例如:

(360)赶紧吃呀,菜都不老热叻。

(361)衣裳不老□□[tsʰʅ³³nan²¹]脏,不用洗叻。

(362)我不老好吃梨儿。

(363) 做□［tsuo²¹］这个盖地不老厚。

(364) 纺这一捆儿麻绳不老结实。

4.1.18 稀忽儿

"稀忽儿［ɕi²¹xu²²ɚ］"主要用在动词前作状语，修饰的都是说话人不希望发生、不愿意接受的不如意的事情，相当于普通话中的"差不多""差点儿""几乎"。例如：

(365) 他稀忽儿掉河□［liou⁵³］ᴴ "里头"的合音。

(366) 你稀忽儿把我吓死。

(367) 我将才没弄好，稀忽儿叫门墙绊跌。

(368) 今个 今天 往学我稀忽儿迟到。

(369) 俺爷稀忽儿叫人把钱儿骗走。

(370) 碗稀忽儿掉地［tiəʔ²¹³］。

上述例句中的"稀忽儿［ɕi²¹xu²²ɚ］"都是表达"可能发生某动作行为但实际没有发生"的意义，例（367）中的"稀忽儿叫门墙绊跌"是介于"跌"和"不跌"的临界点之间；"稀忽儿迟到"是近于迟到，但实际上并没有迟到。另外，"稀忽儿"可重叠为"稀忽儿忽儿"，重叠后表示所修饰的动作发生的可能性更高。

《故事集成·渭河的水是怎样变浑的》："只听'啪'的一声，平静透明的渭河水一下呗猪八戒打得水花乱飞，猪八戒被水溅湿了长袍子，还稀忽跌倒河里。"①

沈家煊先生在《不对称和标记论》里提到，"差点儿"和"差点儿没"在表达不期望发生、不如意或者消极意义的时候，二者都表示否定，它们之间的对立消失，可以替换使用。同理，在涉及不如意的事情时，"稀忽儿"和"稀忽儿没"之间的对立消失，可以相互替换。所以，上面的例句也可以说成：

(371) 他稀忽儿没掉河□［liou⁵³］ᴴ "里头"的合音。

(372) 你稀忽儿没把我吓死。

(373) 我将才刚刚没弄好，稀忽儿没叫门墙绊跌。

---

① 王忠泰：《渭南地区民间故事集成》，三秦出版社1989年版，第57页。

（374）今个_{今天}往学我稀忽儿没迟到。
（375）俺爷稀忽儿没叫人把钱儿骗走。
（376）碗稀忽儿没掉地［tiə˧˥²¹³］。

当"稀忽儿"后跟积极义动词表达说话人期待发生时，它一般表示否定，即说话人希望发生的动作行为实际没有发生。如"他去年稀忽儿考上大学"实际是没有考上大学；"我买彩票稀忽儿中了大奖"其实是"没有中奖"。同理，"稀忽儿没"在涉及如意的事情时，往往表示肯定，"他去年稀忽儿没考上大学"则是实际"考上了大学"。这一点和"差点儿、差点儿没"的用法完全相同。

4.1.19 差乎儿

在辉县方言中，"差乎儿［tsʰa²¹xu²²ɚ］"是"差点儿……就"的意思，表示的是"虽然无限接近，但还是没有完成或达到某种程度"，所以，在意义表达上，它修饰肯定式时表达的是否定的意思，而修饰否定式时表达的却是肯定的意思，一般用在动词性词语的前面。例如：

（377）你穿成□［tsuo²¹］这个样儿，我差乎儿认不□［tɕʰyə³¹］"出来"的合音。
（378）我今个_{今天}□［tɕʰiə³¹］"起来"的合音迟了，差乎儿迟到。

例（377）表示还是认出来了，例（378）表示没有迟到。

在大多数情况下，我们可以从句子的意思上判断出说话人的主观意向，在表示说话人期待的事情时，"差乎儿［tsʰa²¹xu²²ɚ］"既可以修饰肯定式，也可以修饰否定式，意义相反，而如果"差乎儿［tsʰa²¹xu²²ɚ］"用于表示说话人不希望的事情时，就只能用肯定式，来表达否定的意思。例如：

（379）我差乎儿考上大学。
（380）挪"那个"的合音车差乎儿把老头儿撞翻。
（381）今个_{今天}去图书馆迟了几分钟，差乎儿没寻着座位儿。

4.1.20 险门儿

"险门儿［ɕian²²·mənɚ］"同"差一点"意思相近，常用于句首，修饰动词或动词性词组，后面一般跟主观上不愿意接受的事情，但整个句子最终的结果是人们乐意接受的。例如：

（382）险门儿把命搭上。

（383）险门儿把钱儿包儿丢咾。

（384）险门儿滑跌。

（385）险门儿叫他跑咾。

（386）幸亏我手快，险门儿叫磕孩儿。

（387）光顾着跟恁爸喷闲空儿叻，险门儿把正事儿忘咾。

也能表示希望实现的事情几乎不能实现而终于实现，有庆幸的意思，即幸好没有造成不好的结果，常与"冇 [məʔ³³]"搭配出现。例如：

（388）险门儿没买着。

（389）险门儿没考过。

（390）险门儿没抓着。

（391）今个_{今天}路上车太多，我险门儿没赶上火车。

4.1.21 毁

《现代汉语词典》（第5版）对"毁"的解释只有动词的用法，而《现代汉语虚词词典》和《汉语副词词典》均没有收录此词。下面两部词典则提到了"毁"的副词用法。

《汉语方言大词典》：〈副〉。表示程度深，相当于"极"。中原官话。山东平邑 [xuei³⁴] 这几天真累~了。①

《新华方言词典》：表示程度深，相当于北京话的"……坏了"：饿~了/喜~了/可叫老师批评~了/拿个头奖他高兴~了②。

在辉县方言中，"毁 [xuei⁵¹]"不仅可以用作动词，还可用作副词，这里我们只讨论后一种用法。"毁 [xuei⁵¹]"作副词常用在形容词或动词之后，句末一般都要添加语气词"叻"，表示程度的加深或很高。例如：

（392）今个_{今天}叻风把我刮毁叻。

---

① 许宝华、宫田一郎：《汉语方言大词典》（第5卷），中华书局1999年版，第6612页。
② 《新华方言词典》，商务印书馆2011年版，第427页。

(393) 一天都没吃上饭，饥毁我叻。

(394) 连着干叻几天活儿，把我使累毁叻。

(395) 一黑儿整晚没给孩儿换纸尿裤，可把孩儿溺毁叻。

(396) 吃个葡萄酸毁我叻，牙都倒叻。

(397) 这几天我□[io⁴⁴]"一个"的合音给家，信孤单毁我叻。

通过观察例句可以发现，"毁[xuei⁵¹]"常用在"把"字句中，是对已经发生的事件的陈述，表达一种烦躁、不满的情绪，和谓词组成动补结构在句中充当谓语，有时后面也可以出现宾语。

4.1.22　些儿

辛永芬（2006）认为，浚县方言的形容词变韵可以跟"些儿"或"点儿"构成"A^D+些儿/点儿"的格式①。变韵相当于普通话的"A着点儿"中的"着"，是祈使语气的一种标记成分。在句法表现上"A^D+些儿/点儿"比普通话中的"A着点儿"活跃得多，普通话中的"A着点儿"可以单独构成祈使句，或在句中作谓语，很少作补语、状语，浚县方言的"A^D+些儿/点儿"既可以单独构成祈使句，也可以在句中作谓语、补语或状语。并且认为，浚县方言"A^D+些儿/点儿"跟普通话的"A着点儿"一样，"A"只能是可控性质形容词。

辉县方言和浚县方言一样，也可在性质形容词后加"些儿[·ɕiəɹ]"或者意义相同的"点儿[·tianɹ]"，表示程度轻微，语义上相当于普通话的"A着点儿"，"A"是可控性质形容词，可单独成祈使句，也可在句中作谓语、补语或状语，整体读轻声。例如：

(398) 你走慢点儿/些儿，并"不应"的合音叫跌摔倒咾。

(399) 把你叻衣裳洗叫净点儿/些儿。

(400) 你来叫早点儿/些儿，并"不应"的合音叫迟咾。

(401) 你有事儿咾，来迟点儿/些儿也没事儿。

4.2　范围副词

范围副词指用于表达范围，对范围起限定作用的一类副词。它的语

---

① 辛永芬：《浚县方言语法研究》，中华书局 2006 年版，第 79—91 页。

法功能是可以修饰体词性或者谓词性的成分，在谓词性成分前作状语。它本身并不具有量的特征，却是人们表达量存在的一种手段，辅助名词、动词、形容词所具有的量的表达。有关范围副词的内部分类，长期以来，一直没能取得相对一致的共识。李运熹（1993）将其分为总括类、限定类与外加类三种。我们参照张谊生（2004）根据概括范围的性质和类别，将其分成统括性、唯一性和限制性三类①。张亚军（2002）在总括与限制区分的基础上，以语义特征为基础，以句法功能作为标准，参照范围副词的语用功能，将现代汉语范围副词分为总括性范围副词、排他性范围副词和限量性范围副词三种。而肖奚强（2003）从集合的角度，将其分为超范围副词、等同范围副词与子范围副词三类。根据辉县方言的特点，我们采用张谊生的分类方法，将辉县方言范围副词分为三类：统括性范围副词有"满共/共满""一起儿"，指概括的对象范围包括全体范围中的所有个体；唯一性范围副词有"光""净"，指概括的对象范围为全体范围中的其中某个个体；限制性范围副词有"清""就""起码"，指全体范围中的某部分个体。

4.2.1 光

1）语义特征

①"光［kuaŋ⁴⁴］"作副词一般用来限定事物或动作范围，普通话中主要用于口语，辉县方言里的"光"表示某一事物或动作性质在某种程度上的单一无他，常用在动词前，极少用在形容词前，相当于普通话表示限定的"光、只、只是、仅"等。例如：

（402）她光说个吃穿，屁事不干。

（403）并"不应"的合音光想着成天沾旁谁叨光。

（404）你光听恁儿说，他哪有句实话。

（405）光来回路费就花了一千。

（406）光会张着个嘴说旁谁！

（407）成天光知ᴴ "知道"的合音要，考不上大学你就不能叨。

（408）光我□［io⁴⁴］ "一个"的合音人去会中，恁都得跟我厮跟

---

① 张谊生：《现代汉语副词探索》，学林出版社2004年版，第84页。

去昂。

(409) 炒这菜光（是）个辣，一点儿都不好吃。

(410) 光（是）好看顶啥用，又不能当饭吃。

这一意义的"光［kuaŋ⁴⁴］"常出现在固定结构"光 V1 不 V2"中，动词短语前还可加助词"会"。例如：

(411) 光说不干那会中！

(412) 光读不写会记住咾！

(413) 不应光吃肉不吃菜。

② "光［kuaŋ⁴⁴］"还可以表示动作、情况的发生是经常的、反复的、持续的，并且间隔时间很短，跟"老是""总是""一直"大致相当。例如：

(414) 我上高中叻时候光想家，隔三岔五往家跑。

(415) 你咋光给我对着干哩？

(416) 恁闺女儿光好使性儿。

(417) 这两天洋车儿自行车链儿光掉。

(418) 快高考叻，俺儿见天光打球，你说咋办哟。

(419) 你光吃馍喝水，不瘦才怪哩！

"光［kuaŋ⁴⁴］"所在的句子，如果句子的前一部分有标志时间的词语，那么"光［kuaŋ⁴⁴］"强调在这一时间段内，某一动作行为或事件发生的频率非常高。例如：

(420) 咱家二楼房顶下雨咾光漏。

(421) 俺家今年热天种叻豆角怪好家，这一季儿光结不败。

例（420）标志时间的词语是"下雨咾"，"漏"这一动作只在下雨的时候高频重复；例（421）标志时间的词语是"今年热天"，"结"这一动作只在今年夏天的时候高频发生。

还可以用于句首，但不能单独回答问题。例如：

(422) 光打喷嚏，也不知道谁想我叻。

(423) 光看论文，也怪没意思叻。

③ "光［kuaŋ⁴⁴］"还可以用在表示条件关系的复句中表示结果，跟"就会"的意思大致相当。例如：

(424) 黑起儿晚上一喝茶叶光不瞌睡。

（425）西瓜吃多咾光冒肚。

（426）一看电脑光瞌睡。

2)"光［kuaŋ⁴⁴］"的历时考察

"光［kuaŋ⁴⁴］"明清时期就与现代汉语表"仅、只"义的"光"用法类似。例如：

（427）张建章为幽州行军司马，光好经史，聚书至万卷。(《太平广记》卷七十《张建章》)

（428）今日他爹不在家，家里无人，光丢着些丫头们，我不放心。(《金瓶梅》第十五回)

（429）再者，也不光为我，就是太太听见也喜欢。(《红楼梦》第一百〇一回)①

4.2.2 净

关于"净"的语法意义，前人已做了不少相关问题的研究，几本常见的词典对它的解释也颇为详细。其中，《现代汉语虚词词典》② 认为，副词"净"表示范围，多用于口语，并据此将"净"的意义分为以下四项：

①与"是"连用，概括事物的范围，有"全、都"的意思。

参加比赛的净是些年轻人/这一带净是黄土坡，很少见到绿色/他说的净是炒股的事，我不感兴趣。

②用在动词（可带宾语）的前边，表示动作、事件或状态经常发生，有"总是""老是"的意思。

他下棋净输，很少有赢的时候/这孩子很粗心，净丢东西/他说话不注意，净得罪人。

③用在动词短语前边，限制动作行为的范围，有"只""光"的意思。

我净顾着和他说话，忘了做饭了/别净逗着孩子玩，快来帮我一把/他净说了一些业务上的事，没有提到你的问题。

---

① 何金松：《虚词例式词典》，湖北人民出版社1994年版，第56页。
② 张斌：《现代汉语虚词词典》，商务印书馆2001年版。

④用在带数量短语的短语前边，表示排除某些因素之后的纯数量。

这笔买卖除去交税和运输费，净赚五千元/这箱饮料除去包装，净重只有六公斤/瘦肉都吃光了，净剩下一些肥的了。

而《现代汉语规范词典》①则把副词"净"的意义用法总结为如下三项：

①表示动作范围，说明除此以外没有别的，相当于"总"：
别净打岔，让人把话说完。/心里着急，净写错字。
②表示事物的范围，说明除此以外没有别的，相当于"都"：
满院子净是树叶。
③表示单纯，相当于"单""只"：
好的都挑完了，净剩下些次的。

应该说，这些辞书对"净"的用法的观察还是相当仔细的。但是我们发现，《现代汉语词典》（2002年增补本）中对副词"净"只解释为唯一范围副词"只"，而没有表总括的义项，这显然是不全面的。《现代汉语八百词》中对表总括意义的"净"解释为"全；都"，并没有说明它的语义特点和语用限制，这也是不合适的。

1）语义特征

①"净 [tɕiŋ²¹]"表总括义，充当状语，只能用在名词性词语的前面，构成"净＋NP"，含该格式的句子的主语多为处所词。表示"都、全"义的时候，表示一定范围内的事物性质的单一，因为当一定范围内的事物全体只有一种性质的时候，事物之间有共同性。例如：

（430）这一条路净（是）坷垃。
（431）你说叨净（是）空话。
（432）他家地□ [liou⁵³]ᴴ "里头"的合音长叨净（是）草。
（433）冰箱里放叨净是些儿好吃叨。
（434）今个今天街上卖叨菜净是些蔫叨。
（435）一说赶会赶集，大街上净（是）人。
（436）你看你穿叨鞋净是窟窿。
（437）净是你买叨东西，就没给恁妈买点儿。

---

① 李行健：《现代汉语规范词典》，语文出版社2004年版。

（438）他穿叻净是拾旁谁叻衣裳。

（439）活儿净叫旁谁干叻，你还不识足。

和普通话一样，常与"是"连用，也可以省去不说，"净［tɕiŋ²¹］"后可以加"都"，意思相同。从例句来看，"净［tɕiŋ²¹］"语义后指，指向它所修饰的 NP。

"净 + NP"结构，即副词直接修饰名词性结构，普通话中常有，有人把该类结构理解为省略了判断词"是"的结构。笔者赞成这一观点，并且认为"净"充当状语，修饰后面的名词性词语，然后与后面的名词性词语一起充当全句的谓语。"净 + NP"结构在辉县方言中使用频繁，例如：净坷垃、净花样、净圪渣垃圾、净空话。该结构中的"NP"只限于表消极意义的名词，并且含有说话人对对方强烈的不满情绪，即使是表积极意义的名词进入这一格式，如"净奖状"，"净"也大多表示一种羡慕、嫉妒的情绪。

②强调事物或行为的"唯一性、排他性"时，意义近似"只、光"，有"净 + VP + O"格式。例如：

（440）恁爸干这活儿净是出苦力。

（441）菜都吃完叻，净剩点儿菜汤儿叻。

（442）这几天净下雨，天要漏了嚛。

（443）镇大会儿现在小孩儿们叻作业净写点儿错字。

③"净"表"经常、总是"，它所说的动作行为或情况，是一直不停的重复。例如：

（444）他爷真亲他呀，有点啥好东西净给他卯剩或留着。

（445）一放假，恁航航净上网吧打游戏。

（446）阳末儿现在，这大人净叫小孩儿上补习班。

"净［tɕiŋ²¹］"前经常出现标志时间的词语，"净［tɕiŋ²¹］"在这样的句子中有两层含义。其一，强调在这一特殊的时间段里，某动作行为发生的频率；其二，强调变化，"净"所说的动作行为或事情是以前不曾发生的，强调这一时间段跟之前的不同。例如：

（447）这几儿最近也不□［tsuo²¹］ᴴ"知道"的合音咋叻，小燕儿净来咱门楼底下搭窝。

（448）小杰今年□［tsuo²¹］ᴴ"知道"的合音丑俊叻，净吵吵着叫去给他买衣裳穿。

例（447）时间标志是"这几儿"，即小燕子以前不来搭窝，只是最近才频繁发生；例（448）时间标志是"今年"。

"净"既可以和"光、只"互换又可以和"总是、老是"互换，并不意味着"光、只"和"总是、老是"同义，它们在语义上是有区别的。"净"理解为"光、只"，强调的是"唯一性、排他性"，而它的"相同性"被强调时，意近"总是、老是"。只有当句子暗含有"一段时间"的意思，句子才可以理解为"总是、老是"。如例（447）中的"这几儿"指明了一段时间，例（448）讲述的是某些人的某种特点，而"特点"是一贯的行为，也是在"一段时间"后才能形成的。

2)"净［tɕiŋ²¹］"用法的比较考察

①与普通话的"都"比较

二者都能表统括性。例如：

普：都是人

方：净是人

二者有以下区别：

第一，"净［tɕiŋ²¹］"除了作统括性范围副词外，还可以作唯一性范围副词，而普通话范围副词"都"只能作统括性范围副词。例如：

(449) 他吃饭只吃肉，菜一口不吃。（普通话）

(450) *他吃饭都吃肉，菜一口不吃。（普通话）

(451) 他吃饭净吃肉，菜一口不吃。（辉县方言）

第二，普通话范围副词"都"统括的对象可以是表示任指的疑问代词，而"净［tɕiŋ²¹］"不可以。例如：

(452) 给谁都行。（普通话）

(453) 我什么都不要。（普通话）

(454) *给谁净中。

(455) *俺啥净不要。

第三，"净［tɕiŋ²¹］"可以直接用在名词性成分前，但是普通话范围副词"都"不能。例如：

(456) *大街都人。（普通话）

(457) 大街净人。（辉县方言）

4.2.3 清

"清 [tɕʰiŋ⁴⁴]"常与"是"连用，用来限制动作、行为的范围，即只许一个动作、行为的进行，而排斥另外的动作，有"专门"的意思。此外，还表示动作在时间上的持续性，持续在一段时间内专门完成某个事情，读音短而重，有一定的力度。例如：

（458）今个 今天 啥也不干，清给你做吃叻叻。

（459）一到这时候就停电，清是叫咱摸瞎叻。

（460）你清是叫他给家歇叻。

用在谓词性成分之前，表示某件事情的发生是额外的、另外的，跟普通话的"额外、另外"意思相近。例如：

（461）清/清是捣我明个再跑一趟儿。

（462）这衣裳我清/清是赔本儿卖给你唡。

和普通话"只""一直（就）"相当，一般和"等"搭配。例如：

（463）成天费气，赌/清等着怹爹排打你叻。

（464）你要懒死叻，清等我给你坐吃叻。

4.2.4 就

"就 [tsou³¹]"表示"仅仅、只有"义，强调数量少，与"该不是"搭配使用，引出的后果多是不良后果，表明说话人略带有责怪的语气。在句中多修饰谓语，语义指向后面的谓语动词，属于后指范围副词。例如：

（465）大冬天叻就光穿一条裤，该不是感冒叻。

（466）你见天到顿儿光不吃饭，该不是有劲叻。

（467）她一走，家里头就俺俩人，该不是信孤单、无聊慌叻。

（468）就你□[io⁴⁴]"一个"的合音 人来叻，他都叻？

（469）北京我就去过两回，还是去转车。

（470）就你□[tsuo²¹]ᴴ "知道"的合音 叻多。

作为表示限定的副词，"满共""光""就"有相同之处也有一些分工。从语义上看，"满共"只用来限定数量范围，要跟数量词语共现。"光""就"主要用来限定事物、动作、行为或时间范围。"光"和

"就"都可以用于否定句。在条件句中"光"一般是限定条件的,"就"一般是限定结果的。因此它们有时可以共现。如例(64)。另外,"就"带有很强的主观色彩,在限定数量时,重读表示说话人认为数量少,轻读表示说话人认为数量多,"光"没有此用法。

4.2.5 满共

"满共 [man^{42}kuŋ^{21}]"多用来表示数量,含有"满打满算,仅仅,合起来不过"之义,有时也常说成"共满 [kuŋ^{42}man^{21}]",与普通话中的"总共、一共"类似。例如:

(471)我浑身上下满共十几块钱。

(472)我满共就给家里□[luan^{21}]待了四五天就回来学了。

(473)十来亩地满共才产了五六千斤粮食。

(474)我满共买叻两斤苹果,叫你一气儿吃完叻。

(475)俺学校满共有千把来人呸。

辉县方言中也有"总共""一共",但它们是对数量的客观总括,不含有主观态度。"满共 [man^{42}kuŋ^{21}]"带有说话人认为数量不多的态度,略带不满或轻松的语气,经常和"就""才"连用,在句中主要修饰谓语,是典型的附谓词。语义指向其后面的谓语,是后指副词。例如:

(476)我□[io^{44}]"一个"的合音月满共才挣两千多块钱儿,你还为我借钱儿。

(477)俺□[io^{44}]"一个"的合音月满共歇两天,去哪儿有空旅游叻。

(478)满共就剩俩馍叻,够谁吃咾。

辉县方言中,与"满共 [man^{42}kuŋ^{21}]"有相同用法的还有"满打满算",表示"总共""全部""所有",相当于"全部"的意思。例如:

(479)俺家满打满算也就三亩地,哪能跟恁家比。

(480)夜个昨天我满打满算就挣了一二百块钱儿,还使叻要命。

(481)全庄儿叻人满打满算也就两千多号人。

通过以上例句可以看出,"满打满算"在辉县方言中表示范围时含有"近似""最多"之义，表示数量再多也不超过某一范围。例（479）是说快接近三亩，最多也就三亩的意思。所以有时年青一代还说"撑死也就三亩地"。例如：

（482）我撑死能考 500 分。

（483）他家撑死也拿不□［tɕʰyə³¹］"出来"的合音恁多钱儿。

4.2.6 起码

1）语义分析

"起码［tɕʰi⁵³ma²¹］"表多量的限定性范围副词，它所概括的范围不管客观量是多少，主观上总是认为是多的。例如：

（484）这本书你起码得看五遍。

（485）这一包儿粮食起码有一百二十斤。

（486）你最起码一星期得来一回咊。

例（484）表示至少看五遍才有效果，例（485）指这袋粮食很重，例（486）表示一周回来一次已经是说话人认为最大的限度了。

"起码［tɕʰi⁵³ma²¹］"是一个后指范围副词，只能用在所指对象的前面。例如：

（487）旁谁别人写冇写我不□［tsuo²¹］ᴴ"知道"的合音，起码我写叻。

（488）俺都老咾，起码恁哥还能帮衬帮衬你。

（489）旁谁写冇写我不□［tsuo²¹］ᴴ"知道"的合音，我起码写叻两三篇。

（490）恁哥起码还能帮忙说几句好话。

通过以上四例对比我们知道，例（487）、（489）"起码［tɕʰi⁵³ma²¹］"的语义指向都是主语"我"，例（488）"起码"语义指向"恁哥"，例（489）"起码"强调的是写的篇数"两三篇"，例（490）"起码"指向"几句好话"。

2）句法分布

① "起码+动词+数量"。例如：

（491）我起码等叻你大半个钟头儿。

（492）这起码有二三百人给这儿跳广场舞。

（493）从俺家到市□［liou⁵³］ᴴ"里头"的合音起码有三四十里路。

② "起码 + 动词"。例如：

(494) 你去外头耍起码得给家□［liou⁵³］ᴴ"里头"的合音大人说一声儿吥。

(495) 你是小叨，起码得等大人先动筷儿。

③ "起码 + 数量"，例如：

(496) 这一车粮食起码一两吨。

4.2.7 一起儿

"一起儿［yəʔ²²tɕʰi²¹ɚ］"有两层含义。

一是表示范围性统括，义为"全部、通通"，用于统括前面提到的事物，不论句中是否含有数量成分，都将统括对象看作一个整体，如有数量成分一定放在"一起儿"之前，"一起儿"语义指向其前面的名词性成分。"一起儿"用在动词、形容词性成分之前。例如：

(497) 咱俩一起儿去咱姥家吥？

(498) 他□［tɕiəʔ²¹³］"几个"的合音人一起儿叫关□［tɕʰiə³¹］"起来"的合音叨。

这里的"一起儿［yəʔ²²tɕʰi²¹ɚ］"常常与"厮跟"连用，表示总括，所总括的对象可以在前，还可以前后对象同时总括。例如：

(499) 恁俩厮跟去。

(500) 你可跟旁谁厮跟着昂，并□［io⁴⁴］"一个"的合音人去。

(501) 我跟你厮跟去，回来咾还能给你少掂点儿。

需要注意的是，"厮跟"［sɿ⁴⁴·kən］总括前后有一定的条件，第一种，"厮跟"前的主语多是指人称代词，并且与表示重复的副词连用，这时"厮跟"总括前后；第二种，"厮跟"前的主语时多指人称代词，但是"厮跟"不与重复副词连用，而是在后面使用表示重复的副词。例如：

(502) 俺俩人厮跟又去买叨件儿衣裳。

(503) 你跟他厮跟来家吃咾饭再走。

"厮跟"一词自宋元以来，运用颇多，例如《水浒传》第十六回："两个厮赶着行，离了那林子，来到曹正酒店里。"又如元杂剧《张协状元》："今要过五矶山，怕是剪径底劫掠人，厮赶去。""厮赶"一作"厮跟"。关于"相"与"厮"的关系,"相"本为"两相之辞",后产生偏指用法,这种用法在两汉逐渐多起来,魏晋以后盛用。到了唐宋时期"相"分化出读入声、义为"交互"的"厮",如"厮混、厮杀、厮替"等。"厮"在元明白话小说中极为多见。在辉县方言中,"厮"也沿用至今。

二是表示数量性统括,义为"一共、总共",它是以数量作为表述对象的,所以句中必须有数量词语,而且数量词语一般要放在"一起儿"之后,"一起儿"语义后指。"一起儿"主要修饰动词性成分,也可修饰名词性成分。例如:

(504) 这两样儿你一起儿给我二十块钱儿算了。

(505) 咱几家一气儿粜叻两万斤粮食。

4.3 情状副词

张谊生(2000)提出,凡是既可以充当表示陈述义的状语,又可以充当指称义的动词定语的副词是描摹性副词。他所提到的描摹性副词,就是情状副词。情状副词或表示动作行为进行时的情景状态,或表示动作行为进行后结果的状态,或表示动作行为进行的方式、形式、手段等。它们的语义指向单一,只是指向被修饰的动词或形容词。

辉县方言中的情状副词共17个:很、强、旋、干、贸、胡乱/随便儿/斗那、只管、死活、就是、亏光、赖好儿、单门儿、一气儿、一股儿、一星儿、明打明、正儿八经。

4.3.1 很

1) 语义特征

这个"很 [xən²¹]"跟表示程度的"很"不同,程度副词"很"附加在谓词性成分前作状语,这里的"很 [xən²¹]",是表示情态义的副词,只用在谓词性成分前作状语,含有"一直""一直不停地""老是""一个劲儿地"的意思,并隐含着说话者不满、责怪或劝诫等感情色彩。

2) 句法分布

①很 + 动词

普通话中的"很"多修饰情态动词和心理动词,只表示程度高,而辉县方言中能进入"很+动词"结构的动词多为行为自动词，表示动作持续或反复，有"一直""老是"的意思，并隐含有说话人不满、责怪、劝解等感情色彩。例如：

（506）你并"不应"的合音很说她，说很咋又该使性叻。

（507）恁小孩儿很哭，咋哄都不中。

（508）咱家叻狗很咬叻，是不是有人来叻。

（509）他家人很嚷，要聒噪死叻。

（510）班口［liou⁵³］ᴴ "里头"的合音学生很乱，上课就没法儿讲课。

（511）小闺女给家很勤勤勤劳叻，把屋儿收拾叻干干净净叻。

（512）方怡她妈又吓唬她唻，坐门口儿很哭叻。

（513）你去睡叻也不吭一声儿，叫俺都很寻你叻。

有时为了强调动作的持续和反复，"很 V"还经常重叠使用，例如：

（514）你情给那儿很看很看（电视），只要不怕恁爸回来打你。

（515）你很耍很耍，不写论文叻。

②很+形容词

能进入词格式的形容词都具有推移性，表示人或事物发生由小到大，由新到老，由无到有等的变化。例如：

（516）你咋很胖叻，是不是肉吃多叻？

（517）我这儿很痒叻，都挠烂叻。

例（516）指原来并不是很胖，在一段时间内逐渐变胖，暗含变化速度之快。例（517）指原来只是一般的痒，有"越挠越痒"的意思强调痒的程度之深。

4.3.2 强

辉县方言口语中没有"勉强"一词，只用"强［tɕʰiaŋ²¹］"。根据《现代汉语八百词》"勉强"① 可作动词和形容词，例如：

（518）你不愿意去，我们决不勉强你。

（519）小张食欲不振，只勉强吃了一点。

（520）他笑得很勉强。

---

① 吕叔湘主编：《现代汉语八百词》（增订本），商务印书馆 1999 年版，第 385 页。

辉县方言中的"强［tɕʰiaŋ²¹］"只有普通话例（519）的用法，如不能说："*你不想去，俺们不强你。""*他笑哩很强。"但是可以说："他强笑了几声。"即例（518）、（520）在辉县方言中应说成："你不想去，俺们不强求你。"

"强［tɕʰiaŋ²¹］"只修饰动词或动词性结构，在句子中作状语。例如：

（521）我强把这一碗饭吃完叻。

（522）你也不应搁那儿强撑着叻。

（523）饭吃不咾并"不应"的合音强吃。

（524）东西搬不动并"不应"的合音强搬。

4.3.3 旋

"旋［ɕuan²¹］"在辉县话中作副词修饰谓词性结构，常用来描述突发事件，强调前后两个动作几乎同时发生，或者后一动作是前一动作的原因或结果，有"临时、当场、正要"的意思。例如：

（525）行炒菜叻旋想□［tɕʰiə³¹］"起来"的合音家没盐叻。

（526）旋出门叻，寻找不着家叻钥匙叻。

（527）快晌午叻恁大姑来叻，旋去割肉买菜。

例（525）指"正在炒菜"的过程中临时想到"家里没盐"这件事情，可能会导致"炒菜"这个动作的终止；例（526）指"正要出门"时，才发现找不到钥匙这件事；例（527）指"割肉买菜"是因为家里有客人当场实施的动作。

4.3.4 干

"干［kan⁴⁴］"在辉县方言中，作副词修饰动词表示动作的反复或者动作的发生和说话人的预料相反，隐含着说话人对它所修饰的动作发生后，不能按预期的时间完成的着急的心情。例如：

（528）饭舀叻太多叻，干吃吃不完。

（529）地就镇些儿活儿，还干干干不完。

（530）钥匙不□［tsuo²¹］ᴴ "知道"的合音放哪坨垯儿叻，干寻找寻找不着。

4.3.5 贸

"贸 [mau²¹]" 一般修饰单音节动词，可以当两种意思讲，一种是表示凭自己感觉去做，不计好坏，缺乏足够的依据，把握不大，尝试去做某事。例如：

（531）我也是贸猜叨，谁知ʰ"知道"的合音他是弄啥叨。

（532）我贸拿了□[io⁴⁴]"一个"的合音，谁□[tsuo²¹]ʰ"知道"的合音还是个最贵叨。

（533）贸碰叨呋，谁知ʰ"知道"的合音中不中。

（534）我也是贸试叨，谁知道哪□[io⁴⁴]"一个"的合音管用。

（535）你情给这儿贸说叨，招些儿他都来了打你。

（536）你也是贸问叨呋，俺这儿就有□[tsuo²¹]这个人。

（537）我今个今天是贸去叨，谁知道看叫我撞见。

另一种相当于"贸然"，表示轻率的，不加考虑地做某事。例如：

（538）你不懂可不敢贸说。

（539）这事儿可不是耍叨，你可不敢贸干。

4.3.6 胡乱

三者是一组同义词，其中"斗那[xə²¹luan³¹]"相当于普通话中的"就那样"，辉县方言中，跟它相当的还有"随便[suei²¹pianɚ³¹]"、"斗那[tou²¹nə³¹]"，它们的意义和用法都相同，一般用在谓词性成分前作状语，表示动作行为等是随意的，无所遵循的或是无根据的。"胡乱"强调没有目的，"随便儿"更强调无所遵循。这几个词也可以说是随意貌的主要附加成分，跟普通话的"随便、胡、乱、瞎"等大致相当。例如：

（540）你没事咔去外头胡乱转转。

（541）你随便儿拿□[tɕiaʔ²¹³]"几个"的合音就中。

（542）斗那就中叨，不应很给那挑。

"斗那"还常常跟"胡乱、随便儿"连用，强调随意的情状。例如：

（543）斗那胡乱/随便儿写几句妥了。

(544) 斗那胡乱/随便儿吃点儿赶紧走叻昂。

(545) 斗那胡乱/随便儿绞绞不妥了。

4.3.7 只管

"只管 [tsʅ²² kuan²¹]" 义同 "尽管"，表示不用考虑别的，放心去做。例如：

(546) 你有啥只管说，不应不吭。

(547) 他成天啥都不想，只管挣钱儿。

(548) 洋车儿_{自行车}俺今个今天不用，你只管骑走。

"只管 [tsʅ²² kuan²¹]" 还可以引申为 "老是" "总是" "一直"，置于句首。例如：

(549) 只管给你说，不敢误点儿咾，你就是不听。

(550) 只管叫你慢点儿开你就是不听。

4.3.8 死活

"死活 [sʅ²¹ xuo⁴²]" 相当于现代汉语的 "无论如何、反正、不管怎么样"，表示不管怎样结果都不变，强调动作发出者实现某种动作行为的决心，一般在句中充当状语，既可用于肯定句，又可用于否定句，具有加强语气的作用。例如：

(551) 他死活要买挪"那个"的合音遥控车，真是没法儿。

(552) 好话都说尽了，你就是死活不听。

(553) 给他说叻镇这么半天，这家伙死活没一句实话。

(554) 不管你咋打他，他死活就是不说。

(555) 他家人死活不叫他去外头干活儿，咱并"不应"的合音难为他叻。

上述例句中 "死活 [sʅ²¹ xuo⁴²]" 后若接否定结构时，多表示意愿，也有不表示意愿，而用来劝诫、命令对方。例如：

(556) 外头太热，他死活不去上补习班儿。

(557) 我是死活跟她说不到一坨儿。

(558) 你死活并"不应"的合音再来找她叻。

4.3.9 就是

"就是[tsou²¹·sʅ]"有三种语义：

第一，有"捎带、顺便"的意思，例如：

（559）看着电视，就是把饭也做了。
（560）趁着有收割机，就是把这几块儿地一收妥了。
（561）你回来咾就是把恁姥接咱家。
（562）我就是早些儿把晌午中午饭一吃就走叻。

第二，表示强调肯定，态度坚决。例如：

（563）叫你来，你就是不来。
（564）他家叻小孩儿就是不听说听话。
（565）我阳末儿现在就是看不行看不惯他。

第三，表示确定范围，排除其他。例如：

（566）就是我迟到叻，老师就一直不叫我进班上课。
（567）恁闺女啥都好，就是脾气太圪拧。
（568）将才就是我跟恁妈俩人给家。

4.3.10 亏光

"亏光[kʰuei⁴⁴kuaŋ⁴⁴]"的主观意愿比较强，表示"特别""无论如何"的意思。例如：

（569）我亏光不想动。
（570）亏光不想再搭理她叻。
（571）他亏光不再吃秦椒辣椒叻。
（572）往后我亏光不去网吧叻。
（573）挪"那个"的合音字儿我亏光想不□[tɕʰiə³¹]"起来"的合音咋写叻。

4.3.11 赖好儿

"赖好儿"[lai²¹³xau⁵³ɚ]相当于普通话的"随便、好歹"的意思，例如：

（574）赖好儿吃点儿东西，要恁瘦咋叻。

(575) 你赖好儿拾掇拾掇妥了，谁来咱家参观叻还？

(576) 你赖好儿说两句好听叻不妥了。

4.3.12 单门儿

辉县方言中的"单门儿 [tan³³mən²¹ɚ]"与普通话中的"专门"类似。普通话中的"专门"有两个意思，一个是"特地"，如"我是专门来看望你的"。另一个意思是"专从事某一项事的"，如"他是专门研究土壤学的"。辉县方言中"单门儿"只有一层意思。

"单门儿 [tan³³mən²¹ɚ]"一般用在谓词性成分前，表示某种动作行为是"有意为之"，大致相当于普通话中的"故意"。例如：

(577) 他是单门儿撮逗你叻，你还真使性啊。

(578) 她老是单门儿把水都抽到大街上。

(579) 我不是单门儿把饭弄□[kʰan²¹]洒叻。

(580) 你是单门儿来说风凉话叻呸。

4.3.13 一气儿

"一气儿 [yəʔ²¹tɕʰi³¹ɚ]"表示不间断做某事。例如：

(581) 恁爸一气儿把一二十亩地了粮食收完叻。

(582) 我一气儿吃叻仨蒸馍。

(583) 俺闺女一气儿把学都上完叻。

4.3.14 一股儿

"一股儿 [yəʔ²¹·kuɚ]"也表"一直"，有时侧重表状态持续的时间之久。例如：

(584) 今个今天去太早叻，俺一股儿等到开门儿才进去。

(585) 他就不知ᴴ"知道"的合音个饥饱，一股儿吃，一股儿吃，吃着撑着咋就不能叻。

(586) 你一股儿说好好儿学习叻，一股儿都冇见你学习过呀。

4.3.15 一星儿

"一星儿 [yəʔ²¹ɕiŋ⁴⁴ɚ]"作副词只能用于否定句，位于"不"

"没"前，并且搭配"都""也"使用，表示对否定的强调，类似于普通话中的"一点儿"。例如：

（587）□[tsuo²¹]这个事儿我真是一星儿都不□[tsuo²¹]ᴴ "知道"的合音。

（588）晌午中午做叻面条，她一星儿也不吃。

辉县方言中也用普通话里的"一点儿"，但若是强调数量之少时，多用"一星儿"。普通话中说"一点儿没"的句中辉县话多说成"一星儿也/都"。例如：

（589）给他买叻肉他一星儿也/都没吃。

4.3.16　明打明

"明打明[miŋ²¹ta³¹miŋ²¹]"表示明明白白地做某事。例如：

（590）你有啥想法，就门儿明打明叻给我说，并 "不应"的合音 老叫我猜。

（591）不管咋什，咱只要明打明叻干，谁能说啥。

（592）你可是明打明叻来这偷东西俩。

4.3.17　正儿八经

"正儿八经[tsəŋ³¹·lˠpɐʔ²¹tɕiŋ⁴⁴]"还可以作情状副词，意思相当于"好好地"，主要修饰动词和动词短语，并且可以受否定副词修饰。例如：

（593）这两天把他忙叻跑前跑后叻，你可得正儿八经请他吃顿饭昂。

（594）他都有有正儿八经学习过，能毕业才怪叻。

（595）你成天忙叻就没有正儿八经吃过饭。

4.4　时间副词

时间副词用在谓词前，表示动作行为发生的时间，也表示动作行为或情况的重复、继续。时间副词在副词中是一个很重要的类别，数量较多。陆俭明、马真（1985）曾做过统计，现代汉语的时间副词大约占副词总数的30%。张谊生（2004）指出，汉语中的时间因素在很大程度上都需要依靠时间副词来表达。

4.4.1 将

1）语义特征

《现代汉语八百词》对"刚（刚刚）"① 的解释如下：

①表示发生在不久前。我~来一会儿/~一进屋，就有人来找。

②正好在那一点上。不大不小，~好/到剧场~一点半，正好。

③表示勉强达到某种程度；仅仅。屋里挺黑，伸手~能见到五指/声音很小，~可以听到。

在普通话中，"刚刚"和"刚"意思一样，只是出于音节上的考虑，有时用"刚"，有时用"刚刚"，一般来说，单音词前面用"刚"比较自然顺当，即使在单音节前面用了"刚刚"，只是音节不太顺当而已，但也完全说得过去。在辉县方言中，"将 [tɕiaŋ⁴⁴]"和"将将儿 [tɕiaŋ²¹·tɕiaŋɚ]"意思是不相等的。"将 [tɕiaŋ⁴⁴]"的意思包括"将将儿 [tɕiaŋ²¹·tɕiaŋɚ]"的意思在内，且大于"将将儿"的意思，也就是说用"将将儿"表"刚才"的意思时，都可以被替换为"将 [tɕiaŋ⁴⁴]"，但"将 [tɕiaŋ⁴⁴]"既可表"不久以前"，相当于"才"，也可表"说话前不久"，相当于"刚才"，在"将 [tɕiaŋ⁴⁴]"相当于"才"的意思时不能被"将将儿 [tɕiaŋ²¹·tɕiaŋɚ]"替换的，只有在"将 [tɕiaŋ⁴⁴]"表"刚才"的意思时才能被"将将儿 [tɕiaŋ²¹·tɕiaŋɚ]"替换。下面是普通话和辉县方言对比的例句：

普：他昨天刚/刚刚下火车就去学校找我了。

方：他夜个_{昨天}将/＊将将儿下火车就去学校找我吶。

普：这小孩刚/刚刚开始上一年级。

方：这小孩儿将/＊将将儿开始上一年级。

"将将儿 [tɕiaŋ²¹·tɕiaŋɚ]"换作"将将 [tɕiaŋ²¹·tɕiaŋ]"就可以。

普通话中的"刚刚"是不儿化的，辉县方言中"将"如果重叠则

---

① 吕叔湘主编：《现代汉语八百词》，商务印书馆2009年版，第216页。

有儿化和不儿化两种形式，分别为"将将［tɕiaŋ²¹·tɕiaŋ］"和"将将儿［tɕiaŋ²¹·tɕiaŋɚ］"。《现代汉语八百词》认为"刚才"是名词，因为"刚才"可用在"比""跟"等介词后面；"刚才"还可以做定语修饰名词。"将将儿［tɕiaŋ²¹·tɕiaŋɚ］"也有"刚才"的上述两个特征。例如："跟将将儿一样，水还不是太热。""这就是将将儿挪'那个'的合音人。"因此"将将儿［tɕiaŋ²¹·tɕiaŋɚ］"也应该是一个时间名词，我们在这里对它进行讨论是为了和普通话的"刚""刚刚"进行比较，来说明普通话里的"刚""刚刚"和辉县方言里的"将［tɕiaŋ⁴⁴］""将将［tɕiaŋ²¹·tɕiaŋ］""将将儿［tɕiaŋ²¹·tɕiaŋɚ］"并不完全对应。

2）句法功能

①"将［tɕiaŋ⁴⁴］"用在谓词性结构前，指事情发生在不久以前，表示事件发生时间的始发点①，意思是"刚、刚刚"。例如：

（596）俺小孩儿将开始上一年级。

（597）我将来，板凳还没坐热叻。

（598）他叻病儿将好就去上班儿叻。

（599）我将从学校回来没几天。

（600）将/将将儿天还好好儿叻，咋说下就下叻。

（601）我将/将将儿还看见他唻，咋一会儿就找不着叻。

（602）我将来家冇一小会儿。

以上例子都是以说话时间为参照点，句中的"将"都不能替换成"将将儿"，"将将儿"只用来表示说话前不久，即刚刚发生的事情，而不用于不久前发生的事情。张斌先生主编的《现代汉语虚词词典》（2006）中指出："普通话的'刚'和'刚刚'区别在于'刚'不能用在句首，'刚刚'可以"，但辉县方言可以，"将"也有"刚刚""刚才"的意思，也可表示事情发生在说话以前不久，而"将将儿"只用于说话前不久，相当于普通话里的"刚才"。如例（600）、（601）。

不过，在实际说话中，上面例句中"将将儿"的使用频率更高一些，用"将将儿"也更自然一些。在这些句子中，"将""将将儿"相当于普通话中的"刚才"或"刚刚"。

---

① 邢福义等：《时间词"刚刚"的多角度考察》，《中国语文》1990年第1期。

参照点也可以为过去某个时点，"将、将将"表示的时间处于或过于某个时点前不久，紧挨在另一动作行为或事件之前发生，中间时间间隔极短。例如：

(603) 俺□［tɕiə²¹³］"几个"的合音人将将出门儿，他可就来叻。
(604) 我将从家回来没几天就又走叻。
(605) 他叻病儿将好，就去上班叻。
(606) 我将给你五块钱儿，你可花没了。
(607) 我将才/才将儿/将将儿不是给你说罢叻，你嘡忘叻？
(608) 我将将进屋儿，外头就下雨叻。
(609) 他将走到大门口，你快喊他回家来。
(610) 他将将走过大门口，你还能赶上。

表示正要发生某事，被另一事情打断。例如：

(611) 将说去寻我你叻，你嘡来叻。
(612) 他将上班儿，就叫旁谁打叻。

②辉县方言中的"将（将将）"，除了用作时间副词外，还有另外一种用法，义为"正好，合适"，是表示适中的程度副词。普通话中的"将、将将"也有表示勉强达到一定数量的用法，这两种用法也相似。

(613) 这衣裳她穿上将好儿。
(614) 这么大的房子，你们一家五口将将好住得下。
(615) 我拿叻钱儿将将够买一斤肉。
(616) 这裤小腰儿我穿着将将中。
(617) 小外甥儿将两岁。

有时候表示一种刚刚实现的情态，相当于"才"，后面还可以叠加一个"才"。

(618) 你将将才来可就走叻。

③"将将［tɕiaŋ²¹·tɕiaŋ］"还有"勉强"之义，往往需要重读，此时与时间无关。例如：

(619) 声音太少，将/将将能听见。
(620) 个儿一米六，将/将将达到要求。
(621) 这车将能□［tsəʔ²¹］下坐得下咱□［tɕiə²¹³］"几个"的合音人。

（622）今个_{今天}烙叻馍将够吃。
（623）她声音太小，我将能听见。
（624）停水叻，这水将够吃饭用。
（625）我踮着脚儿，将能够见树上叻杏儿。

还有"将将将儿［tɕiaŋ⁴⁴ tɕiaŋ²¹·tɕiaŋ］"的说法，是"将将［tɕiaŋ²¹·tɕiaŋ］"的生动形式，表示程度更为勉强或者时间更短，例如：

（626）这一回考试，我将将将儿过线。

④"将［tɕiaŋ⁴⁴］"还可用于否定结构中，例如：

（627）这一回考叻将不及格儿些儿。
（628）俺家叻绳儿将不够用。

"将［tɕiaŋ⁴⁴］"的这一用法在北大语料库中未见，与否定式相结合，表示恰好未达到预期的要求。方言中凡是与所期望的效果不契合时，即使"将［tɕiaŋ⁴⁴］"后面不是否定式，也可以搭配，例如：

（629）这衣裳叻袖将有点窄，不能穿。
（630）将差一点，不中，细，再寻个粗叻。

这里的"有点窄""差一点"都是动词词组，虽不是否定式，但它们都与理想的状态存在差距，此时用"将［tɕiaŋ⁴⁴］"修饰，表示刚好不达标准。

4.4.2 看

"看［kʰan⁵³］"在普通话中一般作动词，表示使视线接触人或物。辉县方言除动词用法和相应语义外，还可以作时间副词，表示动作行为正在进行，和普通话中的"正、正在、正好"类似。例如：

（631）走到半路下雨了，我看捎有雨衣。
（632）今个_{今天}上课老师点名儿，我看没有去。
（633）我看给这儿忙叻，你并_{"不应"的合音}很给我打电话不中！
（634）这一回给俺妈买叻衣裳看能穿。
（635）把冰箱搁这儿看正应儿。

4.4.3 行

"行［xaŋ²¹］"在普通话中只有名词、动词或量词的用法,但在辉县方言中的"行"可作时间副词,通常用来表示两个行为动作或事件同时发生,并且是一种已然的状态,与普通话的"正、正在"用法类似。例如:

(636) 我行走叨,车脚儿冇气了。

(637) 行吃饭叨,还看手机。

(638) 你看你行哭了,又去笑了。

(639) 我行说你叨,你嘎来俺家叨。

例(636)中"车胎没气"是在"走路"同时发生的,例(637)"吃饭"和"看手机"是同时进行的动作,例(638)中的"哭"和"笑"也是同时发生在一个人身上的动作,例(639)"说你"和"来俺家"两个事件同时发生,并且已经发生了。

另外,"行［xaŋ²¹］"的语义和用法与"看"相似。虽然有些时候"看"和"行"在辉县方言中可以互相通用,但两者还有一些不同之处。如例(631)"看"可以换作"行",但其他例句却不能,这是因为使用"看"的句子中的两个行为动作或事件可以同时发生,也可以有一个动作行为或事件没有发生或延迟发生,并且,"看"还带有"恰巧、恰好"的意味,既可以表示"庆幸、开心",如例(634)、(635),也可以表示"不幸、烦恼"的感情色彩,如例(632)、(633)。

4.4.4 就

在辉县方言中,"就［tsou³¹］"作时间副词时,相当于普通话的"已经"。普通话中的"就"也有这种用法,但使用频率远不如"已""已经"高,辉县方言不用"已""已经",因此,"就"涵盖了普通话中"已""已经"和相同情况"就"的用法,使用非常广泛。例如:

(640) 俺儿就大学毕业叨。

(641) 就十来点叨,赶紧走咋。

(642) 天就镇冷叨,你咋还穿一条秋裤。

"就"后边有"快""要""差不多"等词时可以用在表未然的事

态句中，例如：

（643）就快开学叻，你咋还没开始做作业叻。

（644）就快过事儿叻人叻，咋还镇不懂事儿。

表示很短时间内即将发生某事。例如：

（645）俺哥明个就回来叻。

（646）少等一小会儿，饭眼看就中叻。

表示事情发生得早或结束得早，"就"一般要有时间词语或其成分。例如：

（647）我六岁就上一年级叻。

（648）这事儿我早就知[H]"知道"的合音叻。

表示两件事情挨得很紧。例如：

（649）我吃罢饭就来。

（650）不管啥毛病儿，他一看就会修。

（651）再添一点就中叻。

4.4.5 老早

"老早[lau³¹tsau²¹]"相当于普通话中的"很早"，但比普通话的"很早"多了一些感情色彩，含有说话人对时间较长久的主观感受。例如：

（652）我老早就□[tsuo²¹][H]"知道"的合音恁俩分叻。

（653）我老早就给你说过，你就不当回事儿。

即使没有后边两小句，听话人也能感知出说话人暗示不必再隐瞒或者嫌不被告知的不满的语气。

"老早[lau³¹tsau²¹]"在辉县方言中已经凝固为表时间的副词，可以说"老早"，但却没有"老晚"的说法，原因有待进一步研究。要表达"很晚"的意思，用副词"可"加"迟"表示，例如：

（654）夜个昨天黑儿他可迟才到家。

4.4.6 眼看

"眼看[ian²¹kʰan³¹]"即可位于句中也可位于句首，表示动作行为或事件相连发生，要求前后动作或事件之间相隔的时间极短。例如：

（655）眼看俩人快打□［tɕʰiə³¹］"起来"的合音叻，他才去拉。

（656）眼看就撑上他叻，车没气叻。

（657）天眼看就要下叻，你咋还不回来。

4.5　频率副词

频率副词表示动作行为发生的频率。频率副词可以根据事件在单位时间内发生次数的多少，即所表频率的高低，依次分为高频副词、中频副词和低频副词①。

4.5.1　老

1）语义特征

"老［lau⁵³］"在辉县方言中用在句中修饰谓词性成分，谓语中心语的前面，表示事情发生的经常性，相当于普通话中的"总、总是、常、常常、经常"。"老［lau⁵³］"修饰动词或动词短语，表示动作行为在一段较长的时间内，一直持续或不断重复，这时分为两种情况。

①表示在一个特定时间区域内动作行为或状态不断重复出现。相当于"总""总是"，例如：

（658）你老好褒贬你哥。

（689）我咋老见她□［io⁴⁴］"一个"的合音人去吃饭叻。

（660）这几天老停电。

（661）他这几儿最近咋老来咱家。

例（658）修饰对方"评价哥哥"的频率高，例（659）"老"修饰对方"一个人去吃饭"，是一个重复性很强的频率副词。例（660）、（661）都是说明"停电或来我家"的次数频繁。

②表示动作行为状态在一段较长时间内持续发生和存在，并且延续的时间长，相当于"很久"。例如：

（662）你不能老坐着看电脑，站□［tɕʰiə³¹］"起来"的合音活动活动。

---

① 张谊生：《现代汉语副词研究》，商务印书馆2000年版。

（663）你老打游戏，肯定影响学习啊。

（664）这天老闷着不下。

例（662）中的"老"就是修饰对方"坐"的时间长而使用的。例（663）是对"打游戏"的时间长而使用的，说明打游戏这个行为在一段时间里持续发生。例（664）是对"天闷着"的状态持续得久的一种表述。

"老"还修饰形容词性成分时，表示事件或状态的持续性。例如：

（665）这几天这胃老/老是不得劲。

此外，在对比的语言环境中，"老"和"不"连用时，"不"用在"老"的前面，整个句子表示事情不是经常发生，发生频率较低，相当于"不经常"。例如：

（666）他俩前一时老怄气，这一时不老怄气唡。

（667）小时候你老害病，镇大会儿现在大叨不老有病叨。

与"不（没）＋老＋VP"不同，"老＋不＋VP"这个结构表示时间久，即在较长时间内一直保持不做某事的状态。例如：

（668）这几儿最近恁妈咋老不来打牌唡。

（669）恁爸为啥老不去上班？

2）语用功能

用"老［lau⁵³］"有时带有说话人不满、看不惯或嫌恶的主观色彩，如上例（661）、（663）、（666）。"老"还常和"是"搭配使用，进一步强调某种动作、事件、状态发生的高频，使语义更突出、语气更强烈，同时含有说话者对所说的动作行为或事情的抱怨或不满。但有时也只是客观地表示"经常"义，在感情色彩上属于中性，甚至有时用来夸奖别人或用于如意的事情，具有褒义色彩。例如：

（670）你老是不想动，该不是胖哩。

（671）你老是给空调屋儿不出来那会中？

（672）你咋老/老是好使性儿耍性子唡。

（673）一到热天咱这儿就老是停电，真烦气。

（674）你老不来俺家还说唡。

（675）俺老是麻烦你。

（676）他老是考俺班第一。

(677) 恁俩孩儿老是一回来就去看他姥、姥爷。

前五例都含有抱怨或不满的情绪，中间一例则属于中性，最后两例用作褒义。

如果"老是"用于祈使句中，则有警告、劝诫的意味。例如：

(678) 你并"不应"的合音老是去旁谁家打牌，招人可烦。

(679) 你并"不应"的合音老是叫他吃糖，早早儿牙都虫口有蛀牙叻。

3) "老[lau^{53}]"的历时考察

据我们考察，"老[lau^{53}]"在明朝以前和整个明朝，跟时间有关的义项，只有"年纪大"这一个义项，例如：

(680) 〔老〕夫人许了亲事，待小生得官，回来谐两姓之好，却不名正言顺。（元/杂剧/《倩女离魂》）

(681) 谁承望这即即世世〔老〕婆婆，着莺莺做妹妹拜哥哥。（元/杂剧/《西厢记》）

(682) 夫人只一家，〔老〕兄无伴等，为嫌繁冗寻幽静。（元/杂剧/《西厢记》）

(683) 辱承〔老〕先生先施枉驾，当容踵叩。（明/小说/《金瓶梅》）

(684) 〔老〕贼不谙兵法，只恃勇耳！（明/小说/《三国演义》）

(685) 山上有一〔老〕僧，法名普净，原是记水关镇国寺中长老；后因云游天下，来到此处。（明/小说/《三国演义》）

从"年龄大"到持续的"时间长"，暗含"时间长"这一线索，通过隐喻表示动作行为或状态持续的"时间长"，从而语法化为副词，这就是"老"（一直）①。根据我们对语料的考察，我们认为，"老"表示"一直"的意思最早出现在清代，例如：

(686) 又过了六年，母亲〔老〕病卧床，王冕百方延医调治，总不见效。（清/小说/《儒林外史》）

(687) 因近来代儒〔老〕病在床上，只得自己刻苦。（清/小说/《红楼梦》）

(688) 我这里〔老〕等。（清/小说/《红楼梦》）

---

① 杨睿：《时间副词"老"的语法化考察》，硕士学位论文，北京语言大学，2006年。

通过检索北大语料库，我们发现，"老"表示"经常"义，是出现在当代，例如：

（689）人家家〔老〕不来人，自己家〔老〕来人，来了就要吃饭，农村人又不讲究，到处弹烟灰。（刘震云《一地鸡毛》）

（690）现在〔老〕喝稀饭，吃咸菜、窝头，还有掺糠的玉米面饼子。（鲍昌《芨芨草》）

（691）我们单元王兴春王兴凯他爸也比较著名；二单元夜猫子他爸也〔老〕打；还有三楼李铃他爸，比较含蓄，只在家里打从不上街。（王朔《看上去很美》）

（692）最近〔老〕停电，一停电我就趁机歇斯底里嗷嗷怪叫。（王朔《浮出海面》）

4）"老[lau^{53}]"用法的比较考察

①与普通话的"老"比较

普通话中"老+形容词或动词词组"的结构，方言中用"老是"，且结构的语义都是表示消极意义的。例如：

（693）她说话老是恁横。

（694）俺爸老是闲不住。

单说"闲不住"也没有附加的感情色彩，但是"老"与之搭配，就有"埋怨对方只知道忙"的含义。"老+没+名词"与普通话表达相同，"老+不/没+动词"，方言中只有"老+不+动词"结构，例如：

（695）他俩人老不见。

普通话中"老+形容词+的"的结构，表示程度高，结构中的形容词多含有积极意义，方言中多用"可"来代替。

（696）普：河水老深老深的。

（697）方：河水可深吣。

②与辉县方言中的"肯"比较

"肯"和"老"都是表示动作经常发生，两者的区别是："老"限制动作发生的频率大于"肯"，而且"老"常带有贬义的色彩，如"他老来俺家住"和"他肯来俺家住"，前者表示说话人对他来住有厌烦的感觉，而后者只是说他经常来住这个事情。

由"老[lau^{53}]"组成的句子在口语中有很多是反话正说，其实表示对对方的指责和不满。例如：

（698）你老忙你不忙却假装很忙的样子。

（699）他老能他也很笨。

（700）她老好她也不好。

（701）你老主贵你也不受重视。

其实这几个例子，句首都可以加上"看"字，有一种提醒对方注意的意思，表示怨责和不满的语气更加强烈一些，例如：

（702）看你老忙。

（703）看他老能。

（704）看她老好。

（705）看你老主贵。

4.5.2 肯

1）语义特征

"肯[kʰən²¹]"在普通话中表示"愿意""乐意"，作能愿动词讲。但在辉县方言中，"肯[kʰən²¹]"是一个频率副词，用来表示某种动作、行为、状况经常或易于发生，并强调其一惯性，常与"可""就"搭配使用，主观上认为这是对方经常做出的动作。例如：

（706）这天他肯犯腿疼。

（707）他肯吃罢饭去外头溜达。

（708）他可肯来俺家串门儿。

（709）天一热，东西就肯坏。

（710）桃不能很放，肯烂。

（711）这几天可肯下雨叻。

（712）她小时候肯害病，长大叻身体也不好。

（713）他这几儿最近忙，也不肯来家叻。

例（706）的"肯"是一个频率很高的副词，相当于现代汉语中的"经常"。例（707）的"肯"意思是"经常饭后出去溜达"，说明去的次数较频繁。

2）"肯"用法的比较考察

与普通话的"肯"比较

（714）普：让人去请了几次，他就是不肯来。

方：叫人去请了几回，他就是不肯来。

（715）普：衣裳买大了，商家也不肯换。

方：衣裳买叨大叨，卖家儿也不肯换。

（716）普：*近来不知道他在忙啥，老师也不肯见他了。

方：近来不知[H "知道"的合音]他弄啥叨，老师也不肯见他叨。

（717）普：*小王今年肯来我家，孩子都跟他玩熟了。

方：小王今年肯来俺家，小孩儿也跟他玩熟了。

在例（714）、（715）中，辉县方言和普通话的"肯"都为能愿动词，意思和用法都相同，例（716）、（717）从语法的三个层面中的语义和语用层面来看，普通话中均为不合格的句子。而在辉县方言中，（716）、（717）则是完全合格的句子。这时"肯"理解为"经常""容易"。

但在辉县方言中，常会有"肯 [kʰən²¹]"的两种意思出现在同一句话中的现象，所以，必须根据语境才能判断出它到底为能愿动词，还是频度副词。例如：

（718）这一时，他不肯吃肉叨。

（719）她肯不肯去恁家？

如果没有具体的语境，这两句话在辉县方言中，是有歧义的句子。例（718）一意为"他最近不愿意再吃肉了"，另一意为"相对于以前来说，他近来不经常吃肉了"；例（719）一意为"她愿意不愿意去你家"，另一意为"她经常不经常去你家"。听话人必须根据一定的语境才能判断出说话人要表达的到底是哪一层意思。但如果"肯"一旦被辉县方言中表程度的"可1"修饰，这时即使脱离语境，句子也没有歧义。例如：

（720）她放伏假了来家歇，可肯来俺家串门儿。

（721）这几儿最近她可肯去商场买衣裳。

3）"肯 [kʰən²¹]"的历时考察

据《说文解字》记载：肯，小篆字形，从肉从冎省。会意。本义为着骨之肉。后假借为"可"义，作动词表示许可应允，这一用法大概在周朝时就已经有了。后来就由意义比较实在的动词引申出意义较为虚化的助动词用法，其意义接近动词，表示"愿意、乐意"，这一意义几乎与"可"义同步出现。再往后发展，普通话中依旧保留的是这种用法，但是在辉县方言中"肯"由"愿意、乐意"义又得以进一步虚化出了"经常、容易、易于"义，因为凡是人们愿意、乐意接受的事物就肯定会意味着这个事物的出现频率高，那也就是容易出现、经常出现了①。我们在清代小说中找到"肯"作为频率副词用法的例证，例如：

(722) 阎楷道："家父有个胃脘疼痛之症，行常〔肯〕犯。我累年也捎回去几次治胃脘的丸药，我只疑影这个病。"(清《歧路灯》第十九回)

(723) 凤姐儿笑道："……我这大姐儿时常〔肯〕病，也不知是个什么原故。"(清《红楼梦》第四十二回)

(724) 平儿忙欠身接了，因指众媳妇悄悄说道："你们太闹的不象了。她是个姑娘家，不〔肯〕发威动怒，这是她尊重……"(清《红楼梦》第五十五回)

(725) 雁疑惑道："怪冷的，他一个人在这里作什么？春天凡有残疾的人〔肯犯病〕，敢是他犯了呆病了？"(清《红楼梦》第五十七回)

(726) 探春便叹气说道："这是什么大事，姨娘太〔肯〕动气了。"(清《红楼梦》第六十回)

(727) 原来林黛玉闻得贾政回家，必问宝玉的功课，宝玉〔肯〕分心，恐临期吃了亏。(清《红楼梦》第七十回)

从上面的例句中可以看出，"肯"在近代汉语中已被作为表频副词经常使用，辉县方言中"肯"的这种用法只是对古语的保留。河南唐河方言②、西华方言③及确山方言中的"肯"用法和辉县方言中"肯"用法基本一致，都是有一个可以作助动词的"肯"，还有一个表频副词"肯"。

4.5.3 回儿回儿

"回儿回儿"〔xuei²¹ɚxuei22ɚ〕大致相当于普通话中的"每次"

---

① 陈媛婧：《确山方言中的几个助动词》，硕士学位论文，河南大学，2011年。
② 曹东然：《唐河方言副词研究》，硕士学位论文，河南大学，2008年，第22页。
③ 胡卫：《西华方言副词研究》，硕士学位论文，河南大学，2012年，第22页。

"经常",是一个使用频率较高的副词,用在谓语动词前面,表示其动作行为发生的频率。例如:

(728)你回儿回儿上学迟到。

(729)恁厂里回儿回儿加班儿到这时候。

(730)你不能回儿回儿都倒瞎话呗。

(731)你为啥回儿回儿都说没空儿?

4.5.4 成天

"成天[tsʰəŋ²¹tian³³]"相当于普通话中的"常、常常",但"常、常常"这两个表频副词在辉县方言中则无。辉县方言中,跟它意义和用法相当的还有"见天[tɕian²¹tʰian³³]、天天[tʰian³³·tʰian]、整天[tsəŋ²¹tʰian³³]"。例如:

(732)你成天/见天/天天/整天就知道耍,除了耍啥也不会。

(733)小闺女儿成天/见天/天天/整天是不好受叻,毛病儿真多呀。

(734)并"不应"的合音成天/见天/天天/整天骚扰我!

这四个副词虽然也是表示动作、行为或情况经常发生,但一般都带有说话者的主观态度,不是客观的描述,大都表达的是说话者看不惯或者不满的情绪。而且这四个词多表达不满的情绪,并且强烈程度不一:天天、整天＞成天、见天。

4.5.5 十里半辈儿

"十里半辈儿[ʂʅ²²li²¹pan³¹pei²¹ɚ]"指发生的频率非常低,有"偶尔"的意思,例如:

(735)他家人过叻真仔细,十里半辈儿才割一回肉吃。

(736)俺姑十里半辈儿才想□[tɕʰiə³¹]"起来"的合音来看看俺奶。

4.6 语气副词

语气副词一般用在动词性词语的前面,在状语的位置上表达说话人的感情认识。张谊生(2000)指出,语气副词的基本功用就是对相关命题或述题进行主观评注。沈家煊（2001）认为情感包括感情、情绪、意向、态度等，认识是说话人主观上对命题是否真实所作出的判断，涉及可能性和必然性等。史金生（2003）认为把能够表示上述语法意义的副词都归为语气副词。他认为有的语气副词有表语气的义项，也有其他非语气的义项，为了方便我们把它们称作语气副词，有的副词在同一义项中既有客观的意义，也有主观性，我们把这样的副词也归入语气副词。辉县方言中的语气副词非常丰富，基于史先生这样的判定标准，根据语气副词在不同语言环境中的意义的差别，我们将辉县方言按照义项数量的多少分为：①兼类词（语气副词兼其他词类）；②多义语气副词；③单义语气副词。并且，这些语气副词大部分都是表示确定语气和估测语气。

4.6.1 硬

1）语义特征

在辉县方言中可以用作形容词和语气副词。由于"硬[əŋ^{51}]"作语气副词时，所表达的语气带有很强的主观性，所以只用于主动句和祈使句中，而不用于被动句中，且常与"是/要"组合成"硬是/要"。作语气副词有四个意思。

①表示不顾条件强做某事或希望对方干成某事的一种坚决肯定的语气，带有强烈的感情色彩，相当于"一定，无论如何都"。例如：

（737）手疼叻硬是抬不□[tɕʰiə^{33}]"起来"的合音。

（738）一凡硬要来寻你耍。

（739）今个我硬要跟你评评理儿。

（740）农村叻孩儿硬要用劲儿才能有出息。

②表示故意与客观要求或客观情况相反，或者表示主意已定、执意要怎样，有"偏、就要、非得"的意思。例如：

（741）不叫他去，他硬要去。

（742）给他买个衣裳，他硬是不穿。

（743）你给他说几百遍儿叻，他硬是不听咋办。

（744）那时候叫他去，他硬不去，镇大会儿现在想去去不咾叻。

（745）那本来就不是我干唻，他硬赖给我。

（746）明明放□[io⁴⁴]"一个"的合音星期假，他硬说放五天。

（747）三星叻手机就算好叻呀，她硬是要买个苹果叻。

"硬[əŋ⁵¹]"出现在否定句中，多用否定副词"不"，而不用"没"，这是因为"硬"作为语气副词表示的是主观意向上的态度，"没"多是强调客观情况，不能突出表示主观意向。

③表示对事物、行为的真实性的肯定，有加强语气的作用，在褒义词前表示赞许，在贬义词前表示埋怨乃至厌恶，有"真的""的确""实在"的意思。例如：

（748）她硬想出去耍两天。

（749）他硬是叫饿死叻。

（750）他硬是把活儿干完叻。

（751）你硬是毒厉害，全庄儿就你考上博叻。

（752）夜个黑儿昨晚不□[tsuo²¹]ᴴ"知道"的合音咋式怎么回事唉，硬睡不着。

一般在"硬是"后，谓语是 VP/AP 前的否定形式中，常常用"有"。例如：

（753）俺弟儿硬是冇考上大学呀。

（754）镇些这么多年没见，你硬是冇变一点啊。

④表示动作行为的发出者或拟人化的物很狠心，做事很绝情，完全不顾他人的感受。例如：

（755）小孩儿作业没写完，硬叫他爹很打叻一顿。

（756）地都旱死叻，老天爷硬是不说下雨。

（757）恁爸就说叻你几句，你硬是成几天不吭他。

（758）俺俩别吵架过以后，他硬是没再喊过我。

例（755）中，爸爸打叻一个没写完作业的孩子，这不太合乎情理，表现了他的心肠硬，脾气暴躁，做事很绝情；例（756）中将老天人格化了，老天不顾庄稼要干死的事实，一直不下雨，表明老天"很绝情"；例（757）中，"好几天不跟爸爸讲话"超出了说话人的预料，并且说话人认为不跟爸爸讲话是很不对的，所以话语中含有对他的强烈不满和指责。例（758）中，"他到现在没有和说话人说过话"，超出了说话人的意料，也与说话人的希望不符，所以说话人用"硬"表达了对他的不满。

2）句法分布

①硬+动词

一般用在动词前，它所修饰的动词总带有其他成分，多为动词性短语，并且 VP 是肯定式时，多用助动词"要"。否定式后加"不"。例如：

（759）硬等玉粟玉米晒干才能收。

（760）恁爸这几年还硬能干咧。

（761）恁家闺女硬能上学呀。

（762）问她去哪唻，她硬是不吭。

（763）我叫他写作业，他硬不写。

（764）咱都我们就硬不走，看他能咋咾咱。

（765）镇大会儿现在叨年轻人硬不能吃一点儿点儿苦。

（766）今年叨天硬不下一滴儿雨。

上述例句都是主动句中，"硬"只能放在谓语动作行为的主体之后、谓语之前，说话人主要强调动作行为主体的狠心。如果出现在被动句中，"硬"则位于动作行为主体之前，说话人主要强调动作的受事主体。例如：

（767）布袋口袋叨钱儿硬叫他掏走完叨。

（768）镇这么大一块儿肉硬叫狗叨走叨。

例（767）强调叫他掏走的是口袋里所有的钱，例（768）强调被狗吃了的是那块肉。

②硬+形容词

这里的同样不能是单独的、毫无其他成分的光杆形容词。例如：

（769）肉得硬烂咾才好吃。

（770）咱等甜瓜硬熟透咾再收。

例（769）中形容词"烂"后面跟有语气词"咾"，例（770）中形容词"熟"后跟有补语"透"。

由"硬"直接修饰形容词的情况比较少见，用得更多的是将"硬"提前至句首，如例（769）、（770）一般说成：

（771）硬得肉烂咾才好吃。

（772）咱硬等甜瓜熟透咾再收。

③"硬 [əŋ⁵¹]"用于复句中

"硬 [əŋ⁵¹]"既能用于复句中的前一分句，也能用于复句中的后一分句，并且多出现在因果句或转折句中。例如：

（773）他硬是不跟我走，我也没法儿。

（774）写不出，并"不应"的合音硬写。

（775）他身体不好，还硬是不肯歇歇。

（776）不叫我吃，我硬要吃。

（777）我没打他，他硬说我打唻。

前两例用于复句的前分句中，后三例用于后分句中。

在没有上下文的情况下，表"偏""就"的"硬"和表"一定"的"硬"容易混淆，产生歧义。但如果出现在反问句中，则不会有歧义。例如：

（778）他硬要歇罢晌儿中午再来。

（779）你硬要买回来有啥用？

例（777）既可以理解为"他太累了，一定要睡完午觉再来"，也可以理解为"让他早点来，他偏要睡完午觉再来"。如果表示陈述某件事实，不带任何感情色彩，就作前一种理解；如果说话人认为对方行为不合常理，有不满的感情在里面，就作后一种理解。而例（778）则只有一种解释。

3）"硬 [əŋ⁵¹]"用法的比较考察

①与普通话的"偏"比较

"硬 [əŋ⁵¹]"修饰的动词不能是简单形式，"偏"可以，甚至所修饰的 VP 的否定形式可以省略，只剩下否定词。例如：

（780）让你别去，你偏去。

（781）*叫你并"不应"的合音去，你硬去。

（782）叫你并"不应"的合音去，你硬要去。

（783）我偏不学习，偏不，偏不。

（784）*我硬不学习，硬不，硬不。

②与辉县方言中的"硬生儿生儿"比较

在辉县方言中，语义与"硬"相当的有"硬生儿生儿"，二者在很多情况下能够互换。例如：

（785）老天爷真不会当，叫它下雨硬不下。

（786）老天爷真不会当，叫它下雨硬生儿生儿不下。

（787）不叫他吃，他要吃，叫他吃哕，他硬不吃。

（788）不叫他吃，他要吃，叫他吃哕，他硬生儿生儿不吃叻。

但是二者在语义上还是有区别的。"硬"有四种意思，而"硬生儿生儿"只有其中两种意思，一是表"偏，就是"；一是表示人或拟人化的物很狠心、做事不顾他人感受，做得很绝。所以"硬"表"一定"义和"确实、真的"义时，不能与"硬生儿生儿"替换。

另外，"硬生儿生儿"在语气上要强于"硬"。例如：

（789）恁巴说你叫你干点儿正事儿，你硬不听。

（790）恁巴说你叫你干点儿正事儿，你硬生儿生儿不听。

例（790）中说话人因听话人的不听劝而产生的不满情绪明显比例（789）要强很多。

4.6.2 可₂

1）语义特征

辉县方言中的"可 [kʰuo²¹]"除了作程度副词外，也可和普通话一样作语气副词。"可₂"主要有四种用法：表重复、转折、疑问、强调。后三种用法在现代汉语里极为常见，方言里反而较少使用；表"重复"的"可"在现代汉语里已经消失，但在辉县方言中这种用法仍然存在。根据功能的不同，读音也不一样。因此，本书着重讨论"可₂ [kʰuo²¹]"的重复义。

"可₂ [kʰuo²¹]"表示重复义，相当于现代汉语里的"又""还"，主要用在动词、动词短语及形容词、形容词短语的前面作状语。例如：

（791）不高兴叻事儿都过去叻，你可₂忘叻它。

（792）恁将走两天，咋镇这么快可₂回来叻？

（793）一想□[tɕʰiə³³]"起来"的合音他娘，他可₂难受开叻。

例句中的"可₂"都表示动作行为的再一次出现和重复发生。从这点上看，方言"可₂"似乎与现代汉语"又"相当，但其实二者也有区别。如当主语是第二、三人称时，说话者似乎不愿意看到该动作行为的发生，"你可₂忘叻它"是说不应该再提起，含有责备之义，能达到说话人提出这个话题中止的作用，而"又"却没有这种感情色彩。

"可₂ [kʰuo²¹]"常重读，一是强调某种情况已经存在，主观意识中并没有想到事情的发展会如此之快，表现出反常、出乎人的预料或跟一般情理相反，常用在动词或动词短语前，句末带语气词"叻"。例如：

（794）你可₂回来叻！

（795）恁你们可₂到大连叻！

（796）才来学两天，你可₂就想家叻。

（797）还没放假，你咋可₂回来叻？

例（794）是对对方回来的速度快而感到惊讶。例（795）对到大连的速度快表示惊奇。例（796）是对这么快就想家这件事感到出乎意料。例（797）是因与在不放假时间出现的听话人的行为表示奇怪。

二是用在数量词或者表示数量词短语的前面，表事物的数量多、时间晚、时间长等，说话人常表现出惊讶的语调，让听话人有种紧迫感。例如：

（798）恁你们可₂装叻两大车粮食叻！

（799）你可₂有三十叻！

（800）镇大会儿现在可₂十二点叻！

（801）我给武汉可₂六年叻！

例（798）表达说话人对对方装车速度之快的吃惊，例（799）有说话人主观上认为对方年龄有点大。例（800）若出现在具体的对话中，往往会有言外之意。例（801）表示说话人主观意识中并没有想到时间过得如此之快的意思。

（802）A：镇大会儿现在几点了？

       B：十二点。

       A：你来叻时候才八九点，这可₂有十二点叻！

通过对话可以感知发话人有让对方离开的意思。有时候会表示惊讶，有时候会行使另外一种职能。

此外，"可₁ [kʰəʔ⁴⁴]""可₂ [kʰuo²¹]"还可同现，对中心语强调的程度减弱，表比较的程度，句末一般用语气词"叻"。例如：

（803）这两天可₁［kʰəʔ⁴⁴］可₂［kʰuo²¹］镇热叻。

句中"可₂"减弱了"热"的程度，"可₁"强调天气"可₂热"了的程度。"可₂"和中心语之间可加副词"镇这么"。

2）句法分布

表疑问和祈使语气时多用"可₁［kʰəʔ⁴⁴］"，表陈述语气时根据语境的不同可以变换使用"可₁［kʰəʔ⁴⁴］""可₂［kʰuo²¹］"，这也是辉县方言"可"的特殊之处。

①表陈述语气

"可₁［kʰəʔ⁴⁴］""可₂［kʰuo²¹］"附加于谓词性成分之前，表示"的确、真的、确实"，有加强语气的功能。例如：

（804）他可₁／可₂知道叻。

（805）镇这么些儿可₁就二十斤。

（806）镇这么些可₂有叻，差叻多叻。

（807）你走咾可₁就剩我□［io⁴⁴］"一个"的合音人俩。

（808）你可₂走回来叻。

（809）俺妈做叻饭可₁好吃俩。

（810）你可把锅□［liou⁵³］ᴴ"里头"的合音叻饭倒□［pan⁵³］扔掉叻。

（811）你可₁来叻，俺都都等你俩钟头儿俩。

（812）你可₂来叻，俺都还冇出发俩。

（813）你可₁考上大学叻。

（814）你可₂考上大学叻。

（815）你可₁吃完叻，你冇看看就剩咱俩叻。

（816）你可₁吃完叻，我叻还冇端□［tɕʰyə³¹］"出来"的合音俩。

（817）咱可₁把活儿干完叻，要使死咾叻。

（818）咱可₂把活儿干完叻，旁谁都还冇动势儿叻。

上述例中，如果是"可₁"强调所期待的事情终于实现，有释然的口气，相当于"好歹、终于"的意思；如果是"可₂"则表示说话人对某事对对方已经知道的惊讶和好奇，有难以相信的意思。

所以，辉县方言"你可₂来叻"≠普通话"你可来了"。普通话中，此处的"俩"为情态副词，起强调作用，表达一种欣喜之情，但辉县话中不这么说，若要表达这种欣喜之情，一般会说"你可是给来了"，并且把"可"字特意加重并延长，以突出个人情感。

"可₁[kʰəʔ⁴⁴]"用在陈述句中表强调时也常用作"可得"，相当于"一定、必须"。例如：

（819）下一星期我结婚，你可₁记些儿来昂。

（820）他去哪儿叻咱都不知道，她可₁知道。

（821）咱都是熟人儿，你可₁得便宜点儿昂。

（822）今年可₁得早点种玉粟，年时去年个种太迟叻。

有时，在不同的语境中，"可₁[kʰəʔ⁴⁴]"既可表肯定义又可表否定义，这种情况常出现在对话中。例如：

（823）A：你看这鞋是不是珍珍叻？

　　　　B：可₁不是，我说咋找不着叻，恁小狗涎走叻。

（824）A：恁闺女放假给家也不出来耍，很用功学习叻。

　　　　B：她可₁是用功，成天给家上网看电视。

例（823）中的"可₁[kʰəʔ⁴⁴]"与后面的单个谓词一起单独回答问题时，往往用否定的形式表示肯定的意义，意思是"这就是珍珍的鞋"；例（824）中则是用肯定的形式表示否定的意义，意思是"她一点都不用功"。句中的"可₁不是"与普通话"可是"相同，表示同意、确实的意味。

②表疑问语气

"可₁[kʰəʔ⁴⁴]"用在否定句中，表示说话人以质问的语气追问对方，表现出对某人某事的不满、有惋惜的意思。句末可不必使用语气词，有强烈的反讽作用。例如：

（825）你可₁有本事（叻）？

（826）你可₁并"不应"的合音听我说（昂）。

（827）你可₁不早点儿来，早来，还用排镇长对？

例（825）是对于对方"有本事"的质问，在辉县方言中常用这种语气来质问对方，对听话人表现出狂妄态度的不满。例（826）为对对方不听话的"不满、气愤"，在语言上又没有办法直抒胸臆，只有用反语来表达。例（827）是对对方不早点来的"责备、埋怨"，有"早知如此"之义。

元曲《三战吕布》二折："平身！可不早说？喏！报的元帅得知，吕布索战。"例（827）"可"这种表疑问的用法，辉县方言中一直在沿用着元代的说法。

③表祈使语气

"可₁[kʰəʔ⁴⁴]"表示祈使，语气比较缓和，要求第二个动作在第一个动作完成后紧接着完成。例如：

（828）你去小铺儿咾可₁给我捎包儿烟昂！

（829）你听他都他们说话咾可₁给我记本儿上昂！

用在祈使句中，强调必须如此，表示劝说，但语气恳切，有嘱咐义。例如：

（830）人家帮了咱镇这么大忙，咱可₁得好好儿谢谢人家。

（831）下回可₁得小心点儿！

（832）你可₁得来昂！

（833）你可₁得好好儿哄哄她。

3）"可₁[kʰəʔ⁴⁴]"的历时考察

"可₁[kʰəʔ⁴⁴]"作为表达高量级程度副词的用法，元代就有。许少锋（1997）① 主编的《近代汉语词典》列举了"可"的释义。

（834）莫厌追欢笑语频，但开怀好会宾，寻思离乱可伤神。（马致远《黄粱梦》二折）

（835）这厮可无礼也！你放心，我与你做主。（元·《延安府》一折）

另外"可"在元代也有用来加强疑问词的作用。

（836）〔张千云〕六房吏典，有甚么合佥押的文书？〔内应科〕〔张千云〕可不早说？早是酸枣县解到一起偷马贼赵顽驴。（关汉卿《蝴蝶梦》二折）

（837）〔辛子报科云〕可不早说？报的三将军得知，有夏侯惇走了也。（《博望烧屯》三折）

因此，我们认为，辉县方言程度副词"可₁"很可能就是近代汉语"可"用法的延续。

---

① 许少峰：《近代汉语词典》，团结出版社1997年版，第631页。

4）与"可"搭配的固定词组

①可是

辉县方言里的副词"可是"不同于普通话的连词"可是"。具体用法如下。

A. 相当于语气副词"可"，语气更重。例如：

(838) 我可是早就告你说叻昂。

(839) 这一回我可是过够瘾叻。

但"都+可"与"可+副词"的格式中的"可"不能换作"可是"。

B. "可是"还可以表示否定的意义。例如：

(840) 你要是镇式这样弄，我可是愿意叻。

(841) 他可是老实叻，都是装叻。

(842) 我把它放这儿可是占你叻地张儿叻。

②可可儿

"可可儿"是在"可"的基础上重叠儿化后形成的固定词组，表示两件事情或两种情况的巧合，有"恰好、刚好、偏偏"的意思，强调在一个时点事、物遇合的偶然性，侧重于同时性。例如：

(843) 他可可儿把我叻车开走叻。

(844) 今个今天可可儿叫我逮着你去网吧叻。

(845) 我可可儿给家住叻□［io^{44}］"一个"的合音月。

例(843)指他别人的车不开，偏偏把我的车开走了，例(844)有"刚刚好，恰好碰到"的意思，例(845)指在家待的时间刚刚好一个月，有"足足"的意思。

普通话"可"也有"合适，符合"的意思，但用作动词，例如：

(846) 这回倒可了他的心了。

"可可"表"恰恰，正好"义在元明白话作品中常能见到，例如：

(847) 我那里不寻，那里不觅？你可可在这里。(石子章《竹坞听琴》一折)

(848) 今日买卖十分苦，可可撞见大官府，一个钱儿赚不的，不如关门学擂鼓。(武汉臣《生金阁》一折)

(849) 既不是你杀人，怎么这尸首可可的在你后门？(《杀狗劝夫》

四折)

（850）这几年我不曾见你说有甚么兄弟，今口可可的就认的是你兄弟。(李文蔚《燕青博鱼》二折)

（851）唐斌那枝箭，可可地射着一个军卒右股，但射的股肉疼痛，却似无箭镞的。(《水浒传》第九十四回)

（852）那高才入了大门，径往中堂上去，可可的撞见高太公。(《西游记》第十八回)

（853）妇人道："来！我不信一个文墨人儿，他干这个营生。"(《金瓶梅词话》第十九回)

（854）及至他昨晚得了信，今日天不亮便往这里赶，赶到青云堡褚家庄，可可儿的大家都进山来了。(《儿女英雄传》第二十一回)

以上例句皆摘自许少峰《近代汉语词典》（第632页）。辉县方言中的"可可"和"可可儿"与这些例句中的"可可""可可的""可可儿"意义和用法相同，都表示事物的偶然遇合。这可以看作辉县方言保留近代汉语语法内容的一个表现。

③可点儿

程度副词"可点儿"与普通话的"太""特别"相似，但"可点儿"与"可"相比，"可"带有较强的客观性，也可以表现出较强的主观性，"可"可以在客观的立场上叙述、评价说明一件事情具有的性状、程度；而"可点儿"带上较强的主观色彩，客观性很弱，对事物性状的描写带有或强或弱的主观感情色彩，并且表示的程度更高，超出了说话人心中所预设的最高程度，多用于不尽如人意的事情。例如：

（855）他长叻可高。

（856）他长叻可点儿高。

前一例是对"他长得高"的正面评价，并且带有喜爱、夸张的意味，而后一例虽然也承认"他长得高"这一事实，但是说话人觉得"过于高"，带有"不喜欢"的口气。

"可点儿"的句法搭配具体情况如下：

A. 可点儿+形容词

（857）新玛特儿卖叻衣裳可点儿贵。

（858）恁婆可点儿厉害，不说一点儿理就。

B. 可点儿+否定副词+形容词

（859）□［tsuo²¹］这个扣儿缀叻可点儿不结实，还没穿就又掉叻。

（860）你阳末儿现在可点儿不老实。

C. 可点儿+名词

部分名词可以进入"可点儿+名词"这一格式中，受"可点儿"的修饰，例如：

（861）他俩叻关系可点儿铁。

D. 可点儿+否定副词+名词

（862）他可点儿不是个东西，成天打老婆。

（863）你老是可点儿憨形，学叻不出奇。

E. 可点儿+动词

与前面说的"可+动词"的用法一样，能够进入"可点儿+动词"格式的动词既可以是心理活动动词，也可以是一般动词，例如：

（864）你瞧他挪那个样儿，可点儿会巴结人，我就不能看他。

但是，一般动词中的动作动词不能进入"可点儿+动词"格式，刁晏斌（2007）《试论"程度副词+一般动词"形式》中提到了这种形式中一般动词对程度副词的选择性和相关原因。例如：

（865）＊他可点儿蹦。

F. 可点儿+否定副词+动词

这一格式中，否定副词否定的是动词所表示的动作，"可点儿"强调程度高。例如：

（866）我可点儿不忍心叫他镇这么小去外头打工。

G. 可点儿+动词短语

与"可+动词短语"情况一样，只是"可点儿"的语气更强，强调的程度更高。"可点儿+动词短语"也可分成三种情况，即动宾短语、动补短语、动词+方位名词构成的短语。例如：

（867）我好长时候没往家叻，可点儿想往家。

（868）她动不动就使性儿，我可点儿烦她。

（869）他挪那个人可点儿靠不住，滑叻很。

（870）咱站叻可点儿靠后，根本看不见演叻啥。

4.6.3 就

"就 [tsou³¹]"用作语气副词时,有以下两种用法。

表示长期以来未变,有"一直、一向"之义,相当于普通话中的"从来",有"强调"的语气。例如:

(871) 我说话就不算数儿。

(872) 毕罢业,我就没见过他。

(873) 她口音就没咋变。

(874) 俺舅就好喝酒。

表示"反倒""反而","就"在此表示的语气更加强烈,相当于普通话的"竟然",有"惊奇""不可思议"的语气。例如:

(875) 将打罢春,就有人穿结鞋叻。

(876) 才过叻几天,你就把事忘叻。

(877) 冇有人教他,自己就学会骑洋车叻。

例(875)"刚打过春"天气依然寒冷,本不应该穿单鞋,可已经有人换成单鞋。原句中只提出了这一情理的原因,即"刚打过春",而真正的情理"不应该穿单鞋"省略不说,由此突出惊讶的语气。例(876)也是如此,经过时间并不长,本不该忘记事情,事实竟然是忘记了,出乎意料的语气更重。例(877)对在没有教的情况下,"他学会骑车"这件事表示惊讶,一般指较小的孩子。

4.6.4 才

普通话中"才"的用法很多:一是用于时间,表示不久以前发生:"前天才长起来的""才到家就下起雨来了";表示事情实现的晚或慢:"天都黑了,他才把活儿干完";表示前一行为实现后,开始下一行为:"先买了几瓶酒喝了半天,这才开始上主食"。二是用于数量,表示说话人认为数量少或不及预料的多,句中多有数量短语:"排了两天队,才买到一张票","才走俩月,你就不认识了,真是贵人多忘事儿"。

除以上用法外,辉县方言中"才 [tsʰai³¹]"用作副词,后接谓词性成分,强调确定的语气,多与语气词"叻"连用,带有一种自我安慰的语气。例如:

（878）这事儿你并不用问我，我才不知道叻。

（879）你才能叻，方叻都能给旁谁说成圆叻。

（880）他这两天手气才好叻，打牌把把抠。

（881）我才不愿搭理他恁些叻。

（882）他才不是个东西叻。

（883）我才不稀罕叻。

（884）我心□［liou⁵³］ᴴ"里头"的合音才不难受叻。

（885）我才不给你叻，给你咾，管我就没有叻。

例（879）在表示强调肯定的同时，还带有反语、否定的意味，有批判的语气。

用在"才+形容词+叻"结构中，表示程度加深，相当于"非常、特别"既能用于褒义也能用于贬义形容词之前，"才"表示程度时，经常拉长声调，读成重音。当"才"表示强调的对象是事实，多含有对比申辩意味，态度强烈，主观上强调情状达到的程度高于比较对象所达到的，意思相当于"更"。例如：

（886）□［tsuo²¹］ᴴ 这个黄瓜才嫩叻。

（887）这菜才香叻。

（888）她长叻才俊叻。

（889）挪床躺着才得劲叻。

（890）他家才有钱叻。

（891）他会来事儿，你才会来事儿叻。

（892）你瘦，她这才叫瘦。

例（891）、（892）两例都有明显的比较，例（891）强调"你"比"他"还会办事儿，例（892）强调"她"比"你"瘦，两例在对比的同时，又带有申辩的意味。

4.6.5 清

"清［tɕʰiŋ⁴⁴］"用在谓词性成分前，其后常跟判断动词"是"，形成固定用法"清是"，只是语气上比"清［tɕʰiŋ⁴⁴］"更强烈，表示说话人对已经发生的事情感到惋惜，大致跟普通话里的"可惜""白白"的意思相近，例如：

（893）恁好叨个机会，清/清是叫你错过咧。

用在谓词性成分前，表示强调大致相当于普通话的"确实"。例如：

（894）恁家那俩孩儿清是争气，□［io⁴⁴］"一个"的合音比□［io⁴⁴］"一个"的合音有成色。

（895）双喜儿这人清/清是中，啥都会干。

（896）阳末儿现在叨小孩儿清/清是不知ᴴ"知道"的合音操心，都早早儿不上学叨。

用在谓词性成分前，普通话中没有与之相当的词，大致为"无论怎样都……"的意思，例如：

（897）咱叨门儿不知ᴴ"知道"的合音咋叨，清/清是开不开叨。

（898）都毕业镇这么些这么多年叨，我清/清是想不□［tɕʰiə³¹］"起来"的合音他叫啥。

（899）我叨眼发炎都俩月叨，没少用药，清/清是不好。

4.6.6 咋

"咋［tsa⁵³］"一般表示惊讶，预料不到的语气，读音拉长且重读。例如：

（900）恁些人闲着叨，你咋就寻找上我叨。

（901）咋是你唻咧！

（902）你咋还坐那儿不动叨。

"咋［tsa⁵³］"有时说成"咋什［tsa⁵³·sʅ］"，表示不管怎样，无论如何，有确信，不容置疑的语气。例如：

（903）今年我咋什都得把论文写完。

（904）我叨毕业典礼你咋什都得回来。

（905）去外头要咋什不得个个把星期。

4.6.7 情

1）语义特征

辉县方言中的"情［tɕʰiŋ⁴²］"后接谓词性成分，表示不必考虑别的，某种动作或行为的发生按照自己的意愿去做，它有两种用法，我们分别记作"情₁""情₂"。

①"情₁"用于中性的语境，相当于普通话中的"尽管、只管"①，表示放心、大胆去做某事，有"劝勉、鼓励"之义。这种用法在河南浚县、罗山、南阳三地方言中都是存在的，不过读音略有差异。例如：

（906）你情₁吃叻，俺都都吃罢叻。

（907）你情₁说叻，谁也不敢把你咋咾！

（908）情₁好好儿耍叻，来一回也不容易！

（909）恁情₁走叻，并"不应"的合音等我。

由以上例句可以看出，这类"情"字句通常不是单说的，一般要有后续句，在语义上补充说话人劝勉对方所依据的因由，内容上包括描述事实、解释道理、给出承诺，有"只管放心地、尽情地"的意思，含有支持、纵容的意味。这时的"情₁"置于后句的用例也是很常见的，上述例句均可变换为：

（910）俺都都吃罢叻，你情₁很吃叻。

（911）谁也不敢把你咋咾，你情₁说叻！

（912）来一回也不容易，情₁好好儿耍叻！

（913）并"不应"的合音等我，恁情₁走叻。

②"情₂"用在比较消极的动作行为前，含有说话者的不满、气愤的感情，表达"劝诫、警告"之义，普通话里没有与之完全对应的词，大致相当于"如果再……就……"的意思。虽含有否定之义，但却不能简单地用普通话的"不要"来替换。例如：

（914）你情₂不听说叻，恁爸回来也得收拾你！

（915）你情₂很吸叻，吸□［tɕʰyə³¹］"出来"的合音毛病我可不管你！

（916）情₂耍叻成天，看你开学咾作业咋弄！

（917）你情₂学孬种叻，看恁爸回来不收拾你！

（918）你情₂给那儿胡扯叻，不怕旁谁打你。

辛永芬（2006）指出这一"情"字一般用于背景句中，主语一定不是第一人称②。荆文华（2010）则具体分析了与之关联的后续句的三

---

① 荆文华：《河南新乡方言中的语气副词"情"》，《文学教育》2010年第8期。
② 辛永芬：《浚县方言语法研究》，中华书局2006年版，第150—151页。

种类型：第一，直接点明将引发的不良后果，以示警告；第二，通过设置难题引导听话者权衡利弊，实现间接劝阻；第三，揭露现实条件的不足，反证行为的不可行性①。在笔者看来，上述三类都可归纳为一点，即说话者以前句所述行为可能引发的不良后果来发出警告，进而传达出"看似祈使，实为劝阻"的言外之意。要理解这层含义，听话者必须正话反听：从表层语义来看，"情$_2$"可以理解为"情$_1$"，体现说话者对听话者所作所为的默认或纵容——"消极祈使"，但后续句所述将然性后果却给听话者以警告甚至威胁。要避免恶化情况的出现，听话者不得不有所顾忌，进而或者降低妄为的程度或者终止恣意的行为。从例句字面上即可看出，"情$_2$"所修饰的谓语部分通常是消极的动作行为，"不听话"本身就是错误的，而"很吸"之于"吸烟"，"成天玩"之于"玩"又是不适量的。因而，其深层句义当是"消极禁止"。说话者通过陈列严重后果的委婉方式，提示听话者在恣意妄为之时进行对与错的反思或得与失的权衡，进而意识到所作所为的不合适，从而谨言慎行。

在语境不够明确的情况下，听话者无法准确判断说话者的主观"意向性"，"情"字句就可以作出"劝勉"和"劝诫"两种截然不同的理解。例如：

（919）这钱儿你情花叻！

→这钱儿你情花叻，咱有哩是钱儿！（劝勉义）

→这钱儿你情花叻，花完咾我可不管你！（劝诫义）

2)"情[tɕʰiŋ^{42}]"的历史考察

明代白话小说中有此用法，例如：

（920）大圣不恋战，只情跑起。（《西游记》第六回）

（921）行者那里肯放，执着棒，只情赶来，呼呼吼吼，喊声不绝，却赶到那藏风山凹之间。（《西游记》第十二回）

（922）经济听了，记在心内，安抚王六儿母子："放心，有我哩，不妨事，你母子只情住着，我家去自有处置"。（《金瓶梅词话》第九十九回）

---

① 荆文华：《河南新乡方言中的语气副词"情"》，《文学教育》2010年第8期。

4.6.8 总

普通话中的"总"用于条件句,表示结果的确定性,强调事情或情况必然会如此,相当于"毕竟""终于"①,辉县方言也有此用法。例如:

(923) 恁妈相不中咱,我总不能死皮赖脸非寻你呀。

(924) 你只要好好儿学习,总会学习好叻。

但与普通话不同的是,在表示估计、猜测时,它不用于数量的表达而是表示对不好事件或情况的估测,有时带有挑衅的意味。例如:

(925) A:车咋还不来了?

B:并"不应"的合音急,都这时候了,总快来了。

(926) 恁都你们总快不能叻,看到时候咋收拾恁。

(927) 总快该打你叻。

4.6.9 瞎板

"瞎板 [ɕyəʔ²² pan²¹]"常含有说话人对他人的一种轻视、嘲笑语气,意义相当于"明明",出现在"瞎板……,还很/可……"句式中。例如:

(928) 看他挪样儿,瞎板啥都不会,还好喜欢逞能。

(929) 你瞎板没理,还硬要跟旁谁说恁些儿咋了。

(930) 你瞎板不会开,还非开旁谁叻车,怼毁叻这你不吭叻。

(931) 她瞎板听不懂,还装叻血像。

4.6.10 半年

"半年 [pan²¹·nian]"作副词在辉县方言中使用频率很高,表示发觉以前不知道的情况,带有出乎意料、恍然醒悟的意思,相当于普通话的"原来"。常用在句子开头或主语之后,这时所强调的重点也不同,并且都可以在所强调的成分前加上"是"来突出强调重点。例如:

(932) 半年(是)你寻我,我还当谁唻哩。

---

① 张斌:《现代汉语虚词词典》,商务印书馆2001年版,第763页。

(933）你半年（是）寻我，我还当谁唻哩。

(934）半年（是）你过年明年毕业，我还当今年叻。

(935）你半年（是）过年明年毕业，我还当今年叻。

(936）半年（是）你把俺家叻铁锨拿走叻。

(937）你半年（是）把俺家叻铁锨拿走叻。

(938）半年（是）你搁屋儿睡叻，我还当你还有回来哩。

(939）你半年（是）搁屋儿睡叻，我还当你还有回来哩。

以上例句所强调的重点明显不同，前者强调主语，后者强调宾语。

我们认为，"半年"作副词形成的语义基础，可能是由"半年"表时间来的。一开始说话者不知道这件事，经历了一段时间之后，说话者发现了事情的真相，恍然大悟，可能是由最初的夸张用法"我找了半年才发现"义发展而来，后只保留"半年"，其他部分则隐含不现了。最后"半年"在辉县方言中逐渐成为表语气的副词。

4.6.11 真个儿

"真个儿 [tsən^{44}·k^{ɣ}ɚ]"与"果然、果真"义同，表示"确实、的确如此"，对猜测得到了证实或抱有疑问的进一步肯定，相当于普通话中的"真的"。例如：

(940）这事儿真个儿不能镇式这样弄。

(941）你并"不应"的合音捣骗我昂，俺哥真个儿回来叻？

(942）真个儿是你唻？

(943）我真个儿将从家过来。

(944）小俊真个儿是大叻，□[tsuo^{21}]^H "知道"的合音打扮叻。

(945）听旁谁说空调降价叻，我去了真个儿是。

"真个"表确然语气，在唐代就有用例，如王维《稠黎居士浙川作》："侬家真个去，公定随侬否？"《水浒传》中，此词用得较多，如第三回："俺只指望痛打这厮一顿，不想三拳真个打死了他。""智深道：'真个不卖？'"

4.6.12 正儿八经

"正儿八经 [tsən^{21}·lɣpeʔ^{21}tɕiŋ^{44}]"是"确实"的意思，表示对客

观情况真实性的充分肯定。此时，它一般不受否定副词的修饰，但修饰否定成分。具体用法如下：

1）正儿八经＋（不）＋形容词

（946）论文正儿八经（是）不好写，真不是跟你说要叻。

（947）这电影儿拍叻正儿八经不赖。

（948）恁妈□［io^{44}］"一个"的合音人把你养活大正儿八经（是）不容易。

（949）农村出来叻能混到这一步正儿八经不容易呀。

"正儿八经"和"是"两个语气副词连用，加强了对事实真实性的确认，充分强调了表达的那种语气。例（946）是说论文确实不好写，加上"是"更进一步强调了事实上论文不好写，无须怀疑。

并且，"正儿八经"可以直接修饰单音节性质形容词。例如：

（950）他这人正儿八经中。

（951）她正儿八经长叻俊。

2）正儿八经＋（不）＋动词/动词短语

（952）你遇上个这事儿，我心□［liou^{53}］^{H} "里头"的合音正儿八经不得劲。

（953）夜个黑儿昨天晚上他正儿八经没跟我一起儿喝酒。

3）正儿八经＋（不）＋介词短语＋动词短语

（954）今个晌午今天中午我正儿八经没去打牌儿。

（955）将才刚才我正儿八经去街买菜唻。

在一定语境中，"正儿八经"可以放在名词或主谓短语的前面，但应该看作判断句"是"的省略句。省略"是"，不仅强调了事实的真实性，也凸显出事物的特点。例如：

（956）这菜正儿八经我做唻。

（957）这钱儿正儿八经我挣唻。

4.6.13 敢

1）语义特征

语气副词"敢""敢是"在现代汉语方言中很常见，广泛使用于东北官话、中原官话、晋语、客家话、闽语等方言中①。《现代汉语词典》（第5版）对"敢"和"敢是"的释义如下：

敢¹：①有勇气，有胆量；②动助动词，表示有胆量做某种事情；③动助动词，表示有把握做某种判断；④＜书＞谦辞，表示冒昧地请求别人；⑤名姓。

敢²：＜方＞副莫非；怕是；敢是。

【敢是】＜方＞副莫非；大概是：这不像是去李庄的道儿，～走错了吧？

结合词典的释义来看，辉县方言的"敢"[kan⁵³]跟"敢¹""敢²"的意义和用法既有相同之处，又有不同之处，异大于同，"敢是"的意义和用法也更加丰富。下面对"敢（是）"的使用特点进行详细分析。

2）句法分布

"敢[kan⁵³]"是辉县方言估测类语气副词中使用频率极高的一个词，有很浓的主观色彩，常在句中作状语修饰谓词，当说话人对表达内容语感上倾向于肯定时，通常和"是"组成"敢是"出现在句中，且只限于陈述句和疑问句中。

①"敢[kan⁵³]"用于是非问句中，表示说话人对已然或未然事件的推断或估测，大致相当于普通话中的"也许""恐怕"。它的后面也常跟"是"同现，"敢是[kan⁵³·sʅ]"用在句中可使语气显得缓和，表示不很肯定的估量，并带有希望或意愿的意味。例如：

（958）你今年敢有五十了咊？

（959）包儿上挪ᴴ"那个"的合音窟窿敢是叫老鼠咬烂叻嘡？

（960）这一篇作文你敢是给网上抄叻咊？

（961）做谮些这么多饭，咱都敢吃不完咊？

（962）明个明天叻这时候儿，你敢能到学嘡？

（963）恁家这两天很装修房了，敢是恁儿要娶媳妇儿叻咊？

前三例用在已然句中，是对已发生的事情进行推测，后三例用在未然句中，是对将要发生的事情进行估测。其中例（959）、（962）分别表示肯定"窟窿是老鼠咬的"，估测"你能到学校"。例（960）、

---

① 许宝华、宫田一郎：《汉语方言大辞典》，中华书局1999年版。

（963）分别用来推断"写作文"的方式和"装修房子"的原因。显而易见，说话人对可能性的推断较有把握。这是因为，"敢（是）"前通常都会出现提供背景信息或补充说明的小句，即使没有出现这种小句，话语中的听话人也能领会到其中的隐含意义。

此词宋元以来运用颇多，例如：

（964）这敢是你哥哥杀了人来么？（元曲《杀狗劝夫》四折）

（965）你原说袈裟五千两，锡杖二千两，你见朕要买，就不要钱，敢是说朕新倚恃君位，强要你的物件？（《西游记》第十二回）

②用于反问句中，用肯定的形式表达否定的意思，相当于"难道、莫非"，后面常搭配动词词组。例如：

（966）你想这法儿，敢会中？

（967）他敢会去做饭？

（968）恁谱忏这样弄敢办成事儿（咾）？

（969）天敢漏了（嘎）？

（970）就你这条件儿，她敢会相中咾？

以上例句均含有责备义，表示说话者对对方的动作行为或客观发生的事情的"不满"情绪。这种责怪可以针对对方或第三者，也可以针对自己。

如果"敢是［kan^{53}·sʅ］"前后都是名词词组，则还有"惊讶、恍然大悟"的意思。例如：

（971）哎呀，弄了半天，俺哥寻找挪"那个"的合音人敢是你？

③用于陈述句中，多为"敢是"，表示说话人对某种情况或结果的出现进行否定，含有反语、讽刺、埋怨、责备、气愤的语气。例如：

（972）叫他去教学，敢是能教好。（反语）

（973）给我借钱儿，我敢是有钱儿叻。（否定）

（974）你跑恁快，我敢是能撵上你咾。（埋怨）

（975）你敢是数学好叻，俺都我们不胜你。（讽刺）

（976）我敢是想他叻，天天费气。（责备）

（977）他俩敢是要典礼叻，早就吹叻。（气愤）

观察上述例句我们发现，无论"敢是"所在的分句居前还是居后，它一般都出现在因果类复句的小句中，且位于核心动词前，表示依据事理发展所推测出的必然结果，如前三个例句中的"敢是"出现在假设句中，后三个例句中的"敢是 [kan^{53}·sʅ]"出现在因果句中。

④用于固定句式"NP/VP + 敢是 + NP/VP + （叨）"或"敢是 + NP/VP + 叨"中，"敢是"的反诘意味已明显消失，用来加强确定的语气，表示不必怀疑，同时还隐含有委婉、娇嗔的语气，但是前面必须有提供理由的词语，或者后面含有转折义的句子。与普通话中"当然"的意义和用法类似。例如：

（978）给那儿吃叨好、住叨好，他敢是不想家。

（979）食堂叨饭没个油水儿，敢是不好吃。

（980）好看敢是些好看叨，就是太贵。

（981）他挪那个人能敢是怪能，就是太好事。

（982）去敢是能去叨，只要你不嫌麻烦。

（983）动敢是能动，就是腿筋儿可疼。

这一结构多是站在双方的角度——从己方来说是请求对方不要干什么，从对方来说是干了就会产生对其不利的后果，充分体现了交际中的礼貌原则。在《山西晋语语法专题研究》①中也提到了类似的用法：

临县：好佬敢好咧么，就是贵咧。

太谷：炒佬敢能炒勒么，不过肯定不好吃。

以上两例的"敢"在句中的分布也很灵活，可以随焦点的不同而居于不同的位置，例如：

临县：敢好佬好咧么，就是贵咧。

太谷：敢炒佬能炒勒么，不过肯定不好吃。

在辉县方言中，还可直接使用"敢是 + NP/VP"结构，但是完全是站在己方的角度，有意要求对方不要做什么。例如：

（984）敢是好看叨，就是太贵。

（985）敢是能去叨，只要你不嫌麻烦。

（986）敢是中叨，嘴皮儿都快磨破了。

（987）敢是会做了，都教他几百遍儿了。

---

① 郭校珍：《山西晋语语法专题研究》，华东师范大学出版社2008年版，第44—45页。

笔者在《红楼梦》中发现两例"敢自",用法和辉县话中的"敢是"相同。

贾环听了,不免又愧又急,又不敢去,只摔手说道:"你这么会说,你又不敢去,指使了我去闹。倘或往学里告去握了打,你[敢自]不疼呢?遭遭儿调唆了我闹去,闹出了事来,我握了打骂,你一般也低了头。"(清/小说/《红楼梦》第六十回)

贾琏又笑道:"[敢自]好呢。只是怕你婶子不依,再也怕你老娘不愿意。况且我听见说你二姨儿已有了人家了。"(清/小说/《红楼梦》第六十四回)

辉县方言中的"敢是"是否应为"敢自",有待进一步考察。

3) 句中位置

"敢[kan⁵³]"只能出现在主语后,而"敢是[kan⁵³·sɿ]"在句中的位置相对较灵活多变,既可在主语前,也可在主语后,或易位到句尾。例如:

(988) 今年天真旱,这玉粟苗儿敢(是)不中了。

(989) 今年天真旱,这玉粟苗儿不中了,敢(是)。

(990) *敢这玉粟苗儿不中了。

(991) 敢是她相不中你吧。

①对人称的选择

"敢(是)[kan⁵³·sɿ]"所在句的主语通常是第三人称或其他指示代词。例如:

(992) 这电视剧敢演完了。

(993) 我看车给家了,恁爸敢回来了。

(994) a:挪ᴴ"那个"的合音 小孩儿咋成天往地爬?

b:那谁□[tsuo²¹]ᴴ"知道"的合音,敢是有人管吧。

例(994)虽然看似没有主语,其实是隐现在了对话中,指"挪那个小孩儿"。

②与句末语气词的搭配

辉县方言中"吥""噗""咾""叻""俩""嘤"这六个语气词均

可用于陈述句和疑问句末①，语气副词"敢（是）"在句中常常与其搭配使用。其中"吓""嚄""嘡"与"敢（是）"共现时只能出现在疑问句末，其他语气词则不受限制。例如：

（995）往新乡叨车敢走罢叨吓？

（996）恁舅跟恁妗又嚷吵架叨嚄？

（997）下谮这么大叨雨，恁爸敢回不来哪。

（998）狗很叫了，敢是有人来叨。

（999）这时候她还不来，敢是没赶上车嘡？

（1000）他开车，你骑个破洋车儿自行车，敢是撵上咾。

③单独回答问题

"敢（是）［kan⁵³·sɿ］"可以单独回答问题。例如：

（1001）a：小二儿家媳妇敢（是）快生了吧？

　　　　b：那，敢（是）。

4）"敢（是）［kan⁵³·sɿ］"用法的比较考察

①"敢［kan⁵³］"与"敢是"比较

"敢［kan⁵³］"与"敢是"的相同之处在于：第一，意义相同，都是表示对人、事物比较肯定的猜测、估计。第二，都是用在谓词性成分之前作状语。第三，都能单独回答问题。同时，两者也有一定的区别，具体表现在：第一，句类选择不同。"敢［kan⁵³］"可用于反问句，"敢是"不能。第二，两者后置或单独回答问题时，"敢"较"敢是"的句法位置灵活。"敢［kan⁵³］"可连同主语一起移位，但由于"敢是"句的主语常常隐现，所以它只能单独移位，隐现的主语也常常不会出现。例如：

（1002）他睡醒了，敢。

（1003）睡醒了，他敢。

（1004）瞧你脸色黄叨，有病了，敢是。

（1005）*瞧你脸色黄叨，有病了，你敢是。

第三，"敢［kan⁵³］"可用于各个时态，也可用于非现实句中，而"敢是"不能用于将来时。例如：

---

① 穆亚伟：《辉县方言语气词研究》，硕士学位论文，华中师范大学，2013年。

（1006）赶黑儿他敢都到家了。

（1007）＊赶黑儿他敢是都到家了。

（1008）a：她咋哭了？

　　　　b：敢（是）又使性了。

② "敢是"与"敢+是"比较

汉语中语法形式和语法意义有时并不是一一对应的，一种语法形式可以表示多种语法意义，辉县话中的"敢是"亦是如此。例如：

A：（1009）敢是小狗儿给外头挠门儿叻。

（1010）敢是这条路。

（1011）胰子肥皂亏光不糙圪渣污渍，这假叻敢是。

B：（1012）拖谱这么长时候不发工资，今年又不中叻，敢是。

（1013）a：车又没气了。

　　　　b：敢是气门筋儿毁了。

（1014）a：她咋回娘家不回来叻？

　　　　b：敢是俩人佮气吵架唻。

同样是"敢是"的语音形式，但 A、B 两组却是完全不同的语义：A 组的例（1009）是用"敢"这个语气副词对"是……叻（的）"这个强调格式进行估测，例（1010）是用"敢"对"是这条路"进行估测，例（1011）中"敢是"虽然移位至句尾，但是"是"在此是系词，三个例子中的"敢"和"是"都是这两个词在话流中的连用；而 B 组的"敢是"则是一个语气副词，如例（1012）、（1013）、（1014）的"敢是"分别是对"今年又不发工资""气门筋儿坏了"和"俩人吵架"这些事件进行估测，一定程度上，其词汇意义主要是由"敢"承担，而"是"仅是一个由原来的判断词经过语法化而成的"后附成分"。

另外，我们通过层次分析法可以明显看出 A、B 两组结构上的不同。例如：

（1015）敢是这条路。

（1016）敢是佮气唻。

③ 与普通话比较

普通话中与"敢（是）"的意义和用法相近的语气副词是"大概、

莫非"。三者都可以用来表示推测语气，含有"可能"的意思。例如：

（1017）他敢有十来年没回老家了。（辉县方言）

（1018）他大概有十来年没回老家了。（普通话）

（1019）他敢/大概/莫非又没考上吧？

不同之处在于：在表示估计、推测的疑问句中，"大概"的客观性较强，而"敢""莫非"的主观性较强，对事情的把握相对较小，三者之间在确信度上大概＞敢＞莫非。"莫非"的主语一般不能为第一人称，而"敢是""大概"则不受这种限制。例如：

（1020）我大概/敢/＊莫非赶不上今个叻火车了。

④与辉县方言语气副词"管"比较

"敢"和"管"的相同之处在于，第一，它们都可以用来表示推测语气。例如：

（1021）赶黑儿他敢/管来不咾叻。

第二，两者都可出现在是非问句中，用于对已经发生或将要发生的事件的一种揣测。此类问句的预设是：说话人对事实虽有一定的主观判断但还不太肯定，需要对方给予证实，疑问的语气较弱。例如：

（1022）他走罢了敢/管？

（1023）小孩儿叻暑假作业敢是/管是照着答案抄来吓？

第三，二者在句中的位置十分灵活，既可以位于句首，也可以位于句中和句末。例如：

（1024）她敢/管要不中叻。

（1025）敢/管又使性了她。

（1026）天要下叻管/敢。

不同之处有两点：其一，在疑问句中表推测语气时，"敢"较"管"的确信度弱。"敢"倾向于怀疑，"管"倾向于肯定，把握性较大。例如：

（1027）你敢/管把作业写完叻吓？

其二，用在陈述句中，"敢"侧重于对可能发生事情的推断，而"管"表示对现实情况的再次说明，强调结果完成的好坏。例如：

（1028）狗敢/管把骨头吃完了。

⑤与晋语相近用法比较

A. 与唐河①方言副词"敢是"作比较

"敢是"在唐河方言副词中不表示推测语气，而是常用在谓词性成分前表示一种肯定的语气，有加强语气的作用，和普通话中的副词"当然"意义相近。在辉县方言中，语气副词"敢是"不仅可以用来表示推测语气的，而且也能起加强语气的作用。例如：

（1029）又不给工资，干了也是白干，他敢是不想去。（唐河方言）

（1030）又不给工资，干了也是白干，他敢是想去。（辉县方言）

（1031）俺奶做动饭老是舍不儿舍不得放油，敢是好吃。（辉县方言）

需要强调的是，在表示加强语气的作用时，辉县方言常用肯定的形式表示否定的意思，并且带有不满、责备或反感的语气，如例（1030）、（1031）分别表示的是"他不想去""奶奶做的饭不好吃"，而唐河方言则只是纯粹的表示强调。

B. 与志丹②方言"敢"作比较

志丹方言的"敢"可作测度副词，表示对事情的估量、推测。与辉县方言的"敢"相比较，不同之处在于：

第一，志丹方言中的"敢"可以与"个"或"是"连用，表示揣测语气，而辉县方言中的"敢"只能与"是"连用，表示推断，并且句末必须搭配语气词。例如：

（1032）领导不在，明天的会敢个开不成。（志丹方言）

（1033）领导不在，明个叨会敢是开不成叨。（辉县方言）

第二，志丹方言中的"敢"在陈述句中可用句末语气词"也"，而辉县方言的"敢"用在陈述句或疑问句中皆可，句末常搭配语气词"叨/呗/嚯"。例如：

（1034）今儿后晌今天下午燥热燥热的，敢下大雨也。（志丹方言）

（1035）今个今天天闷叨很，敢下大雨叨/嚯/叨嚯/叨呗？（辉县方

---

① 曹东然：《唐河方言副词研究》，硕士学位论文，河南大学，2008年，第75页。
② 王鹏翔：《陕北志丹方言"敢"》，《咸阳师范学院学报》2009年第5期。

C. 与安阳①方言"敢"作比较

安阳方言的"敢"作为揣测副词，表达认识情态，也常与"是"组合，但是只能出现在句首或句中，位置不及辉县方言的"敢（是）"灵活。例如：

（1036）他敢（是）不知道咋来这昂嘞。（安阳方言）

（1037）敢是他不知道咋来这昂嘞。（安阳方言）

另外，在表示否定意义时，安阳方言可以有"敢（是）+不/没"，而辉县方言则是通过前后小句和重音来确认意义的改变。例如：

（1038）他敢是□［tsuo²¹］ᴴ "知道"的合音咋来这儿叻。

在辉县方言中，重读"敢（是）"，则是否定的意思。

D. 与其他方言比较

开封方言属于中原官话的郑开片，李敏（2011）②指出：第一，开封话的"敢"一般不与"吧"配合使用，其陈述对象几乎没有面指的"你"；但辉县话的"敢"常与句末语气词"叻哝"共现，且不排除第二人称。例如：

（1039）榆林阳会儿敢跟过去不一样了。（开封方言）

（1040）榆林谱大会儿敢和那会儿不一样叻哝？（辉县方言）

（1041）他阳会儿敢有个一官半职了。（开封方言）

（1042）你阳末儿敢有个一官半职叻哝？（辉县方言）

第二，开封话的"敢"不会出现在疑问句句式中，而辉县话的"敢是"则可以。例如：

（1043）看他挪样儿，敢是大概中奖哩？（辉县方言）

（1044）看他那样，敢是中奖啦。（开封方言）

第三，开封话的"敢"只能出现在句中或句末，但辉县话则句首、句中或句末皆可。例如：

（1045）*敢他不知道咋来这嘞₂。（开封方言）

冯爱珍③指出闽南语中的语气副词"敢"有如下特点：

---

① 王琳：《安阳话"当么"与"敢"的语法化及主观化》，《殷都学刊》2009年第2期。
② 李敏：《开封方言估测类语气副词研究》，硕士学位论文，河南大学，2011年。
③ 冯爱珍：《从闽南方言看现代汉语的"敢"字》，《方言》1998年第4期。

第一，句法位置相对固定，通常只出现在疑问句的句中。而辉县方言的语气副词"敢"在句中的位置相当灵活，出现的句式也不局限于疑问句，还可以是祈使句和一般的陈述句。第二，意义简单。而辉县方言的"敢"的意义较丰富，同时虚化的程度也更高，保留了动词"敢"在语法化过程中的各个环节。第三，语用功能单一，被看作把陈述句变成疑问句的一个"疑问标记"。而辉县方言的"敢"除此以外还能使句子语气变得委婉。

连城客家话的"敢"① 意义比较单一，仅表"可能"，但其语法位置很灵活，可以构成"敢 VP""VP 都敢""敢 VP 都敢"的结构。由于项梦冰（1997）在文中未说明连城客家话的已虚化的"敢"是否是语气副词或语气词，所以还需根据语言实际进一步调查分析。

5）与"敢"搭配的固定词组

"不敢"在现代汉语中是助动词"敢"的否定形式，表示"没有胆量做某事"，辉县方言中也有类似的用法，主语一般是第一人称和指人的第三人称。例如：

（1046）他不敢给他妈说钱儿包儿叫偷走了。

（1047）我胆儿小叨很，天黑□[io^{44}]"一个"的合音人不敢出门儿。

但在辉县方言中，"不敢"[p y^{22}kan^{31}]还常作副词，表示否定的语气，为"不应该、不可以或不能够"的意思，主要用来制止说话人不认可的行为，含有"告诫或警告"的语气，这时主语多为第二人称和指物的第三人称，句法环境多为祈使句。例如：

（1048）不敢往外扔东西！

（1049）不敢叫俺爸瞧见昂！

（1050）不敢把小镊往嘴□[liou^{53}]^H"里头"的合音□[zu^{53}]放。

（1051）你不敢喝凉水，招些儿小心肚疼。

（1052）水深叨很，你不敢去河□[liou^{53}]^H"里头"的合音浮水儿游泳昂。

（1053）将刚买的衣裳不敢很搓，招搓烂洗破咾。

（1054）插板儿不敢沾水，招些儿小心漏电。

---

① 项梦冰：《连城客家话语法研究》，语文出版社1997年版，第445—447页。

4.6.14 管

"管〔guan²¹³〕"常与"是"搭配使用,表示对行为、性状的推测,用法与"敢是"相近。例如:

(1055)咱家叻狗管是叫人拴着叻。

(1056)一到放假,小孩儿们管是都去上补习班叻。

但是"管〔guan²¹³〕"和"敢"又有区别:"管〔guan²¹³〕"除了表猜测估计外,一般还根据一定的条件,有理据地表示对现实情况的确认。例如:

(1057)你说话真是得理不饶人啊,管把恁妈气叻不能行。

(1058)你这两天管歇通叻。

4.6.15 只帮

1)语义特征

"只帮〔tsʅ⁴⁴paŋ²¹〕"是辉县方言中表推测的语气副词,常出现在谓词性成分之前,带有一定的主观性,主要用来表示说话人根据自己的判断对某事情或某情况说出心中的猜度、揣测,相当于普通话的"可能、恐怕"。例如:

(1059)他只帮是真不想去。

(1060)河水只帮没多深吥。

(1061)他只帮是头一回吃海鲜嚘。

(1062)你叻箱恁么沉,咱叻车儿只帮禁不动吥。

以上例句中,"只帮〔tsʅ⁴⁴paŋ²¹〕"常与表示疑问的语气词"吥""管""嚘"搭配使用,并且这几个语气词常常与"叻"连用,共同来增强"不确定"的语气。例如:

(1063)她只帮得了啥葩_{不好病}儿叻吥。

(1064)咱爸只帮是去睡叻管。

(1065)恁爸天不明都从家走了,谱大会儿现在只帮早到叻管。

(1066)挪"那个"的合音绳只帮有点儿短叻嚘。

(1067)他只帮是手机没电叻嚘,要不咋老是打不通。

假设信疑之间有一个连续统且可以用"度"来表示的话,那么

"敢"是具有高确信度的估测类语气副词,而"只帮"是具有低确信度的估测类语气副词①。陆俭明曾在讨论副词独用时认为,有些副词特别是双音节副词在独用时可加上句末语气词。② 例如:

(1068) A:你真是我的好朋友。
　　　　B:本来嘛!

(1069) A:你放假了吗?
　　　　B:没呢。

无独有偶,辉县话的"只帮[tsʅ⁴⁴paŋ²¹]"也具有这样的语法特点,但是与现代汉语普通话不同的是,不但在独用时其后可带上语气词"叻",就是在它只作为句中副词用时后面也经常连带上"叻"。例如:

(1070) A:恁嘡回来叻?
　　　　B:那只帮叻,飞机就是快。

此处"叻"是一个有完句功能的语气词,即使把后分句"飞机就是快"去掉也不影响整个句子的表达,况且在辉县人的习惯中,多数时候,后面表原因的分句因在交谈双方的预设例或常识里常常被省略掉,这时"那只帮叻"就是一个完整的句子。

此外,"况门儿叻"的形式在辉县话中也更为常见,但不同于普通话"也许""大概"和"只帮"的是,它不能独用,只能做句中语气副词用。例如:

(1071) 这蒜苗儿怪好,况门儿叻镇贵。

(1072) 不是恁家狗丢了,况门儿叻不心疼。

(1073) 谁稀罕去她家呀,况门儿叻就你好去。

从上述例句可以看出,不管"况门儿"是哪个义项,都可在其后加上"叻"。并且,语音上有停顿。其他的单、双音节语气副词没有这种用法。

2) 句法分布
①与"是""有"的组合
"只帮"除了可以与判断动词"是"共现外,还可与"有"连用。

---

① 齐春红:《语气副词与句末语气助词的共现规律》,《云南师范大学学报》(哲学社会科学版)2007 年第 3 期。

② 陆俭明:《现代汉语副词独用刍议》,《语言教学与研究》1982 年第 2 期。

例如：

(1074) 今个恁家只帮有客咊。→今个恁家有客咊，只帮。

(1075) 你给武汉只帮有四五年叻吧。→你给武汉有四五年叻，只帮有。

(1076) 这只帮是恁家丢挪"那个"的合音狗。→这是恁家丢挪"那个"的合音狗，只帮是。

(1077) *恁叻粮食只帮都收回家叻咊。→恁叻粮食都收回家叻，只帮收。

通过以上例句我们可以看出，当句中谓语动词是"是"或"有"时，都只能出现在"只帮"后，并且发生移位时要连同谓语动词一起移到句尾。但如果谓语是其他的动词，则只有"只帮"单独移位，谓语动词仍在原位。

单音节的"敢""管""兴"与"有""是"组合时也可连带移位至句尾，且在答句里可连同"有""是"一起回答问题。例如：

(1078) 这马蜂窝敢是你捅咊。→这马蜂窝你捅咊，敢是。

(1079) 他离开家管有三年叻。→他离开家三年叻，管有。

(1080) 咱都兴是瞎高兴一场。→咱都瞎高兴一场，兴是。

(1081) A：你今年敢有三十吶。

　　　B：那，敢。/那，敢有。

②与语气间的共现

"只帮 [tʂʅ⁴⁴paŋ²¹]"常出现在疑问句中，这与它表示"估测"的语气密切相关，并且常与表"揣测、不确定"的语气词"咊"共现，在此语气词"叻咊"连用的现象也很普遍。当然，语气词"咊"与疑问句并没有必然的联系，只是它所表达的语气与疑问句"估测、疑问"的语调更加相容。例如：

(1082) 阳末儿恁儿你儿子进女澡堂洗澡只帮都不叫进叻。

(1083) 这街□[liou⁵³]ᴴ "里头"的合音只帮是冇ᴴ "没有"的合音厕所儿。

(1084) 阳末儿恁儿你儿子进女澡堂洗澡只帮都不叫进叻咊？

(1085) 这街□[liou⁵³]ᴴ "里头"的合音只帮是冇ᴴ "没有"的合音厕所儿咊？

例（1084）、（1085）分别是由例（1082）、（1083）后加上"呗"得到的疑问句，后者较前者增加了疑问的语气，且需要得到回答，但是其疑问语气是由整个句子的疑问语调决定的，并不是"呗"直接赋予的，它起到使原来的估测的语气变得更加不肯定的作用。

4.6.16 弄么

"弄么 [nuŋ²¹·mo]"是表估测的语气副词，大致相当于普通话中的"大概、可能"，我们推测可能是普通话中"弄不好"在方言中的变异运用，但它与"弄不好"还是有区别的，普通话中"弄不好"可以说是一个正在虚化中的词组，还没有完全成词①。例如：

（1086）这个项目如果他弄不好，我就让小王接管。

这里的"弄不好"很显然是个动补结构的词组，意思是"弄得不好"。而下面这个例句就是词了，表示的是"推测"义。

（1087）看她路都走不成了，弄不好叫□[tuei²¹]撞叻不轻。

普通话中还有一种情况不好判断，例如：

（1088）这种病闹不好是要截肢的，甚至有生命危险②。

这句话可作两种解释：①这种病如果闹不好的话，是要截肢的，甚至有生命危险。②这种病也许是要截肢的，甚至有生命危险。

这种处于两可状态下的动补结构，离开具体的语言环境单独根据句意有时是很难判断，即使有一定的语言环境也未必，所以不能判断"弄不好"是词组还是词。但辉县方言中的"弄么"却是单纯表示"估测"的副词，句法位置相当灵活，且常与"敢"连用。例如：

（1089）俺哥弄么又不回来吃饭叻。

（1090）敢黑儿，天弄么敢下雨。

（1091）弄么他俩年底敢典礼。

4.6.17 不羌

"不羌 [pɛ³³ tɕʰiaŋ⁴⁴]"是辉县方言汇总使用频率很高的一个词，

---

① 鹿钦佞：《"搞（弄/闹）不好"的功能及其语法化》，《汉语学习》2008年第1期。
② 鹿钦佞：《"搞（弄/闹）不好"的功能及其语法化》，《汉语学习》2008年第1期

"羌"在此是借音字，待进一步考证。"不羌"表示说话人根据一定事实基础，对某种性状或行为不一定出现进行的或然性推测，带有说话人很强的主观色彩，大致相当于普通话中的"可能不、大概不、不一定"。例如：

（1092）家镇这么忙，我不羌去，恁都你们先走吥。

（1093）这一包粮食镇这么沉，恁爸不羌能背动。

（1094）俺家啥也没有，她不羌想跟我。

（1095）他俩典罢礼结完婚不羌回不回来住叻，恁先并"不应"的合音扯急着急盖新房。

（1096）俺姐不羌给他瞧有瞧叻，恁先问问再说。

（1097）我今个今天不羌去不去叻，恁并"不应"的合音给我准备饭昂。

（1098）玉粟玉米这时候还不羌中咾嚯。

以上例句"不羌 [pɛ³³ tɕʰiaŋ⁴⁴]"多用于动词前，且常出现于"V不/有V"结构之前，即使用在形容词前，也可以很自然加上能愿动词"能、会"，如上例（1098）也可说成"玉粟玉米这时候还不羌能中咾嚯"，说话人认为这样的事情发生的可能性不太大。

此外，"不羌 [pɛ³³ tɕʰiaŋ⁴⁴]"也可以单独回答问题，表示说话人的主观推断。例如：

（1099）A：恁儿你儿子今年能典礼不能？

　　　　B：不羌。

（1100）A：两点从家走，不堵车咾，个把钟头儿就到高铁站了。

　　　　B：不羌。

（1101）A：镇小一包玉粟我□[io⁴⁴]"一个"的合音人就能背走。

　　　　B：不羌。

在河南郑州、周口、唐河等地也有用"不羌"作副词用以表达"可能不"和"不一定"的意思，且发音和用法都大致相同。例如：

（1102）他不羌去，咱走吧，不叫他了。[1]（郑州）

（1103）这么多年不见，他不强认哩我。[2]（商水）

---

[1] 弓弯弯：《郑州方言的语气副词研究》，《华中人文论丛》2014年第1期。
[2] 邓凤灵：《商水方言语气副词研究》，硕士学位论文，河南大学，2007年，第28页。

（1104） 白再盛（饭）了，他不□［tɕʰiaŋ²⁴］吃了。① （唐河）

4.6.18 况么儿②

"况门儿［kʰuaŋ²¹·məɚ］"在辉县方言中也是表示对某种情况进行推测、估计，常用于谓词性成分前，大致相当于普通话的"可能、大概、恐怕"。与"只帮"不同的是，它除了用于单句，更多的是出现在复句中，带"况门儿"的分句表示估测，另一个分句指明估测的原因，一般用于第二、第三人称。例如：

（1105） 恁这房盖叻况门儿都一二十年叻嘅？

（1106） 放假都没见过恁哥，况门儿没回来管？

（1107） 况门儿他得啥病了，你看他脸黄叻。

（1108） 她妈挂着呼吸机从医院拉回来了，况门儿不中叻。

"况门儿［kʰuaŋ²¹·məɚ］"在具体的语境中其意义会有所不同，是一个渐变的过程。试比较：

A：（1109） 天镇这么冷，街上卖叻菜况门儿可贵。

（1110） 她相不中你，你天天死皮赖脸，况门儿也不中咊？

（1111） 恁家人多粗呀，说个话况门儿能把人噎死。

B：（1112） 要不是放假了，况门儿你也不会天天睡咊？

（1113） 我不做饭，况门儿你也不会去做咊？

（1114） 咳嗽不好好治，况门儿不好不容易好咊？

C：（1115） 这肉不吃完，况门儿放不到黑起晚上。

（1116） 他家挪"那个"的合音小孩儿呀，不打他一顿，况门儿都不□［tsuo²¹］ᴴ "知道"的合音个害怕。

D：（1117） 给外头干几年活儿，况门儿就你都不会说土话方言叻咊。

（1118） 我一往家，况门儿想吃啥吃啥。

A组都是单句，具有很强的估测意味，主观性比较强，略相当于普

---

① 曹东然：《唐河方言副词研究》，硕士学位论文，河南大学，2008年，第74页。

② 辉县话的儿化音比较发达，同时，在河南其他方言中也普遍存在儿化音，比如郑州话、许昌话、平顶山话、周口话、南阳话等。

通话的"大概""估计"等。如 A 组例（1109）可理解为"天这么冷，街上卖的菜估计/大概会很贵"。

B 组则是复句，且前后分句间都是因果关系，如例（1112），如果没有前分句"放假"的语境铺垫，单独一个后分句"天天睡觉"就很难让人理解且不能成立。与 A 组相比，B 组的估测意味有所减弱，比如例（1113）是对推断"你不会去做饭"这种结果的委婉的肯定，与普通话中的"恐怕"意义相当，如例（1114）可理解为"咳嗽不好好治，恐怕不容易好"。此外"况门儿"还多了承接两个分句的功能，略相当于普通话中的"那么"。如例（1113）可理解为"我不做饭，那么你也不会去做"。

C 组相比 B 组来说，估测义逐渐消失，如（1116）中强调"知道害怕"的结果是在"打了他一顿"的条件下产生的，因果关系更加凸显，此时的"况门儿"相当于普通话的"就"。

D 组"况门儿 [kʰuaŋ²¹·məɚ]"出现的环境既可以是单句也可以是复句，并且其后常搭配出现表强调语气的"就"，加强表示肯定的语气。当然其他的估测类语气副词也可出现在"就"前面，但由于其义项的单一，我们不会将其理解成"肯定"语气，试比较：

（1119）他况门儿就说你一句难听叨，并"不应"的合音很置气生气昂。

（1120）他敢就说你一句难听叨，并"不应"的合音很置气生气昂。

两个例句虽然形式相同，但具体语境的语感则不同，例（1119）意为：他就说了你一句难听的，不是很多句，"况门儿 [kʰuaŋ²¹·məɚ]"在此表达的是"肯定"的语气，而例（1120）意为：说话人认为或估计他也许/可能说了一句难听话，也许是两句，总之意在说的少，不太肯定，"敢"表达的是一种倾向于肯定的估测。

4.6.19 八成儿

"八成儿 [pɤ⁴⁴tsʰəŋ⁴²ɚ]"的本义识表示比率的"八成"（十分之一就是一成），辉县人用它来表示对所述事情的把握已经有八成了，虽然还有两成没有把握，但其所表语气已经较为确定，主观性很强，与普通话的"很可能"较为接近，常与"是"结合使用，且受它所修饰的成分多是说话人认为不好的事情。例如：

(1121) 他俩叻婚事儿八成儿是黄了。
(1122) 他八成儿是还不□[tsuo²¹]^H "知道"的合音他爷老去世了。
(1123) 咱家叻狗叫人逮吃叻，八成儿。
(1124) 看她笑叻欢叻，八成儿是有啥好事儿。
(1125) 他叻腿八成儿能走叻。
(1126) 恁儿你儿子平常学习就好，八成儿能考上个好大学。
(1127) 他八成儿是不中叻，嘴□[liou⁵³]^H "里头"的合音叻气儿光出不进叻都。

以上例句中受"八成儿[pɤ⁴⁴tsʰəŋ⁴²ɚ]"修饰的动词都是双音节的动词或动词结构，单音节的都是表示"不好"意义的词。

4.6.20 大约摸儿

"大约摸儿[ta²¹yə⁴⁴·məɚ]"该词一般位于句子开头或谓词性成分前，相当于普通话的"大约"，表示对数量、时间等大体上的一个估计、猜测。例如：

(1128) 我大约摸儿搁在心里算了一下，也有多少钱。
(1129) 小闺女儿，大约摸差不多就中了，并不识足知足。
(1130) 大约摸儿再等个个把钟头他就出来叻。
(1131) 你大约摸儿有个二十来岁儿。
(1132) 我大约摸儿盘哄，不一定看正应儿正好。

4.7 肯否副词

辉县方言中的这类副词数量不多，表肯定的副词有"可得、保准、清门儿"；表否定的副词"不、没、冇、并"。

4.7.1 可得

"可得[kʰɤ⁵³tɛ²¹]"表示对某事的必要性、肯定性，有企盼、希冀的意味，与普通话中的"必须、一定"有类似的用法。例如：

(1133) 小孩儿明个结婚你可得来昂。
(1134) 往后你可得长记性叻。

（1135）开车可不是耍叻，可得小心叻。

（1136）你到学可得好好儿学叻昂！

4.7.2 保准

"保准 [pau⁴⁴tsuei²¹]"表示承诺、企盼。表示对某种情况的估计和推测，在估计和推测情况的过程中，语气是非常肯定的，相信自己的推测是正确的，有"承诺、企盼"的意思。例如：

（1137）明个明天俺保准把货送到。

（1138）我敢保准他结罢婚叻。

（1139）他保准今个今天来不咾叻。

（1140）你保准不会做这一道题。

（1141）我保准能把她娶回家。

（1142）咱打赌儿咪，明个保准要下雪。

（1143）今年玉粟叻产量保准高。

例（1137）是对"明天把货送到"的肯定，是一个肯定副词。例（1138）"保准"是确定"他结婚了"，发话人根据自己主观上的判断推测出来的结果。

4.7.3 清门儿

"清门儿 [tɕʰiŋ²¹mə⁴⁴ɚ]"表示"的确，一定"的意思，含有"辩解、证实"的意味，其后常跟"就"来进一步加强语气。例如：

（1144）这事儿清门儿就是他干唻。

（1145）俺清门儿就没去过她家。

（1146）你说□[tsuo²¹]这个事儿我清门儿就不知道。

4.7.4 冇

普通话最常用的否定副词有"不、没、别"三个，基本分工是：① "不"，否定主观意愿（可指过去、现在和将来），如"我不吃"是"我不想吃"的意思；② "没"用于客观叙述[①]，有两种语法意义，分

---

① 吕叔湘：《现代汉语八百词》（增订本），商务印书馆1999年版，第383页。

别记作"没₁"和"没₂"。"没₁"否定客观事实,如"他没吃"是"他没有吃"之意,指吃这种事实还没有发生。"没₂"否定领有事物,如"他没时间"的意思是不具有时间①;"别"表示禁止和劝阻②,"你别哭"应是"不应该哭"。

辉县方言的否定副词有"不""冇""并""没得""不得"五个,基本分工是:"不"用法与普通话相同(本书不作分析),"冇"对应普通话的"不"和"没₁""没₂","并"对应普通话的"别","没得"对应普通话的"没有","不得"对应普通话的"不能"。具体分析如下。

表示否定主观意愿、态度,相当于普通话"不"的用法。如:

(1147)我后来也冇敢跟他说这事儿。

(1148)我就冇打算去恁家。

表示否定某种已经发生的事实,相当于普通话"没₁"。例如:

(1149)我真冇去过北京。

(1150)我冇上过大学。

(1151)俺冇吃过老鳖。

表示否定事物性质的动态变化,相当于普通话"没₂"。例如:

(1152)菜还冇炒好叻,恁俩人等会儿再喝昂。

(1153)天还冇开始冷叻,你就穿上棉袄叻。

(1154)馍冇熟叻,再等会儿昂。

(1155)布还冇织好叻,你就来接班儿叻。

表示否定事物的存在或对事物的领有。例如:

(1156)我布袋儿冇钱儿,没法儿借给你。

(1157)看揶劲儿,家□[liou⁵³]ᴴ"里头"的合音冇人。

(1158)俺那儿囊那里就冇种藕叻。

表示否定动作曾经发生。例如:

(1159)俺都真冇看见谁把恁儿带走叻。

(1160)他真个儿冇偷恁家叻玉粟玉米。

---

① 肖亚丽:《贵州锦屏方言的否定词》,《方言》2010年第1期,第3页。
② 吕叔湘:《现代汉语八百词》(增订本),商务印书馆1999年版,第83页。

辉县方言中，"冇 [mɛ⁵³]"可以兼有"不"的意思，例如："教练冇叫俺去"有"教练不想叫俺去"和"教练没有叫俺去"两个意思，前一个意思是否定主观意愿，后一个是否定客观事实。造成这种现象的原因是"冇 [mɛ⁵³]"兼有"不"的用法，只有放在具体的语境中才能消除歧义。例如：

(1161) A：教练叫恁去叻嘍？

B：他嫌俺开叻不好，没叫俺去。

(1162) A：教练叫恁去叻嘍？

B：他没联系上俺，没叫俺去。

在例（1161）语境中，"没叫俺去"是"嫌弃开得不好"，否定的是主观意愿；例（1162）的语境中"没叫俺去"，是"没有联系上"的意思，否定的是客观事实。

4.7.5 并

"并 [piŋ²¹]"表示"不要、甭"的意思，我们认为"并 [piŋ²¹]"是"不应"的合音，"应"为"用"的音变，具有使然意。施其生认为，"使然"义即有某种因素使其如此，包括说话人使然、主客观使然和使动者使然三种情况[①]。

表示禁止或劝阻对方做某事，有"无须、没有必要"的意思。例如：

(1163) 你并吭叻，说恁些有啥用！

(1164) 你并听她给那儿瞎胡扯。

(1165) 并看叻，都回去吥。

(1166) 并走叻，今个就给俺家住吥。

(1167) 肉早煮烂叻，并再烧火叻。

(1168) 天不咋热叻，并开空调叻。

(1169) 你并瞎说叻昂！

表示微不足道，有引以为豪或不值得一提的意思，带有夸张的意味。例如：

[①] 施其生：《汉语方言的"使然"与"非使然"》，《中国语文》2006年第4期。

(1170) 并说坐飞机叻，火车也没坐过。

(1171) 并说笙叻，二胡他都会拉。

表示后悔、惋惜曾经发生的事实。例如：

(1172) 并搭理她唻也不会有这事儿。

(1173) 那时候并替他担保唻就中叻。

表示劝告、提醒某种尚未发生的行为或某种不理想结果的发生。例如：

(1174) 掀锅盖儿叻时候并对着自己，还烧手咻叻。

(1175) 赶紧哄哄吥，并叫孩儿很哭叻。

表示推测不希望发生的事情。例如：

(1176) 俺舅这手术可并有啥事昂。

(1177) 咱并赶不上这车咻可毁了。

4.7.6 没得

在湖北荆门方言中，也有"没得"，但只作动词而不作副词用。在辉县话中，"没得 [mε⁵³ tʸ²¹]" 只能作副词不能作动词。"没得 [mε⁵³ tʸ²¹]" 作副词，用在谓词性成分前，表示对动作行为、状态或已变化的已然性或现实性的否定。例如：

(1178) 今个_{今天}没得叫你吃成扁食_{饺子}。

(1179) 我还没得放假哪。

(1180) 我落底儿_{最终}没得去成北京。

(1181) 你寄叻东西还没得到叻。

(1182) 今个清起_{今天清早}我没得吃饭就去赶车叻。

(1183) 馍还没得熟叻，饭也还没得做好哩。

(1184) 你病还没得好叻就出院会中。

例（1179）—（1182）是出现在动词性成分前，例（1183）、（1184）是出现在形容词成分前；以上句子都是非疑问句，"没得 [mε⁵³ tʸ²¹]" 的这些句法分布跟普通话的"没""没有"基本相同。除了表示"没有"的意思，还带有"可惜"的意味。

常用于句首，主语出现在后小句中，形成固定句式"还没得……就……"。例如：

(1185) 还没得歇会儿叻,小孩儿就又哭叻。

(1186) 还没得学两天叻,你就没劲儿叻。

(1187) 还没得吃点儿苦叻,你就嫌使慌叻。

(1188) 还没得过年儿叻,恁就买好肉叻。

(1189) 翅膀儿还没得硬叻,就想飞叻。

辉县方言的"没得 [mɛ⁵³tɤ²¹]"本身并不区分已然性和现实性。这里所说的已然性和现实性,是针对"没得"所否定的深层意义来说的。因为"没得"所否定的意义有时候是已然性的。如"他还没得结婚哩"是对结婚是否已然的否定,有时候是现实性,如"他没得结婚"是对结婚成为现实的否定。普通话中的"没"本身也不区分已然性和现实性,但粤语中普遍严格区分,施其生在《汉语方言里的"使然"与"非使然"》中提到此观点。

辉县话里"没得 [mɛ⁵³tɤ²¹]"与普通话"没有"意义相当,"没得 [mɛ⁵³tɤ²¹]"的"得"究竟何义,它与普通话的"没有"究竟有何联系?蒋绍愚先生考证[①],"得"作动词可作"有"义解。列蒋先生所举,唐代诗人诗作例句为证。

(1190) 陈留风俗衰,人物世不数。塞上得阮尘。迴继先父祖。(杜甫《贻阮隐居》)

(1191) 粉堞电转紫游僵,东得平冈出天壁。(杜甫《醉为马所坠》)

(1192) 老树空庭得,清渠一邑传。(杜甫《秦州杂诗》)

(1193) 此日此时人共得,一谈一笑俗相看。(杜甫《人回两首》)

(1194) 汉酺闻奏钧天乐,愿得风吹到夜郎。(李白《流夜郎》)

(1195) 处处山川同瘴疠,自言能得几人归。(宋之问《至端阳骚》)

蒋先生说,南宋人已经不知道"得"字的这种用法了,"得"的这种用法至少在唐以前是很普遍的。依据蒋先生的观点,"得"作"有"解,那么,我们可以推知,"没得"即"没有","没得"是古汉语的遗

---

① 蒋绍愚:《杜诗词语札记》,载王瑛、曾明德编《诗词曲语辞集释》,语文出版社1991年版,第116页。

迹，"没有"是"没得"的又一分化现象，何时分化有待研究。

4.7.7 不得

"不得 [pɛ²¹tɤ²¹]"在辉县方言中表示"不被允许、不能够"的意思，但并不是辉县方言的"不"义和"得"义（"得"在本章第四节中已经详细论述）简单相加的。且"得"单用作"可以、能够"解时所出现的环境是有严格限定的（只能用在含有"不得"的正反问句中，或者含有"不得"的正反问句作主宾语时）。因此笔者认为"不得"在辉县方言中应为一个单词，而不是一个短语。"不得 [pɛ²¹tɤ²¹]"只有作副词而没有作动词的用法。"不得 [pɛ²¹tɤ²¹]"作副词和"没得"是对称的，常用在谓词性成分前，表示对动作行为、状态或未变化的未然性的否定。例如：

（1196） 我不得吃好啥吃叻。

（1197） 我不得去上学叻。

（1198） 你今个黑儿_{今天晚上}不得往家回家睡嘞。

（1199） 我不得把这题看完才能做。

（1200） 不管再扯急，你不得把饭吃完再走。

"不得 [pɛ²¹tɤ²¹]"只能用在自主动词之前，例如："吃、去、回、看"等词的前边，而不能用在非自主动词和形容词之前，例如："忘、想、病、干、熟、贵"等词之前，也不能用在比较句中，如不能说：

＊（1201） 我不得忘拿钥匙叻。

＊（1202） 饭不得熟叻。

＊（1203） 我不得病叻。

＊（1204） 我不得他高。

"不得 [pɛ²¹tɤ²¹]"也不能用在带有完成体助词的动词之前，如不能说：

＊（1205） 他不得吃罢饭叻。

＊（1206） 我不得去过恁家叻。

"得"在普通话里可作结构助词，用在动补结构中间，表示结果。例如：

（1207） 你唱得挺好听的。

(1208）他跑得可真快。

在辉县话中"得"不用作结构助词，普通话用"得"的地方，辉县方言都用"叻"，上边两句辉县话说成："他唱叻怪好听叻"，"他跑叻可真快"。

"得"在辉县方言中作副词，意思为"能、要、必须"，例如：

(1209）不能喷叻，我得去家做饭叻。

(1210）明个一走我就不得吃你做叻饭叻。

(1211）你得跟我厮跟去，要不我害怕。

(1212）放假咾可得来俺家寻我耍昂。

据王力①认为自汉代以后，这种表示客观情况允许的"得"字的位置可以移到动词后面去。例如：

(1213）民采得日重五铢之金。（王充《论衡·验符篇》)

(1214）世或有神仙可以学得，不死可以力致者。（嵇康《养生论》）

这种"得"字和动词之间还可以被"不"字或"未"字隔开。也就是说，这种后置的"得"字不仅用于肯定句，而且可以用于否定句。例如：

(1215）今壹受诏如此，且使妾摇手不得。（班彪、班固《汉书·孝成许皇后传》）

(1216）田为王田，买卖不得。（范晔《后汉书·隗嚣传》）

(1217）天边老人归未得。（杜甫《天边行为》）

辉县方言中"得"一般不表示客观允许，只有在儿童语言中，且和"不得［pɛ²¹ t‿ʏ²¹］"连用时会出现"得"表示客观允许的情况，例如：

(1218）妈，你去俺姥家，我得不得去？妈妈，你去姥姥家，我可以不可以去？

但成人语言中一般不会出现这样的结构，这可能是儿童在学习语言中对语言运用类推的结果。因为辉县方言中的"不得［pɛ²¹ t‿ʏ²¹］"表"不被允许"义。儿童在没有完全掌握母语之前就理所当然地认为

---

① 王力：《汉语史稿》，中华书局1980年版，第299—301页。

"得"表"允许"义了。在周边的方城县"得"在成人语言中也确实有表"允许"义。由于受儿童语言和周边方言的影响，辉县方言的"得"也有逐渐分化出表"允许"义的趋势。

4.8 小结

辉县方言副词丰富而表义生动，其中有单音节的，也有多音节的。我们主要对辉县方言副词中一些比较有地方特色的词进行了研究分析。副词是个比较复杂的词类，一直都是现代汉语语法研究的热点，争议也是非常多。辉县的地理位置又比较独特，境内有三片不同的方言区，使它的语言形式也别具特色。

从结构上来看，有单纯副词，且这些单纯副词有多个义项，这点与普通话有很大的一致性。有复合式副词：并列结构的"好赖""贵贱"等，主谓结构的"眼看"等，动宾结构的"要命"有重叠式的"将将儿"等。有一些因本字未有定论而其结构形式无法弄清的"贸""毁"等。

从组合功能上看，不同的副词对被修饰成分的语法属性和音节构成都有选择，例如"死"等专门修饰单音节形容词或动词，"硬""净""老""清"等语气副词常在其后加助动词"是"，"成啥""跟啥似"等程度副词必须加"叻"才能使用。

从来源上看，因为副词由实词虚化而来，而每个词的虚化进程有快有慢、虚化程度有高有低，即残存的实词意义有多有少。它们来源于不同的历史层次，所以既存在一些古语词例如"敢是""斯赶"等，又存在普通话中不断形成并向方言渗透或转化的副词。普通话对辉县方言副词的影响，遵循了辉县方言词汇系统的发展规律，有的产生了音变，有的构形重叠已向构词重叠转化（例如"将将儿"）。

从发展上看，这些副词会随着方言和共同语的变化而变化。汉语双音节词的发展，有些副词渐渐失去词的身份而向构词语素靠拢，例如"厮""恶"；有些副词随着句法组合和语义的变化，还可以表达不同的语法意义，例如表示范围的"独独儿"在语用过程中还表示例外。

第 5 章　助词 "叻"

助词主要是附在词和短语后面，在短语或句中表示结构关系和语法意义的。辉县方言中最典型、分布最广、使用频率最高的助词是"叻"。在普通话中，助词主要有三个："的""地""得"。在辉县方言中，助词用"叻"，基本上包含了普通话"的、地、得"的所有的意义和功能，用于定中关系、状中关系、述补关系中。在修饰语和中心语之间，起辅助性的连接成分。分清"叻"的语法功能，掌握"叻"的分布范围，对于分析、掌握辉县方言某些句法结构具有重要的意义。因此本章以本地方言的语言事实出发，全面考察"叻"在辉县方言中的使用情况，力图为"叻"的历史来源问题提供一些参考价值。

5.1　表示定中关系

辉县方言的助词没有普通话那么多，数量较少，但往往一词可以表示多种语法意义。"叻"的功能非常丰富，可以用在定语和中心语之间表示定中关系，相当于普通话的"的"。

5.1.1　名词＋叻

"叻"用在名词定语后面。例如：
(1) 吴村叻人可多都是给煤矿上班儿叻。吴村的人很多都是在煤矿上班的。
(2) 地叻活儿还有干完叻。庄稼里的活儿还没有干完呢。
(3) 图书馆叻书丢了。图书馆的书丢了。
(4) 今个叻太阳瞧着怪好了。今天的天气看着很好。
(5) 看挪狗叻腿瘸了。看那条狗的腿瘸了。

5.1.2 动词+叨

"叨"用在动词定语后面。与普通话的用法相同,动词作定语一定要加结构助词。例如:

(6) 谱大会儿,吃叨和穿叨都不缺了。现在,吃的和穿的都不缺了。
(7) 你才买叨挪书借我看看不咋。你才买的那本书借我看看呗。
(8) 炒叨菜都冇人吃。炒的菜就没有人吃。
(9) 做叨鞋就是没有买叨鞋好看。做的鞋就是没有买的鞋好看。
(10) 你写叨字儿真丑。你写的字真难看。

5.1.3 形容词+叨

"叨"用在形容词定语后。

1) 性质形容词+叨

辉县方言中,当单音节形容词作定语时,不需要加结构助词"叨",意义相当于普通话的"的",与普通话的用法大致相同。

单音节形容词作定语,一般情况下是不加"叨"。例如:

(11) 换叨一袋儿烂苹果。换了一袋烂苹果。
(12) 今年过年我做叨身儿黑西装。今年过年我做了身儿黑西装。
(13) 俺都夜个都叫新书发了。我们昨天都把新书发了。

如果有单音节形容词后面加"叨",那么"A+叨"前面要有副词修饰。例如:

(14) 你看俺姐留了恁长叨头发。你看我姐留那么长的头发。
(15) 老低叨个儿我也相不中。太低的个子我也看不上。
(16) 可瘦叨闺女,也不咋好看。很瘦的女孩也不好看。

辉县方言中,双音节性质形容词加"叨"作定语,用法与普通话相同。但是,"双音节性质形容词+叨"用在句中一般不能直接作定语,形容词前一定要有副词修饰。如果没有副词修饰,那么形容词不加"叨",与普通话的"的"不同。例如:

用副词修饰时,"双音节性质形容词+叨"作定语:

(17) 他从小就是□[io^{44}]"一个"的合音可老实叨孩儿。他从小就是个很实在的孩子。

(18) 他买了件儿血板正叻衣裳。他买了一件很好的衣服。

(19) 俺学校盖了个怪排场叻校门。我们学校盖了个很气派的校门。

(20) 她生了个通好看叻妞。她生了一个很漂亮的女孩儿。

不用副词修饰时,"双音节性质形容词"一般不加"叻"直接作定语。例如:

方:干净衣裳　得劲沙发

普:干净的衣服　舒服的沙发

2) 状态形容词+叻

①单音节形容词重叠

辉县方言中单音节 AA 儿+叻,这类重叠式中的基式 A 是性质形容词,但重叠之后 AA 儿式都变成了状态形容词,具有状态形容词的语法功能。作定语修饰中心语,表示程度轻微,表意上类似"有点儿+形容词",表示说话者对某人或某物的赞赏和喜爱,赋予语句亲切感。例如:

(21) 普:糯糯的红薯很好吃。

　　 方:面面儿叻红薯可好吃。

(22) 普:粉粉的颜色挺好看的。

　　 方:粉粉儿叻颜色儿还怪好看叻。

(23) 普:薄薄的饼很好吃。

　　 方:薄薄儿叻饼血好吃。

而在普通话中一般不加"儿",只是一般的描述,所表示的色彩意义没有那么浓厚。

②双音节状态形容词+叻

普通话中"双音节状态形容词+叻",作定语修饰中心语,而在辉县方言中很少或者没有双音节状态形容词作定语修饰中心语。例如:

(24) *晴亮叻天 晴朗的天

(25) *火红叻太阳 火红的太阳

(26) *笔直叻马路 笔直的马路

"双音节状态形容词+叻",在辉县口语中一般不作定语而是作谓语或状态补语,表示程度很高。

③多音节状态形容词+叻

辉县方言"多音节状态形容词+叻",作定语修饰中心语,形容词的重叠主要增加程度意义。"叻"与普通话中的"的"用法相同。例如:

(27) 红丢丢儿叻苹果,怪好看叻。苹果很红很好看。
(28) 这床软呼呼儿叻,真得劲。床很软很舒服。
(29) 一进灶火,闻着香喷喷儿叻。厨房里闻着很香。
(30) 生不拉几叻米,并吃了。米是生的,别吃了。
(31) 我可不待见那灰不出叻衣裳。我很不喜欢那些灰色的衣服。
(32) 黑乎乎叻手嚷吃饭叻?很脏的手,不洗就要吃饭了。

形容词后面加"儿"语义上有褒义色彩,不加"儿"语义上有贬义色彩。普通话中没有此用法。

3) 区别词

辉县方言中,区别词可以直接作定语,不加"叻",用法和普通话相同。例如:

(33) 恁爷老是好穿那老式衣裳。你爷爷总是喜欢穿那些老款的衣服。
(34) 他是正班长,我是副班长。他是正班长,我是副班长。
(35) 俺哥钓回来一条大鱼。我哥钓了一条大鱼。

5.1.4 代词+叻

"叻"用在代词定语后面。例如:

(36) 咦!恁叻闺女都上大学了哎呀!你的女儿都上大学了。
(37) 我叻书叫搁哪了?我咋找不着。我把书放哪里了?我找不到了。
(38) 我把恁叻铁锨搁那儿了昂。我把你家的铁锨放那里了。
(39) 一听就知道是你叻声儿。一听就知道是你的声音。
(40) 到火车上,看好自己叻东西,可不敢叫旁谁给你偷走咾。在火车上,看好自己的东西,小心不要让别人偷走。

"叻"可以直接用在人名的后面,后面跟人的职务、身份、角色等名词,表示"是、当/扮演……职务/角色","叻"代替动词。普通话的"的"没有此用法。例如:

(41) □［tsuo^{21}］这个戏是小香玉叻穆桂英。这出戏是小香玉演的穆桂英。

（42）下一回是你叻东家昂。下次你来做东。

（43）他俩结婚还是我叻媒人叻。他们两个结婚还是我当的媒人。

5.1.5 介词短语+叻

普通话中的"的"用在"介词短语"后，介词多是"对、对于、关于"。辉县方言中，中老年人没有这种说法，年轻人受到普通话的影响有这样的用法。例如：

（44）普：对问题的看法

　　　方：对问题叻看法（老年人×）

　　　　　对问题叻看法（青年人√）

（45）普：关于数学的题目

　　　方：关于数学叻题目（老年人×）

　　　　　关于数学叻题（青年人√）

"介词短语+叻"一般在中老年一代不用，像例（44）中，老年人会说成："对这有啥想法"或"咋弄叻"等。例（45）中会说："几[tɕiə⁵³]数学题"。而年轻人中因为受到普通话的影响，会用到"介词短语+叻"，与普通话中的"的"用法相同。

5.2　表示状中关系

"叻"用于状语和中心语之间，相当于普通话的"地"。

5.2.1　形容词+叻

1）性质形容词

①单音节性质形容词+叻

单音节性质形容词作状语不加"叻"。与普通话中的用法相同。例如：

（46）这都好说！这些都好说。

（47）看这件衣裳多好看！看这件衣服多好看。

（48）吃了□[io⁴⁴]"一个"的合音橘子酸死了。吃了一个橘子酸死了。

②双音节性质形容词+叻

辉县方言中，双音节性质形容词+叻，一般不作状语。双音节性质形容词重叠之后加"叻"，作状语。

"AABB+叻"作状语表示相当高的程度。与普通话用法相同。例如：

（49）到时候找个好工作咾，情舒舒坦坦叻过日子了。等到毕业了找个好工作，就等着舒舒服服地过日子吧。

（50）就［tsou²¹］谱么些儿东西，轻轻松松叻都干完了。就这么点东西，轻轻松松地都可以干完。

AABB 式作状语，在句子成分表示程度的加强。

2）状态形容词+"叻"

①单音节状态形容词+叻

"叻"在状态形容词状语后。

单音节重叠"AA 儿"作状语。例如：

（51）我就轻轻儿叻拽了他一下，他噔跌了。我就轻轻地拉了他一下，他就摔倒了。

（52）有啥话慢慢儿叻说，光扯急顶啥用。有什么话慢慢地说，着急是没用的。

（53）我都不着咋了，他急慌慌叻走了。我不知道他为什么急忙走了。

②双音节状态形容词+叻

在辉县方言口语中，一般没有"双音节状态形容词+叻"作状语修饰中心语。而普通话中的结构助词"地"用在形容词状语后面修饰中心语。例如：

（54）方：*小学生给课堂上笔直叻坐着。

　　　普：小学生在课堂上笔直地坐着。

（55）方：*书乱七八糟叻放到桌上。

　　　普：书乱七八糟地放在桌子上。

状语结构的标志"叻"的使用，不如普通话中结构助词"地"作状语修饰谓语动词那么频繁。在辉县方言口语中，如果形容词要修饰谓语动词，并且话语中会明显带有命令、责备、强硬的口气时，形容词不加"叻"可以直接修饰的谓语动词；如果句子为描写性的，话语中要表达的焦点信息是动作行为的状态、程度等，多数情况下也不用"叻"

作状语来修饰谓语动词，而用"中心语（动词）+叻+补语"形式。例如：

(56) 小学生给课堂上坐叻可直可直叻。小学生在课堂上坐得笔直。

(57) 桌上叻书放叻乱七八糟叻。桌子上的书放得乱七八糟的。

5.2.2 副词+叻

"叻"用在副词状语后，用法上与普通话"地"相同，语义上与普通话的"地"有差别。

在辉县方言中，"叻"用在副词状语后面时可加可不加，加不加"叻"所表示的色彩意义不尽相同。与普通话中"地"用法有差别。例如：

(58) 今个穿叻这裙儿，瞧着可（叻）好看！今天穿的这条裙子，看起来很好看。

(59) 这几儿瞧你叻精神明显（叻）好了。最近看你的精神明显地好了。

在句子中如果用"叻"，在语义表达上有突出和强调状语的作用，是副词作修饰语，在表达上更加缓和、亲切，略带夸张的口气。如果不用"叻"句子有一种对事实的如实描写，在语气上显得有点生硬。

5.2.3 数量词重叠+叻

"叻"用在数量词状语后。用法与普通话"地"用法相同。例如：

(60) 你□[io⁴⁴]□[io⁴⁴]叻收鸡蛋，可不敢叫掉咾。你一个一个地收鸡蛋，小心掉地上。

(61) 西瓜切好咾，你一伢儿一伢儿叻吃。西瓜切好了，你一伢一伢地吃。

5.3 表示述补关系

"叻"用于述语和补语之间，相当于普通话的"得"。"述+叻+补"格式中补语可以是程度补语、状态补语或可能补语。

5.3.1 叻+程度补语

"叻"后面接的是程度补语。与普通话"得"后接程度补语的用法相同。例如：

（62）她哭叨还怪痛叨。她哭得很伤心。

（63）俺弟儿弄啥都想叨可美。我弟弟干什么都想得很美。

（64）他睡叨可着［tsuo⁵¹］叨，谁都喊不醒他。他睡得很沉，谁都叫不醒他。

"叨"后面接方言形容词、方言副词和表否定的短语作程度补语。

1)"叨+慌"结构

"叨慌"用在形容词性谓语的补语，作程度补语。相当于普通话中的"得慌"。例如：

（65）房小咾住着可闷叨慌。房子小了的话住着闷得慌。

（66）听你说这话，我就气叨慌。听你说这些话，我气得慌。

（67）我可饥叨慌，你赶紧去做饭吧。我很饿，你赶紧做饭吧。

（68）干了一天活儿，血使叨慌叨。干了一天活儿，挺累的。

（69）将将做中叨稀饭，喝着谮热叨慌。刚刚做好的稀饭，喝着真热。

"慌"在辉县方言中虽然作中心语的补语，但是它在用法上基本上是与"叨"结合在一起使用，形成了一个词"叨慌"，虽然没有具体实义，但是不能拆分，表示中心语达到的某种程度。中心语前面可以再受其他副词的修饰，如例（67）、（68）、（69）中的"可、血、谮"。

2)叨+副词

"叨"后面接"很""出奇""够呛"等方言副词，作程度补语。表示说话人对某人某事的一种不满或抱怨的感情色彩，并且这种情绪达到了相当高的程度。这种用法在普通话中，大多数情况下是副词直接作状语修饰动词或形容词。例如：

（70）他俩人好叨很。他们两个关系不错。

（71）她姊妹俩给家成天一斗一叨了，热闹叨很。她们俩姐妹，在家天天斗嘴，很热闹。

（72）俺姨夫懒叨出奇，连个洋袜儿都没洗过。我姨夫特别懒，连袜子都没洗过。

（73）夜个黑儿，她老头儿喝多了，叫她打叨够呛。昨天晚上，她老公喝醉了，把她打得不轻。

副词"很"可以放在形容词谓语后面直接作补语，也表示已经达到相当大的程度，但是只表示程度。跟"很"用法相同的还有"出色、出奇"等方言副词。"叻+很"有实义,能拆分。

"很"前面可以用"才、可"修饰,用"可"修饰"很"句末不用语气词,用"才"句末一定要用语气词"叻"(语气词"叻"相当于普通话"呢")。普通话没有此用法。例如:

(74) 这[tsuo²¹]香蕉烂叻才很叻/这香蕉坏叻可很。

(75) 挪[nuo⁴²]屋乱叻才很叻/那屋乱叻可很。

"叻十很","很"可以放在形容词性谓语后面可以直接作补语,表程度。补语中心语前不再有其他副词修饰。如:

(76) 小时候,家里穷叻很,衣裳都是俺妈给我做叻。小时候,家里很穷,衣服都是我妈做的。

(77) 小闺女儿家,脸皮儿薄叻很,你并老嚷她。小女孩,脸皮薄,你别总是说她。

3) 叻+表示否定的短语

"叻"与表否定短语"冇法儿""顶不住[tsə³]""不得了""不能行"等构成固定结构,表示程度极高。在语义上表示一种无法言语的不满、无奈、责怪、轻视等状态。虽然与普通话中的"的+不行"个别用法相同,但在语义上,辉县方言中"叻+不行"有表示不满、无奈、责怪、轻视等感情色彩,与普通话的用法不同。例如:

(78) 俺挪[nuo⁴²]小孩儿太不听说,天天叫我气叻冇法儿。我那个孩子太不听话,每天气死我了。

(79) 赶紧给我拿点儿馍吃,饥叻我顶不住。赶紧给我拿点馍,快饿死了。

(80) 谱大会儿叻年轻人,能叻不得了。现在的年轻人都太浮躁。

(81) 今个外头都38度,热叻不能行。今天都38度,热死了。

5.3.2 叻+状态补语

辉县方言中,"叻"后一般接状态形容词作状态补语,表示程度较高,与普通话用法大致相同。例如:

(82) 我今个干叻太猛了,叫出我一身汗。我今天干得太猛,出了一身汗。

(83) 她们俩谁长叻排场。她们两个谁长得好看。

(84) 看你都不嫌圪噫,衣裳弄叻黑乎乎叻。看你都不嫌脏,衣服黑乎乎的。

(85) 那字写叻圪圪寥寥叻,撕咾重写。你的字写得潦潦草草的,撕掉再写一遍。

"中心语+叨+状态补语"表述的是说话人的主观态度，描述时补语侧重的是对补语中心语生动形象的描述。

"叨"后也可接短语作状态补语。例如：

（86）你说叨怪好听，咋不动弹了。你说得好听，怎么不动啊。

（87）他叫他媳妇儿打叨不像样儿。他把他老婆打得不行了。

（88）他一听俺家有狗，吓叨赶紧嚯跑了。他听见我家有狗叫，吓得赶紧就跑了。

5.3.3 叨+可能补语

"叨"用在动词后，后跟可能补语。与普通话相比较，"叨"后的"可能补语"经常省去。它的否定形式一般是将"叨"换成"不"，例如：

肯定：拿叨出来　吃叨开　撵叨走　考叨上　装叨下

否定：拿不出来　吃不开　撵不走　考不上　装不下

这种格式里"叨"有时用于表示位移、携带等意义的动词和趋向动词"来/去"之间，表示可能。例如：

捎叨来（去）　起叨来（*去）　运叨来（去）

拉叨来（去）　搬叨来（去）　包叨来（去）

送叨来（去）　逮叨来（去）　跑叨来（去）

在句子里通常"V叨来（去）"格式后面要加语气助词"叨"（也可加"咾"），否定形式用"不"替换结构助词"叨"，肯定形式和否定形式后面可加语气助词"叨"，也可不加，不加的时候语气较强硬，加上后语气较为舒缓。例如：

（89）包裹你捎叨来叨，就捎；捎不来（叨），就算了。

（90）沙你能拉叨来叨，就尽量拉吧，谙大会儿现在车少，我急着盖房用叨。

（91）我叨袄你送叨来叨，就送；送不来（叨），就算了，我再买。

"动+叨+来/去"有时可以跟宾语，表示某种可能性，例如：

（92）借叨来一千块钱/借不来一千块钱。

（93）拉叨来一车粪/拉不来一车粪。

(94) 捎叻来那本书/捎不来那本书。

5.4 "叻"字短语

"叻"可以与表示性质、状态的形容词、名词、动词以及动宾短语等组成"叻"字结构，相当于普通话中的"的"字结构。例如：

红叻 硬叻 湿叻 吃叻 卖老鼠药叻 教书叻

大叻 假叻 好叻 穿叻 换大米叻 灌香油叻

公叻 铁叻 焦叻 木叻 粗叻 卖鸡娃儿叻

长叻 甜叻 扁叻 实叻 皮叻 换豆腐叻

"叻"字结构可以独立成句，但形容词"叻"字结构意义有变化。此时，"叻"兼有结构助词和语气助词两种功能，例如：

恁叻语文老师是男叻女叻？——女叻。

你晌午想吃咸叻甜叻？——甜叻。

试将以上两句与普通话作比较：

你的语文老师是男的还是女的？——女的。

你中午想吃甜饭还是咸饭？——甜饭。

这种情况下，"叻"和普通话里的"的"可以互换，但语义略有不同。

"动宾短语+叻"结构在句中表示从事某种职业，但在独立成句时随着语境的不同，意义有别：当上句问及职业时，这一结构独立成句表示某种职业，此时"叻"相当于普通话"的"；当上句问及当事人所进行的活动时，"叻"则只是表示陈述语气，申述答话人正在双方所共知的语境下从事某项活动，这种情况下"叻"和"的"不能互换。例如：

方：他爹是干啥叻？——换大米叻。

你在干啥叻？——换大米叻。

试将以上两句与普通话作比较：

普：他爸爸是干什么的？——换大米的。

你在干啥呢？——换大米。

5.5 "叨"字格式

5.5.1 "A 叨 B 叨"

AB 可以是动词或形容词，词性必须一致。该格式所表示的语法意义如下。

1）表示并列关系

AB 是动词。格式作谓语或状语，表义上相当于普通话的"又……又……"普通话的"的"没有此用法。例如：

（95）他俩哭叨闹叨，咋劝都不中。他们又哭又闹，怎么劝都不行。

（96）他都吃叨喝叨，一直闹到天亮。他们又吃又喝，一直闹到天亮。

（97）咱庄儿就你成天蹦叨跳叨，不安生。我们村就你天天又蹦又跳，不稳重。

2）表示选择关系

AB 大多是形容词，也可以是动词。格式作谓语或状语，表义上相当于普通话的"无论……"。普通话的"的"没有此用法。例如：

（98）挪闺女挑叨很，高叨低叨都相不中。那个女孩很挑剔，无论高低都看不上。

（99）你买东西也不说拣拣，好叨赖叨都弄来。你买东西也不说挑一挑，不管好坏都买来了。

（100）咸叨甜叨只要能吃就行。不管是什么饭，只要能吃饱就行。

3）表示列举关系

AB 是动词或形容词。格式可作主语、谓语、宾语、状语。"A 叨""B 叨"都是"叨"字短语，在表义上是列举两项以指代一类。普通话的"的"没有此用法。例如：

（101）他妈把穿叨戴叨都弄好了。他妈妈把穿戴的都准备好了。

（102）往后叨生活好叨，吃叨喝叨都不缺了。以后的生活好，吃喝都不缺。

（103）先把酸叨辣叨搁一边儿，喝罢汤再吃。先把酸的辣的放到一边，喝完汤再吃。

5.5.2 "A 呀 B 叨"

在此格式里，"呀""叨"连缀，两个 A 是同一个动词。格式作谓语，表示行为动作处于持续不停的状态，具有形象动态化的描写作用。普通话的"的"无此用法。例如：

（104）小妮儿家成天蹦呀蹦叨，就不说安生会儿。小女孩家成天蹦蹦跳跳的，不能安稳点吗？

（105）上着课给那说呀说叨，说啥叨说？上着课一直说话，说什么呢？

（106）小狗儿叨尾巴摇呀摇叨，怪好玩儿。小狗的尾巴不停地摇，挺好玩儿。

5.6　关于"叨"的思考

通过以上对辉县方言结构助词"叨"的描写与分析，我们发现结构助词"叨"与普通话里"的""地""得"分布与语法功能对应得相当紧密，而且其某些语法功能比普通话"的""地""得"更为丰富些。

在长期的使用过程中，结构助词"叨"承担了不同的功能，这些功能在形式上可以不用字形、语音来区别，而往往通过其所在句子的句意来区分，这样的约定俗成是有其现实意义的：第一，避免了形式区分上的混乱，在一般情况下辉县人可以根据句意区分"叨"同普通话"的""地""得"的对应，但在书写和交际过程中没必要刻意区分，这给交流和书写带来了方便，符合经济的原则。第二，在普通话中，"的""地""得"有时易被混用，这与使用者所在方言区的句意层次的划分有很大关系，方言句法层次如果与普通话句法层次对应不明确，有的语法层次方言里有普通话里没有，有的语法层次方言里没有普通话里有，就有可能会出现使用混乱的情况。因而加强方言语法和普通话语法的对比研究工作是非常有必要的，对普通话的学习和使用有着重要意义。第三，"的、地、得"在普通话里都读轻声"de"，但在书面语中有必要写成三个不同的字：在定语后面写作"的"，在状语后面写作"地"，在补语前写作"得"。这样做的好处，就是可使书面语言精确化。在辉县方言中"的、得、地"三词同形，没有严格分工，则体现出方言口语的经济性原则。第四，普通话里"的""地""得"三词的来源问题至今仍有争议，有人认为"叻"是语气助词"呢"间接来源①，也有很多人对"叻"进行过研究，但是鲜有人从结构助词的角度对其进行探讨的，"叻"到底在历史上同"的""地""得"有什么关系，这是值得我们进一步研究的，上文对"叻"的一些描写、分析或许能够给我们启发。

---

① 杨永龙：《句尾语气词"吗"的语法化过程》，《语言科学》2003 年第 1 期。

第 6 章 "X 人"结构

6.1 结构概说

自感结构"X 人"普遍存在于辉县及其周边方言中。这类词是由一个动词、形容词或名词加上"人"构成，该动词、形容词或名词为使动用法，含有"使人 X"的语法意义，如"气人"就是"使人生气"，"辣人"就是"使人感到辣"，"烟人"是"使人睁不开眼睛"。其中"气""辣""烟"在"X 人"中具有了"使感受"用法，项梦冰称为"使感受"动词。"X 人"中的"人"是受动者，但又不同于真正意义上的受动者，如"打人""骂人"中的"人"，自感词"X 人"中的"人"在接受外界的刺激或作用后，使自身产生某种感觉，因此这是一类很特殊的宾语。能进入"X 人"中"X"位置的动词、形容词或名词不多，它们必须跟人的感觉有关，因此，叫作"自感结构"更符合其表义特点[①]。能进入"X 人"结构的自感词数量有限，因此，它实际上是一个相对封闭的类，在辉县方言中，四五十条，但还是形成了一定的批量。

对自感词"X 人"的研究最早见于胡双宝先生（1984）发表的《文水话的自感动词结构"V + 人"》[②]，通过对文水方言中的"V 人"结构进行总结，还对能进入此结构的"V"的声调情况做了描写。在此之后，又涌现出学者结合各自方言对"V 人"结构进行描写的文章，

[①] 吴媛：《西安方言中的自感结构》，丁声树先生百年诞辰纪念暨第五届官话方言国际学术研讨会论文，开封，2009 年。

[②] 胡双宝：《文水话的自感动词结构"V + 人"》，《中国语文》1984 年第 4 期。

但大都未涉及词性问题。最近的文章如胡海（2002）宜昌方言的"V人"式①、罗昕如（2006）湘语中的"V人"式②、吕建国（2008）慈利方言的"A人子"式③中都倾向于将"X人"式定为形容词性。

  本章采用邢福义先生（1990）的"两个三角"理论框架，从大三角"普—方—古"及小三角"表—里—值"等多个角度来考察辉县方言中的"X人"结构。"小三角"是两个三角中的第一个三角。任何语法事实都存在语表形式、语里意义和语用价值三个角度，研究中这三个角度往往都需要进行考察。"小三角"指的就是"表—里—值"三角，由语表形式、语里意义和语用价值所构成。在"小三角"里，"表—里—值"被分别看成三个角。"小三角"的事实验证，包括"表里印证"和"语值验察"两个方面。所谓"表里印证"，指在表里之间寻找规律性联系，以揭示有关事实的特定规律。这是汉语语法研究的最基本的工作。基本做法是：由表察里，由里究表，表里相互印证。所谓"语值验察"，指对所研究的语法事实进行检验和考察。研究一个语法事实，首先要研究"表""里"两角，接着，往往还有必要研究"值"角，以便弄清事实在语言表达系统中特定的语用价值。即：语里同义，语表异形，究其语值。④"大三角"指"普—方—古"三角，是两个三角中的第二个三角。普通话即现代汉语共同语里的一个语法事实，往往可以在方言或古代近代汉语里找到印证的材料。研究现代汉语共同语语法，为了对一个语法事实作出更加令人信服的解释，有时可以以"普"为基角，撑开"方"角和"古"角，从而形成语法事实验证的一个"大三角"。"大三角"的事实验证，包括"以方证普"和"以古证今"两个方面。"普—方"验证，即立足于普通话，横看方言，考察所研究的对象在方言里有什么样的表现，以方言印证普通话。"普—古"验证，即立足于今，上看古代近代汉语，考察所研究的对象在古代近代汉语里有

---

  ① 胡海：《宜昌方言"X人"结构的分析》，《三峡大学学报》（人文社会科学版）2002年第2期。
  ② 罗昕如：《湘语中的"V人"类自感词》，《湖南师范大学》（社会科学学报）2006年第5期。
  ③ 吕建国：《慈利方言"A人子"式形容词和名词》，《汉语学报》2008年第3期。
  ④ 邢福义：《汉语语法学》，东北师范大学出版社2000年版，第440页。

什么样的表现，以古证今①。

6.2 语表形式

1）语音特点

从语音上看，"X 人"中的"人"的语音一般发生轻化。胡海（2002）、吕建国（2008）、朱冠明（2005）在研究各自方言中的"V 人"时都注意到了这种轻化现象。辉县方言中的"X 人"中"人"的读音比较固定，但读音较轻、较短，例如"气人"[tɕʰi⁴¹zən²¹]、"辣人"[laʔ⁴¹zən²¹]、"烟人"[ian⁴⁴zən²¹]，在日常交流中，"人"倾向于轻声。但是通过观察语料，我们发现《现代汉语方言大辞典》分册中收录的有关方言"V 人"结构中"人"的声调并未轻读。这也可能是因为各方言词典并不是专门针对"V 人"这一类词而作，调查者没有特意关注各自方言中"V 人"的声调问题，而且有的方言中"人"的变调不明显，很容易疏漏，因此没有标示出来。相反，凡是研究方言"V 人"的文章都谈到了"人"的轻化问题。所以说该结构中"人"的轻化应是一个普遍规律，辉县方言也有相同的倾向。

2）结构特点

自感结构是介于词和短语之间的一种特殊组合。从内部的构成成分看，其中的动词性、形容词性或名词性语素均可独立运用，独立运用时可成词，意义明确，且数量较多，范围较广，因此，结构上可以认为是短语。如"晒人、烤人、噎人、夹人、磨人"等中的前字源自动词，"烧人、麻人、酸人、咸人"等中的前字源自形容词，也有个别源自名词，如"烟人、冰人"等。但也不乏少量的双音节词，例如"难受人""窝缺人""葛意人"等。并且，能进入"X"的大都是表示消极意义或中性意义的词，但也有少量的表示积极意义的词。例如"喜欢人"。

孙立新（2004、2007）对这一结构的分析，他称此类语言现象为"使感结构"，认为是一种"特殊词组"。在辉县人的口语中，"A + 人"格式是一个语义与结构都很固定的凝聚体，含义单一，使用起来，如同

---

① 邢福义：《汉语语法学》，东北师范大学出版社 2000 年版，第 462 页。

"盆儿、碟儿"儿化词一样自然,明显地是以一个词的方式出现的。首先,"X人"的能产性很高。如前所述,很多词都能进入此格式,其中"人"的词汇义已经十分模糊;而且"人"的读音已失去原调,读轻声,这符合词缀的特点,说明"人"已经是一个具有很强能产性的词缀了。

3) 功能、词性特点

"X人"的语法功能更接近形容词。从组合功能来看,"X人"同性质形容词一样可受程度副词"真、镇、恁、血"等修饰,如:"真恨人、镇磨人、恁扎人、血气人"。表心理活动的动词也可以受程度副词修饰,但它们可以带宾语,如,"怪喜欢□[tsuo^{21}]这个小闺女儿",而"X人"不可以带宾语。"X人"同性质形容词一样,其后可带程度补语,表示程度加深时,常在其后加"很",或者加短语"不能行",并且,中间必须有结构助词"叻",如:晒人叻很、怄人叻很、磨人叻很。

从造句功能来看,"X人"主要作谓语和定语。"X人"可作独立谓语,如:"外头冻人。"也可以前加程度副词或后加程度补语共同作谓语,如:"外头血冻人/外头冻人叻很。""X人"也可以作定语,如:"晒人叻地张儿地方并'不应'的合音去/辣人叻菜并'不应'的合音吃"。总之,"X人"可受程度副词的修饰,可带程度补语,不可带宾语,可以作谓语、定语,其语法功能更接近形容词。

但从"X人"的内部构成来看,即从表层句法层面来看,"X人"是述宾结构,"X"与"人"之间是支配关系,所以有人认为是动词或动词性结构。但"X人"的深层语义是表示人在接受外界刺激后产生的某种感觉,如"冻人"是一种寒冷的感觉,"烧人"是一种滚烫的感觉,因此"X人"是一种自我感觉,并非心理活动,更不是动作行为,不宜看作动词。

普通话中也有少数这类词语,《现代汉语词典》(第5版)把它们分析成形容词,例如:

[羞人] 感觉难为情或羞耻。

[吓人] 使人害怕;可怕。

[恼人] 令人感觉焦急烦恼。

［烦人］使人心烦或厌烦。

因此，我们倾向于辉县话中的"V 人"类词语是形容词。

6.3 语里意义

自感结构"X 人"表示人对事物性质的主观感觉和感受，并且往往表示外界刺激、作用于人自身或人体的某一部位，它包括人的皮肤、五官、躯体和内心，使人产生某种不愉悦或不舒服的感觉，所以 X 的名词只有一个"人"。例如："气人"是让人感到生气的意思，"磨人"是指眼睛里有沙粒的难受感觉，"恨人"是指某人各种不懂事让人不省心的意思。"晒人"是形容太阳毒辣、让人感到晒得慌的意思。这种不愉悦的感受来源于外界的刺激。刺激有种种不同的情况，例如，"摁人"［ən²¹zən²¹］是指躺着或坐着或走路时碰到异物，让人感到硌得慌；"冻人"［tuŋ³¹zən²¹］是说天气非常寒冷，让人感到冻得慌，"摁人、冻人"都是对触觉上带来的刺激；"馋人"［tsʰan³¹zən²¹］是说看到美食让人垂涎三尺的感觉；"恍人"［xuaŋ³¹zən²¹］是指光线太强烈，让人觉很刺眼。"馋人、恍人"都是对视觉的刺激。此外，不论刺激是遍及全身还是只限于身体的某一部分，自感动词结构的宾语都一定是"人"。例如眼睛里面进入沙子，半天揉不出来，让人一直想流眼泪很难受的感觉，辉县方言一般说"这沙子儿真磨人"［tsɛ²¹sa³²tsəʔ²¹ɚ·tsən⁴⁴mo²¹zən²¹］，而不说"磨眼"［mo²¹ian³¹］。与感觉无关的"长、短、好、大"等语素不能进入"A+人"格式，所以没有"长人、短人"等说法。

在语言运用中，此类形容词的语义都是指向行为人的，如"挤人"是因为人在乘车或进入某一环境时感到拥挤，可以说"我嫌挤人/我觉叨挤人"等。"X 人"格式具有强烈的感情色彩，而且都表示不痛快、不舒服的感觉。有些形容词的语义色彩无所谓褒贬，如"咸、辣、酸"等，一旦进入"X 人"格式，则一律表示"因……而使人不舒服、不好受"，这种表义特点是由 X 与后缀"人"的特定语义关系带来的。"咸人"是因为食物中盐放得过多而感到太咸。"辣人"是食物中辣椒过多而使人感觉不舒服。如果吃东西的人感觉咸、辣、酸适度，则不能说"咸人、辣人、酸人"。有些词,如"甜",一旦进入该格式,如"甜人"表示人因食物太甜而不愿食用。一般来说,大多数表示褒义的形容词不能进入"X 人"式,如不能说"香人、脆人、漂亮人、舒服人、痛快人"等(但"喜欢人"除外),这主要是因为"X 人"式形容词的感情色彩与 X 的语义矛盾使然。

"X 人"式形容词所表示的不舒服的感觉在程度上一般都比较轻。如对当事人来说,"疼人"重在说明有疼痛的感觉,这种感觉并不剧烈。"辣人"表示有辣的感觉,这种感觉让人不舒服,但辣的程度并不十分厉害。正因这一表义特点,此类形容词一般不能收程度副词的修饰,如可以说"确实疼人、就是辣人、真是麻人",但不能说"非常疼人、太辣人"。但"X 人"后面可以出现程度补语,如可以说"疼人叻很、辣人叻很"或"麻人叻很"。

自感结构"X 人"表示的使感受不同于古代汉语的使动和意动。例如"活之"是使之活的意思,这是使动;"药之"是认为它是药材或把它当作药材,这是意动。使动的着眼点是使受事具有某种结果,意动的着眼点是说话人主观认为某个事物具有某种属性,都不牵涉说话人接受刺激之后的自身感受。而辉县方言使感受的着眼点则正是说话人的自身感受。并且,在辉县方言里这种自身感受受限于不愉悦方面的,否则不能用自感性述宾结构来表达。使感受动词如果不出现在自感性述宾结构里,就成了一般的动词或形容词。比较"晒、烧、辣"作使感受动词和普通动词或形容词的情况。例如:

(1) 外头老爷儿太阳太晒人。
uai²¹·tʰoulau²¹ yəʔ³¹ ɚtʰai²¹ sai³¹ zən²¹

(2) 把衣裳拿外头晒一下。
pa²¹ yəʔ³³·saŋna³¹ uai²¹·tʰousai³¹·yəʔɕuo²¹

(3) 水烧人。
suei²¹ sau³³ zən²¹

(4) 你去把水烧滚。
ni²¹ tɕʰy³¹ pa²¹ suei²¹ sau³³ kuən²¹

(5) 这菜吃着辣人不能行。
tsɛ²¹ tsai³¹ tsʰʅ³³·tsɛl̥²¹ zən²¹ pɤ²¹ nəŋ³¹ ɕiŋ⁴¹

（6）这菜真辣。

tsɛ²¹ tsai³¹ tsən³³ lɤ²¹

"晒、烧、辣"一类词都应该看成有两个，一个是普通动词或形容词，一个是使感受动词。

有时候自感结构"X 人"跟普通的述宾结构完全同形，如"戳人"［tsʰuəʔ²¹ zən²¹］、"吓人"［ɕia²¹ zən²¹］既可以是自感性述宾结构，指让人感到"扎得慌""让人感到非常害怕"的意思，也可以是普通的述宾结构，指用东西去"扎人""吓唬人"的意思。两者意思不同，在句法上的表现也不一样。所有的自感动词结构都可以受程度副词的修饰，如"可戳人非常戳人［kʰɤ³¹ tsʰuəʔ²¹ zən²¹］""怪吓人十分吓人［kuai³¹ ɕia²¹ zən²¹］"。而普通的述宾结构一般不能受程度副词的修饰。自感动词结构一般不能扩展，只能插入表示程度的"死"。普通的述宾结构一般都可以自由扩展，例如：

（7）吓挪胆儿小叻。

ɕia³¹ nuo²¹ tanr²¹ ɕiau³¹ ·lɤ ɤ

（8）就把他吓着叻。

tsou²¹ pa²¹ tʰa²² ɕia³¹ ·tsɛ ·lɤ ɤ

此外，普通的述宾结构插入"死"时是实指的结果补语，说"戳死人""吓死人"一定是真把人给戳死了、吓死了，例如：

（9）夜个黑儿昨天晚上咱庄儿戳死个人。

yəʔ²² ɚ ·kɤxɚʔ³³ ɚzan²¹ tsuaŋ³³ ɚtsʰuəʔ²¹ si²¹ ·kɤzən²¹

（10）他硬是叫病儿吓死叻。

tʰa²¹ əŋ³¹ ·sɿtɕiau²¹ piŋ²¹ ɚɕia³¹ si²¹ ·lɤ

自感词一般不能单说，除非是回答问题，例如：

（11）A：锅烧人不烧？

kuo³³ sau⁴⁴ zən²¹ pɛ²¹ sau⁴⁴

B：烧人。

sau⁴⁴ zən²¹

6.4 句法功能

自感词的句法功能跟形容词相当，用作谓语时可以带表示程度的修饰成分，如"恁、真、可、怪、血"等，表示不愉悦程度的加深；用作定语时还可以插入表示程度的"死"，不过插入"死"后就不能再带表示程度的修饰成分了。例如：

（12）小闺女儿恁恨人。

ɕiau²¹ kuei³³ · nyə↗nən²¹ xən³¹ zən²¹

（13）外头真冻人。

uai²¹ · tʰoutsən³³ tuŋ²¹ zən²¹

（14）半夜黑儿昨天晚上走这路真瘆人。

pan²¹ yəʔ³¹ xɤ³³ ɚ·tsou²¹ tsə ʔ³¹ lu²¹ tsən³³ sən³¹ zən²¹

（15）等你半天不来，急死人。

təŋ²¹ ni²² pan²¹ tian³³ pəʔ³¹ lai²¹ , tɕi²¹ si²¹ zən²¹

（16）看电视声音开恁大咋了，聒死人。

kʰan²¹ tian³¹ sʅ²¹ səŋ³³ · yinkʰai³³ nən³² ta²¹ tsa³¹ · lɤ, kuɐʔ³³ si²¹ zən²¹

以上例句中的自感结构在没有表示程度的修饰成分时，都可以形成反复问句，情况跟一般的述宾结构相同。例如：

（17）小闺女儿恨人不恨人/恨不恨人？

（18）半夜黑儿大半夜走这路瘆人不瘆人/瘆不瘆人？

（19）等你半天不来，你说急人不急人/急不急人？

（20）看电视开恁大那么大声音，你说聒人不聒人/聒不聒人？

另外，"X人"可用在表示心理活动的动词或感受性的动词之后作宾语，例如：

（21）割麦回来，鞋壳娄里头扎人。

（22）我凉着叻，身烧人。

此外，"X人"也可换成"把字句"，例如：

（23）辣人→把人辣叻。

（24）聒人→把人聒叻。

（25）烟人→把人烟叻。

6.5 语用价值

"X人"式结构的语用价值主要体现在主观性表现上：在具体的语

境中往往用来表示人的心理状态或感觉体验，带有很强的主观性。例如：

（26） A. 茶壶叻水太烧慌。

　　　 B. 茶壶叻水烧人。

（27） A. 这天出来太晒慌。

　　　 B. 这天出来晒人。

通过对比上述两例中的A、B两句，我们可以知道，句中A的"烧慌""晒慌"都只是对客观事物性状的描述，而B中的"烧人""晒人"则是从感受者的角度进行评述，主观心理因素较强，同时含有一种不舒服的感觉或是负面的情绪。当语用者需要表达这样一种主观心理或感受，往往使用"X人"形式。

值得注意的是，辉县方言中还有一种形同实异的"X人"结构，这种"X人"是动宾短语，"人"为名词，读原调，不读轻声；表达的意思是"使人X"，X是形容词，在此已转变为动词，如：他太烦人叻。与"X人"类形容词相比，"X人"式动宾短语的特点如下。

①动宾式"X人"短语的结构比较松散，可以在中间加入"不"，说成"他烦不烦人"；还可以用介词"把"将"人"提前，说成"看你把人烦叻"。所以我们有理由认为这种"A+人"结构是一种动宾结构，还不是一个词。

②能进入"X人"式动宾短语的X为数很少，能进入该结构的X只有"烦/可烦、急、冻、瘆、呛"等少部分词。

③"A+人"式动宾短语和一般的短语一样，可以充当多种句法成分，句法功能比"A+人"式形容词自由得多。

④"A+人"式动宾短语可以作谓语中心语，如：小鹏一晌午不停叻给我打电话，真烦人。这种动宾短语经常带程度副词"真、可、血"等充当的状语和补语。而"X人"式形容词则一般不受程度副词修饰。

能受程度副词修饰这一点说明，"X人"式动宾短语在语义上是表示性质、状态的，在用法上已经有形容词的某些功能特点。所以，可以认为"X人"式形容词是在"X人"式动宾短语的基础上产生的，是在名词语素"人"逐步语法化的过程中形成的。在这个过程中，"人"的词汇义不断虚化，读音也发生变化，以致失去原调，变成了轻声调，逐渐成了典型的语缀；同时，其动宾关系也进一步淡化，X 的形容词性质逐步彰显，从而凝结为一个词。汉语动词形容词活用的现象相当普遍。辉县方言的"咬"是动词，如：狗把人咬了。又由动词义派生出形容词义，表示痒，如：我身上咬叻很。辉县方言"X 人"式形容词中的 X 大都具有动词、形容词两种词性，这正是两种结构演变的联系和基础。而且，"X 人"类形容词的意义都是人的感觉有关的，"人"逐渐虚化。

另外，"X 人"格式在语法化的过程中，语义与用法也出现了相应的变化，其词义更单一化了，专门表示人的某种感觉，而且这种感觉表现得并不很强烈，所以不再受程度副词的修饰，充当句法成分的能力也进一步明确和固定。在这一点上，有些像普通话中"感人、动人、惊人、怕人、喜人"等形容词的形成过程。不同的是，上述形容词中的"人"并没有像辉县方言"X 人"中虚化得那么充分，"人"也不读轻声，可以受程度副词的修饰。辉县方言中的"X 人"结构中还有一些 X 是双音节形容词，如"恶心人、可烦人"等，它们进入"X 人"结构，应该是受单音节 X 用法同化的结果。

6.6　普方比较

1)"X 人"的"普"角研究

《现代汉语（第五版）》记录的"V 人"有：动人、诱人、迷人、惊人、感人、骄人、可人、逼人、腻人、愁人、磨人、吵人、魅人、烦人、恼人、怕人、羞人、宜人、吓人、喜人、丢人、惹人，共计 22 个，基本反映了普通话中"V 人"的使用情况。网络语言也开始利用"V 人"词模生成了潮人、糗人、电人、雷人、囧人、惨人、晕人、搞人等一些流行语，例如：

(28) 问个很囧人的问题，18∶00 点是下午还是晚上啊？
(29) 戴有色隐形眼镜很潮人，但容易引发致盲。
(30) 电视剧《桃花小妹》里的汪东城很电人。
(31) 这种衣服好雷人。
(32) 那游戏不知是哪个缺心眼的人想出来的，真挨人。

(33)"调情杯"模仿秀大赛,真的很晕人!

(34) 好搞人!南非乘客误按弹射按钮弹出机舱数百米。

以上例句都是通过百度搜索而来,这些流行语都用来抒发一种主观感受。随着社会的不断发展,个性的不断解放,人们需要更多的表达自我感受,因此,我们可以预测,"X人"族新词将越来越多地涌现出来。

2)"X人"的"方"角研究

"X人"结构词语数量多,《武汉方言词典》记载了24个;《西安方言词典》记载了29个;《萍乡方言词典》记载了37个;朱冠明(2005)在公安方言中发现了40多个;罗昕如(2006)调查了湘语10个方言点,几乎每个方言点此类词都有四五十个;吕建国(2008)在慈利方言中发现了102个;胡海(2002)在宜昌方言中发现70多个。"X人"结构词语分布范围广,据目前的资料来看,此族词在西北官话、西南官话、江淮官话、湘语、晋语都有分布。

研究"V人"的方言文章都很关注其感情色彩,有两派观点:一派认为各自方言中只有表示消极、负面意义的"V人"。比如,胡双宝(1984)认为文水方言"V人"中的"V"是表示外界刺激人体某一部分而引起不舒服感觉的动词;朱冠明(2005)认为公安方言"V人子"结构都是消极负面的,北京话中含积极意义的"喜人、诱人、迷人、怡人"不能进入"V人子"结构;罗昕如(2006)认为湘语中的"V人"都表示人的不良感觉。还有一派认为各自方言中有少量含积极意义的"V人"。比如,刘海章(1989)认为荆门话中"V人子"不限于表示不舒服的感觉(例如:爱人子、喜人子);胡海(2002)专门把宜昌话中的"笑人"独列为一类,原因就是"笑人"有时可以是褒义;吕建国(2008)认为慈利话"V人子"式形容词中出现了表示积极、正面、愉快等感受意义的词语(例如:喜人子、爱人子、迷人子)。据已有的资料来看,积极"V人"在方言中的出现是零星的。

普通话中含积极意义的"V人"有:诱人、爱人、迷人、魅人、宜人、喜人、逗人等,它们在普通话"V人"类词中所占比例为25%,比方言中积极"V人"所占比例稍大,但依然处于弱势地位。

方言和普通话中的"V人"在感情色彩上呈现一个共性:消极意义的"V人"在此结构中处于极度优势地位。这是因为,它们都是从处置式演变而来，我们知道，处置式一般含有消极意义。刘瑞明（1999）试图从语言内部解释这一问题，以平凉话中"把人 V 人的"句式为例，证明"V 人"大多表示消极意义，对于少量的积极"V 人"，他认为是从一般使动式演变而来。

现将常见的自感结构列举如下：

A. 双音节自感结构"V+人"

磨人 [mo³¹zən²¹] 特指眼睛里面有沙粒的难受感觉。例如：一迎风，眯我眼叻，磨人。

夹人 [tɕɿʔ³³zən²¹] 鞋子太小导致脚部难受的感觉，或手指被压得疼痛的感觉。例如：这鞋穿着太夹人，给我拿个大一号儿叻。

压人 [ya³¹zən²¹] 一指身上或肩上负重过大使人不堪忍受；一指躺在床上或炕上、地面上因有异物或不平引起的难受感觉。例如：这地下室太憋慌，压人。

摁人 [ən²¹zən²¹] 人与床板等平面物体接触时，因其表面太硬而使身体产生的不舒服的感觉。例如：我躺□[tsuo²¹]这个床就一层铺地，摁人。

蛰人 [tsʅ³³zən²¹] 尖硬带刺的东西或伤口处因受到酒精、盐等而使人产生的痛楚的生理反应。例如：我嘴里出不滤叻，一吃东西就蛰人。

溻人 [tʰə³³zən²¹] 身穿着湿衣服，令人感觉不舒服。给小孩儿换个棉裤吧，要不溻人。

颠人 [tian³³zən²¹] 坐车时强烈的颠簸感。例如：坐蹦儿蹦儿车就这感觉，颠人。

瞎人 [ɕiɤʔ³³zən²¹] 指夏天太阳光很强烈给人带来的不适感。例如：这大毒天去干活，瞎人难受。

窝人 [uo³³zən²¹] 指身体因别人挟持、压迫等原因而蜷曲难熬的感觉。例如：坐火车睡上铺窝人叻很。

捂人 [u³¹zən²¹] 口鼻被捂住后呼吸困难的感觉。例如：我不好戴口罩，太捂人。

烤人 [kʰau³¹zən²¹] 强烈的烘烤使人难受的感觉。例如：火太旺，坐到跟迩烤人。

噎人 [yɤʔ³¹zən²¹] 团状物堵塞喉部致难以下咽。例如：干吃馍吃叨我噎人，赶紧叫我喝点水。

　　熏人 [ɕyn³³ zən²¹]　恶浊的气味使人觉得不舒服。例如：茅房一到热天就熏人。

　　气人 [tɕʰi⁴¹ zən²¹]　令人非常生气。例如：小闺女儿越长大越不听说，气人。

　　照人 [zau³¹ zən²¹]　水或地面干净透亮。例如：你看这地板擦叨照人。

　　恍人 [xuaŋ³¹ zən²¹]　光线过于耀眼刺目使人眼睛不舒服。例如：过太阳底看书，恍人。

　　渴人 [kʰɛ²² zən²¹]　使人口渴。例如：大热天来地干活儿，很出汗，渴人。

　　晒人 [sai³¹ zən²¹]　太阳过于强烈使人产生的不舒服的感觉。例如：老爷儿大叨很，我嫌晒人，不想去外头耍。

　　挤人 [tɕi³¹ zən²¹]　空间狭小使人感到拥挤。例如：四五人睡□[io⁴⁴] "一个"的合音床，挤人。

　　咬人 [iau³¹ zən²¹]　因蚊虫叮咬使人皮肤感到痒。例如：热天给外头坐一会儿就觉叨咬人。

　　烧人 [sau⁴⁴ zən²¹]　物体温度高而产生烫的感觉。例如：这水烧人。

　　怄人 [ou³¹ zən²¹]　多指小孩儿淘气。例如：你成天就知道怄人。

B. 双音节自感结构"A+人"

　　缠人 [tsʰna³¹ zən²¹]　藤蔓或绳索缠绕使人不易挣开。例如：地叨涩涩棵儿太多，缠人。

　　毁人 [xuei³¹ zən²¹]　使人身体健康受损。例如：天天干镇使慌叨活儿，不是毁人嘞。

　　坠人 [tsuei³¹ zən²¹]　小腹胀痛使人难受，难忍。例如：这几天小肚可不好受，坠人。

　　眯人 [mi³¹ zən²¹]　风沙天气使人眼睛睁不开。例如：一刮风就不能出门儿，眯人。

　　急人 [tɕiʔ³¹ zən²¹]　令人焦虑。例如：你干动啥肉死叨，急人。

　　瘆人 [sən³¹ zən²¹]　指使人害怕。后半夜出来瘆人。

　　冻人 [tuŋ²¹ zən²¹]　使人感到冷。例如：大冬天不穿袄，不冻人？

咸人［ɕian³¹zən²¹］指饭菜口味过咸而产生的不适的感觉。例如：□［tsuo²¹］这个菜你放盐太多叨，吃着咸人。

辣人［lɐʔ⁴¹zən²¹］辛辣食物对口腔、胃部等的刺激使人非常难受。例如：切个洋葱，真辣人呀。

酸人［suan³³zən²¹］因味道酸产生的不舒服的感觉。例如：汤面条儿里头醋放多叨，酸人。

麻人［ma³¹zən²¹］因过量食用花椒或因外力碰到麻骨而产生的不舒服的感觉。例如：花椒□［tsaŋ²¹］放、搁多叨，吃着麻人。

烦人［fan³¹zən²¹］内心烦躁，不愉快的感受。例如：你并站这儿，看着我烦人。

聒人［kuɐʔ³³zən²¹］声响过大使耳朵难受。例如：大清起就开喇叭聒人。

腻人［ni²¹zən²¹］食物过度油腻使人产生的不舒服的感觉。例如：今个叨饭油□［tsaŋ²¹］放、搁太多叨，腻人。

馋人［tsʰan³¹zən²¹］看到美食嘴馋。例如：想起俺妈做叨红烧肉就馋人。

扎人［tsɐʔ³³zən²¹］带刺植物或钉子等扎脚或羊毛毛衣对皮肤的刺激使人难受的感觉。例如：拽花椒叨时候，招乎些儿刺扎人。

呛人［tɕʰiaŋ³³zən²¹］因烟等气体刺激人的嗅觉而产生的不舒服的感觉。例如：你炒个菜弄叨屋呛人。

揪人［tɕiou³³zən²¹］因被拉拽而产生的不适。例如：今个今天头发捆太紧叨，揪人。

勒人［lɐʔ³³zən²¹］绳子等物在身上勒得太紧的感觉。例如：裤系太紧叨，勒人。

拘人［tɕɤʔ³³zən²¹］因衣领太近等原因而脖子难受以至呼吸困难的感觉。例如：裤腰带系太紧咾拘人难受。

撑人［tsʰəŋ³³zən²¹］吃太饱而感觉不舒服的状态。例如：今个黑儿今天晚上吃太饱了，撑人。

C. 双音节自感结构"N+人"

冰人［piŋ³³zən²¹］因温度低而产生凉的感觉。例如：你到冬天你叨手就冰人。

烟人［ian⁴⁴zən²¹］剧烈的浓烟使人眼睛不舒服。例如：一到这时候都是烘麦秸叻，烟人。

药人［yəʔ³¹zən²¹］因使用药物或含有毒的东西致人或动物生病或死亡。例如：恁可不能吃这野菜，药人。

D. 三音节自感结构"V/A + 人"

喜欢人［ɕi³¹xuan²¹zən²¹］让人感到喜欢。例如：这小闺女儿长叻，喜欢人。

害怕人［xai³¹pʰa²¹zən²¹］使人感到恐惧。例如：黑儿迳我□［io⁴⁴］"一个"的合音人给家，害怕人。

难受人［nan²¹sou³¹zən²¹］使人感到不舒服。例如：我坐车很晕车，难受人。

可烦人［kʰɛ²¹fan²¹zən²¹］让人生厌。例如：他老是太不出奇，可烦人。

窝缺人［uo³³tɕʰyəʔ²²zən²¹］人的身体不能伸展，长时间蜷曲在一起，让人觉得不舒服。例如：你恁高叻个儿，躺镇小叻床睡，多窝缺人。

心疼人［ɕin³³təŋ²¹zən²¹］对别人不幸的同情。例如：□［tsuo²¹］这个小孩儿从小儿没爹没娘，看着真心疼人。

葛意人［kɤ²¹i²¹zən²¹］使人感到恶心。例如：你几天有洗脸叻，真葛意人。

恶心人［əʔ³³ɕin²²zən²¹］胃部不适或者看到很脏的东西有想吐的感觉。例如：外国人都好生吃东西，真恶心人。

第7章 比较句

7.1 比较句概说

比较句是指两种事物或人，或者同一种事物或人两个方面的行为、形状等相比较的一种语言表达形式，是对加以对比结果的一种外化形式。比较句中的比较项在对比点上既可以是差异性的，也可以是相似性或同一性的。在普通话中，比较句有两类，一是具有相同属性的两种事物的比较，如"火车比汽车快"，"火车""汽车"都是交通工具。二是不同属性的两种事物之间的比较，如"这个小女孩和鲜花一样美丽"，"小女孩""鲜花"是两种不同事物。常用的比较句是"比"字句，句式多为：A + 比 + B + X（A、B 为比较的对象，X 为比较的结果，含 VP/AP），比如：小王比小李帅。而辉县的比较句式要比普通话丰富得多，本章主要介绍常见的几种。

比较是辨别两种或两种以上同类事物的异同，是语言中一种重要的语义范畴。在汉语方言里，比较有着各种不同的表达形式，从而构成了各种不同的比较句式。本书主要通过与普通话中的比较句的比较，探究辉县方言比较句的特色。从比较所侧重的角度的不同，我们可以将辉县方言中的"比较句"分为差比句、极比句、递比句和等比句。其中，差比句是辉县方言比较句中用法最为普遍、最为多样的句式，极比句、递比句和等比句也可以说是差比句的一种，可以作为差比句的特殊形式来考察。而这四种句式又可分为两种情况：一种与普通话相同，即用介词"比"引进比较对象，另一种是含有不同于普通话的特殊形式。

辉县方言和普通话一致的比较句中，肯定句的基本格式是"A +

比+B+X"。例如：

（1）□[tsuo²¹]这个书比挪那个书好看。

（2）今年比年时年冷。

当两个"比"连用时，相当于普通话"比一比"。例如：

（3）比比恁俩人谁高。

（4）比比谁叻腿长。

"A+比+B+X"还可以扩展为"A+介词+B+比/比起来+X"式，这里的介词常用"跟"。例如：

（5）今年跟年时年比冷。

（6）你跟她比高。

否定句的基本格式"A+冇/冇有+B+X"，例如：

（7）今年冇/冇有年时年冷。

（8）你冇/冇有她高。

（9）她冇/冇有你会说。

表疑问的比较句，普通话在上述格式后加"吗"或"不"，辉县方言则加"吓"。例如：

（10）今年比年时年冷吓？

（11）你比她高吓？

辉县方言中，当两种人或事物进行性状方面的肯定比较时，一般用"比"字句。辉县方言有几种特殊的比较格式是普通话所没有的，有着鲜明的地方色彩。本书主要从差比句、极比句、递比句和等比句的具体表现来考察。

7.2　差比句

差比句用来比较事物的高下，高下分超过和不及两种情况。辉县方言的差比句主要有六种句式，并且，这几种句式都有对应的否定形式。

7.2.1　A+比+B+X

这一句式跟普通话格式基本相同，结果项X可以是"A超过B"，也可以是"A不及B"，表示相比的结果或结论。X可以是形容词，也可以是动词以及动词短语，但与普通话不同的是后面还可加上补语"可多""一滴儿滴儿"等，也可以用数量词作补语。比较词"比"也可说成"赶比"，后者表示的差距更大一些。例如：

(12) 冷天比/赶比热天好过。

(13) 这裤穿着比/赶比早先揶那个短很叻。

(14) 他今年比/赶比年时年老可多。

(15) 她学习比/赶比你下劲多叻。

(16) 随便干个啥都比/赶比给家歇强。

(17) 我就比/赶比你高一滴儿滴儿。

这一句式的否定句，一般是在"比"字前加"不/冇"，但是此时的比较词只能用"比"，不能使用"赶比"。例如：

(18) 我不比你考叻好。

(19) 他冇比你懂叻多到哪儿。

(20) 她今年冇比年时年长多高。

另外，这一句式的差比句，在比较结果项中常常比出数量，例如：

(21) 床头柜儿比墙多出两公分。

(22) 我比恁都早个把钟头儿就来叻。

(23) 他比我小个两三岁。

(24) 俺学校今年分数线比往前高个十来分儿。

7.2.2 胜 + A + X

这一句式还可用"A + 胜 + X"式，但没有原式表达的感情强烈，两式虽是肯定的形式，但是表达的是否定的意思。句式中的"胜"相当于普通话中的"还不如"，口语化比较浓，往往有强烈的对比意味，包含对 A 的主观评价和否定口气。常用于今昔对比，衬托出现在的不如意，含有强烈的批判语气。这里的人称代词面指对方时用"你"，自我评判时用"我"，背指第三方时用"他/她"[1]。例如：

(25) 胜你给家歇！

---

[1] 张邱林：《"方—普"语法现象与句法机制的管控》，中国社会科学出版社 2009 年版，第 17 页。

（26）胜你去上学！

（27）胜你多睡会儿！

（28）胜你给他好好儿过！

（29）胜你早早儿去上班儿！

以上例句前后都可添加小句来说明现在不如之前的选择好的原因，这些原因往往带有很强的主观性。如例（25）前可加"镇热叻天去外头跑一身汗，胜你给家歇"或例（26）后加"胜你去上学，小小年纪去外头打工受累"。

"胜+A+X"式的否定式为"A+不胜+B+X"，两者意义相同，但是前者比后者语气强烈，针对性更明显。例如：

（30）□［tsuo²¹］这个衣裳不胜挪衣裳洋气。

（31）今年叻玉粟不胜年时个好。

（32）他叻嘴不胜你会说。

（33）洗衣机还不胜手洗叻干净哩。

（34）新媳妇儿还不胜伴娘好看叻。

7.2.3　A+比过+B

这种格式一般要在句首或句中点明比较点，其构成的句子带有较强的较量意味，比较词前可加程度副词"可"来增强语气，句末必须使用语气词"咾"。例如：

（35）拍马屁这一套他（可）比过你咾。

（36）打羽毛球他（可）比过你咾。

（37）赛跑儿我（可）比过你咾。

其否定式为"A+比不过+B"，句末不用语气词。例如：

（38）拍马屁这一套你（可）比不过他。

（39）打羽毛球他（可）比不过你。

（40）上学我比不过你，做生意你可比不过我。

7.2.4　A+赶+上+B+X

"赶上"表示"比得上"的意思，因此"上"也可换作"得上"，"赶"也可换作表示相同意义的"顶/跟/抵/撵"，这组比较句式，在辉县方言中经常用到，大多表示强调性意义。这一式中的"赶上"一般不单用，其前常常有情态动词"能"或副词"都/快/都快"。句末是人称代词时，语气词必须用"咾"，其他情况则用语气词"叻"。此时的比较往往强调其动态性，比较点 X 有时并不出现在句中而是隐含在句意中。例如：

（41）今年赶上年时年冷叻。

（42）他吃饭赶得上俩人叻饭量叻。

（43）你都快赶上恁妈叻个儿叻。

（44）我走路都快赶上你骑车叻。

（45）说起耍，他能赶上你咾。

（46）玉粟这几儿最近真见长，都快撑/赶上我叻。

（47）你□［io⁴⁴］"一个"的合音人都顶上她俩人干活叻。

（48）你□［io⁴⁴］"一个"的合音月挣叻都抵上我一年叻工资叻。

（49）咱骑洋车都跟上他都他们骑电动车叻叻。

其否定形式是"A + 不赶（顶、跟、抵）+ B + X"或"A + 赶（顶、跟、抵）+ 不上 + B + X"。比较词前常加"还"加强强调的意味。例如：

（50）今年不赶年时年冷。

（51）他吃饭还抵不上俩人叻饭量。

（52）买叻鞋不顶/抵自己做叻鞋穿着暖和。

（53）小妹儿学习赶不上恁闺女强。

（54）恁爸干活儿太快，俺俩人都撑/赶不上他。

（55）你给他叻钱儿还顶/跟不上他□［io⁴⁴］"一个"的合音月不登挥霍浪费叻。

（56）镇大会儿叻衣裳质量还抵不上早先叻好穿。

另外，"A + 赶（顶、跟、抵）+ 上（得上）+ B + X + 叻/咾"这一句式中的比较词前还可加疑问词"哪"，用于不表示疑问的强调性疑问句中，表示否定的意思。例如：

（57）我哪能赶上你咾？

（58）他咋会顶得上你吃叻多咾？

（59）俺骑个车儿咋能跟上恁开车叻咾？

（60）他买挪衣裳抵上我买两件儿叨？

7.2.5　A+超过+B+X

这一句式与普通话用法相同。例如：

（61）你不好好儿学习，旁谁就超过你叨。

（62）我跑叨快，一会儿就超过恁都叨。

（63）咱一会儿就超过他都叨。

（64）恁学校叨升学率早就超过俺叨。

（65）咱国高铁叨技术绝对超过旁啥国家咾。

其否定形式为"A+超不过+B+X"，句末不加语气词。所以上述例句可变换为：

（66）你好好儿学习咾，旁谁就超不过你。

（67）我跑叨快，他都超不过我叨。

（68）咱老是超不过他都。

（69）恁学校叨升学率肯定超不过俺。

（70）咱国高铁叨技术绝对超不过旁啥国家。

7.2.6　A+有+B+X

这种句式中的"有"字前可以有"估计""不一定""哪""确实"等表示猜测、怀疑、肯定等语气的副词，一般都是表示疑问、强调或陈述，通常用来比较年龄、身材、性质等方面。例如：

（71）他估计有你恁能吃。

（72）他懂叨不一定有你多。

（73）我哪有恁学习好。

（74）他确实有你恁胖。

用在疑问句中，若表示肯定回答时，其答语往往也是用含有"有"字的比较句，而较少用其他形式的比较句。例如：

（75）——他有我胖？

　　　——他有你胖。

（76）——他有咱独？他比我们强？

　　　——他有咱独。他比我们强。

这两组例句，依据不同的语言环境可以有两种用法。一是表示一般的疑问及一般的陈述回答；二是可以用在某种需要据理力争的情况下，表示强调语气。

"A+冇+B+X"对应的否定形式为"A+冇+B+X"。并且这一句式表达较强的强调语气时，往往在"没"之前加一个表示肯定语气的副词"可"字。例如：

(77) 他（可）冇你高。

(78) 谁都冇你厉害。

(79) 俺都（可）冇你有成色。我们没你有本事。

(80) 我（可）冇你沉。

(81) 你（可）冇恁嫂长叻好看。

(82) 咱这儿（可）冇城□［liou⁵³］ᴴ"里头"的合音热闹。

7.3 极比句

极比句表示的是一种事物或同类的事物在某种性状上胜过或不及同类的其他事物，所比较对象的范围比较宽泛，往往是遍指或者是任指的。极比句也可以放在差比句中，因为其意义所表示的是差别、高下，但是比一般的差比句特殊，"它跟一般的差比的不同在于比较的范围：一般差比的求比或被比对象特指得到，而极比的求比或被比对象往往是任指（或遍指）的"①。辉县方言的极比句主要有以下三种形式，且这三种句式都没有否定形式。

7.3.1 B+A+最+X

这种句式的比较项 B 是隐性的，表示的是比较的范围，而不是特指的比较对象。例如：

(83) 热天时候空调屋儿最凉快。

(84) □［tɕyəʔ²¹³］"几个"的合音儿儿子老大最孝顺。

(85) 准备镇些吃叻，鸡蛋最减饥顶饱。

---

① 汪国胜：《湖北大冶方言的比较句》，《方言》2000 年第 3 期。

(86) 俺这小孩儿,老二最听说听话、懂事。

(87) 咱庄儿,恁儿最有本事。

(88) 一下雨,就咱这一条街水排叨利亮干净。

7.3.2　B+数+A+X

这一句式的比较项 B 仍是表示范围的。这种格式所表示的胜过的程度比"B+A+最+X"句式稍低一些。如果要强调比较结果的唯一性和其程度之深,则比较项 A 和 X 之间还可以出现"最"。例如:

(89) 今年考研咱班数小丽考叨(最)好叨。

(90) 连着好几年数今年雪(最)大。

(91) 这一茬儿小孩儿们数恁闺女(最)有成色。

(92) 找工作,就数武汉叨学校难找到合适叨。

(93) 连着这几年,就数恁家叨产量高叨。

(94) 这两年数北京叨雾霾大叨。

7.3.3　A+比+B+都+X

这一句式中的 B 表示任指或遍指,在比较值前要加范围副词"都"。例如:

(95) 老两口健健康康叨,比啥都强。

(96) 这一片儿再没有谁比你能说叨。

(97) 全辉县,就数恁厂叨效益比旁谁叨都好叨。

(98) 做木工,双喜儿比谁都行。

A 表示任指,例如:

(99) 随便哪□[io^{44}]"一个"的合音都比你能。

(100) 俺都一堆人,哪□[io^{44}]"一个"的合音都比他家伙叨很。

(101) 别手劲儿没有哪□[io^{44}]"一个"的合音比我叨劲儿大。

(102) 不管谁都比你叨脾气好。

7.4　递比句

递比句又叫渐进比较句,表示程度逐次递加或递减。这种句子也可以看成差别句，但是它比较特殊，"表示多个事物的逐次比较，而程度逐次加深或减轻；从形式上看，比较的 A 项和 B 项都是'一 + 量'短语"①。在辉方言中，主要有四种形式。

7.4.1 一 + 量 + X + 似 + 一 + 量

这一句式中的"一 + 量"短语常用"一天"或是"一年"，且只用于肯定句。例如：

（103）瞧你叨身体一天强似一天哪。

（104）跌进腊月家，一天冷似一天。

（105）粮食一年贵似一年。

（106）空气一年差似一年。

从比较的结果看，多是单音节的形容词，如"强""冷""贵""差"等；从比较的程度看，都不是程度最大的表达，而是表示后者比前者"略强、略高、略大"的意思。此外，还有程度上循序渐进的意味。

7.4.2 一 + 量 + 比 + 一 + 量 + X

这一句式与上一句式在语义上是相同的，只是上一句式普遍存在于老一辈辉县人的口语中，而这一句式由于受普通话的影响，较多地出现在新一代辉县人的日常交际中。例如：

（107）快到年根儿叨，菜一天比一天贵叨。

（108）咱家叨核桃树一棵比一棵长叨莽实。

（109）阳末儿叨小孩儿们一茇儿比一茇儿长叨个儿高。

（110）俺姥家叨小狗一窝儿比一窝儿下叨娃儿多。

（111）这雨一阵儿比一阵儿下叨大。

7.4.3 一 + 量 + 不胜 + 一 + 量

这一形式属于递比句中的"不及式"，表示程度逐渐减弱。例如：

（112）俺奶叨身体一天不胜一天叨。

---

① 汪国胜：《湖北大冶方言的比较句》，《方言》2000 年第 3 期。

(113) 这几儿最近新出叻电影，拍叻一场不胜一场。

(114) 你考试一回不胜一回。

(115) 粮食产量一季儿不胜一季儿。

7.4.4　一+量+赶+一+量+X

这一句式属于递比句中的"胜过式"，表示程度逐渐加深。例如：

(116) 恁家这俩孩儿□［io^{44}］"一个"的合音比□［io^{44}］"一个"的合音省事儿。

(117) 生意一年赶一年难做。

(118) 玉米一茬儿赶一茬儿长叻好。

(119) 学生一批赶一批会打扮。

7.5　等比句

等比句又叫平比句，用来表示事物、行为、性状的异同，表示相比较的双方在某一属性的程度相同或接近。等比句的内部比较复杂，但是其中一个重要的差异就在于被比项之前是否出现介词。辉县方言中的等比句主要有五种形式。

7.5.1　A+跟+B+一样+叻

这种句式，A和B代表两种相比的事物或性状，"一样"也可用"样儿"来替换，表示"差不多"的意思。它们是比较的结果，是句子的谓语。"跟B"是介宾结构，修饰"一样（样儿）"，作状语。句末要用语气词"叻"。例如：

(120) 我绞叻头发跟你叻一样（样儿）叻。

(121) 我跟你叻大衣一样（样儿）叻。

(122) 俺哥叻个儿跟你一样（样儿）叻。

(123) 恁爸叻岁数儿跟俺爸一样（样儿）叻。

这一句式还可变换为"A+跟+B+一样（样儿）+X"式，变换后的句式句末需去掉语气词。"A+跟+B+一样（样儿）"是状语，修饰后面的谓语。谓语部分可以是形容词或形容词短语，也可以是动词或动词短语。如果是动词短语，则动词多为表示心理活动，后面需要带宾语。例如：

（124）俺家叨地跟恁家叨一样（样儿）多。

（125）恁家装修叨跟俺家一样（样儿）简单。

（126）恁姥爷跟恁姥一样（样儿）好打麻将。

（127）你跟俺奶一样想去花庄儿看戏。

"一样样儿"是辉县方言中固有的方言词。这种句式的否定式，如果谓语是动词短语，则将否定副词"不"加在动词短语前，若该动词前有程度副词"可、恁"等，则在变成否定句时要去掉程度副词。例如：

（128）我跟你叨想法儿不一样。

（129）俺学跟恁学放假时间不一样。

（130）俺舅跟俺姥爷一样样儿不好喝酒。

（131）他家叨小狗儿跟恁叨小狗儿一样样儿不好给家屙尿。

上述例中，后两例在变否定句前句中常出现"可"等程度副词，如例（130）原句为"俺舅跟俺姥爷一样样儿可好喝酒"。

如果谓语是形容词，则有两种形式，一种是将否定副词"不"加在"一样（样儿）"之前，仅表示 A 和 B 不相同；另一种是将"不"放在形容词前面，表示"两者都不"，若该形容词前有程度副词"可、恁"等，则在变成否定句时都要去掉程度副词。例如：

（132）□［tsuo²¹］这个衣裳跟挪衣裳不一样大！

（133）□［tsuo²¹］这个衣裳跟挪衣裳一样不大！

7.5.2　Z +（都）+ 一样 + X

这种格式中的"一样"也可换作"一般"，"一般"中的"般"读音为［man⁵⁵］。多用来比较可以定量的人或事物，Z 表示数量值，X 一般不能省略。例如：

（134）这俩小闺女儿一样/一般高。

（135）这两条裤都一样/一般长。

（136）咱□［tɕyaʔ²¹³］"几个"的合音人都一样/一般沉。

句中的"都"常用于大于二的数量。如例（134）一般不说"这俩小闺女儿都一样/一般高"。Z可以是精确的数量结构，如例（135），也可以是个约数，如例（136）。

7.5.3　A+跟^D+B+一般+X

（137）你跟^{D}恁哥一般高儿。

（138）□［tsuo^{21}］这个屋儿跟^{D}挪屋儿一般大儿。

此格式有以下特点：一是介词"跟^D"发生语法变韵现象①，从基本韵［·n］变成［·］。二是"一般"中的"般"读音为［man^{55}］；表示比较结果的形容词必须是儿化形式。三是表示比较结果的形容词一般仅限于描写实物度量衡特征和数量的单音节形容词，如"多、高、长、粗、宽、大、深、稠、厚、中、沉、远"等。四是这个格式只能切分成"你跟^{D}恁哥/一般高儿"，而不能分析成"你跟^{D}恁哥一般/高儿"。

如果进行除上式里的形容词外的其他形容词或形容词性词语与此格式同义的比较，辉县方言就会有以下格式：

1）A+跟^D+B+X+□［io^{44}］"一个"的合音样儿/一模样儿/一模似样儿

这一句式与"A+跟^D+B+一般+X"的意义相同，只是形式上"□［io^{44}］'一个'的合音样儿/一模样儿/一模似样儿"后不能再出现表示比较结果的形容词。例如：

（139）我跟^{D}他买叻衣裳颜色□［io^{44}］"一个"的合音样儿/一模样儿/一模似样儿。

（140）俺妈给我做叻铺地跟^{D}学校叻床宽窄□［io^{44}］"一个"的合音样儿/一模样儿/一模似样儿。

（141）你跟^{D}恁爸叻脾气□［io^{44}］"一个"的合音样儿/一模样儿/一模似样儿。

（142）你跟^{D}老一辈人叻思想□［io^{44}］"一个"的合音样儿/一模样儿/一模似样儿。

这种格式既可以用来表示积极的情绪，如例（139）、（140），也可以用来表示消极、批判的情绪，如例（141）、（142）。

---

① （汉）许慎：《说文解字》，浙江古籍出版社1998年版。

2）Z +□［io⁴⁴］"一个"的合音样儿/一模样儿/一模似样儿

Z代表"混在一起的比较前后项"，例如：

（143）恁姊妹俩长叻□［io⁴⁴］"一个"的合音样儿/一模样儿/一模似样儿。

（144）这几本书□［io⁴⁴］"一个"的合音样儿/一模样儿/一模似样儿。

（145）这一窝儿小狗儿生叻□［io⁴⁴］"一个"的合音样儿/一模样儿/一模似样儿。

3）A + 跟^D + B + 差不老多少

这一格式中，"差不老多少"与"差不多"意思相近，构式化程度比"差不多"高；"差不老多少"强调两事物之间几乎没有差别。例如：

（146）你这一袋儿苹果跟我叻斤数差不老多少。

（147）这一月工资跟上□［io⁴⁴］"一个"的合音月差不老多少。

（148）这一篇论文发表叻时间跟上一篇差不老多少。

4）A + 跟^D + B + 大摸约儿 + X

此句式的意思是"A和B差不多……"，X一般是单音节的性质形容词，有时可以省略。运用此句式进行比较的双方，它们的比较点X一般相差极小甚至没有差距，并且，X代表的形容词多表示"多、好"的意思。例如：

（149）这一回考试跟^{D}上回大摸约儿高。

（150）今年叻产量跟^{D}年时年叻大摸约儿多。

（151）你梭叻裤边儿跟^{D}我叻大摸约儿齐。

（152）咱叻床跟^{D}这一面墙大摸约儿宽。

7.5.4　A + 跟^D + B + 样似 + X

这一句式表示两个同类事物在某一方面很相似，X前常出现程度副词"镇这么、恁那么"用来加强程度，并起到进一步补充说明的作用。X既是比较的结果，又是比较的具体方面，X有时也可省略。例如：

（153）她叻脸跟^{D}苹果样似恁红。

（154）咱家叻河水跟^{D}明镜儿样似照人形容水清澈的样子。

(155) 他叨腿长叨跟^D竹竿样似恁细。

(156) 她叨手劲儿大叨跟^D个汉们样似恁大。

(157) 我叨腿胖叨跟^D大象样似恁粗。

(158) 她家叨房儿跟^D巴掌样似镇大儿。

(159) 她把脸抹叨跟^D雪样似白。

(160) 把你晒叨跟^D炭样似黑。

此外，上述句式还可形成固定格式"A+跟^D+B+样+叨+恁+X"，"恁"需重读。例如：

(161) 你跟^D恁姑样叨恁俊。

(162) 他脸晒叨跟^D黑种人样叨恁黑。

句式"A+跟^D+B+样似+X"的否定形式为"A+不跟+B+样似+X"。例如：

(163) 小杰不跟他妈样似恁抠门儿。

(164) 种地不跟恁做生意样似镇挣钱儿。

(165) 恁家盖房儿叨地基不跟他家样似起恁高。

(166) 俺家小孩儿不跟恁样似镇费气。

(167) 我不跟你样恁懒。

这一句式，不论是肯定句式还是否定形式，在有上下文的语境中，说话双方都知道或不必说出的情况下，可省去句中的"X"，比如例(153)可以说成"她叨脸跟苹果样似"，例(163)可以说成"小杰不跟他妈样似"。

另外，句式"A+跟+B+冇法儿比"也可用来表示否定的意思，例如：

(168) 洋车儿跟电动车冇法儿比。

(169) 俺家跟恁家冇法儿比。

(170) 农村跟城□[liou^53]^H "里头"的合音冇法儿比。

(171) 中国跟美国冇法儿比。

(172) 小混混儿们跟学习好叨冇法儿比。

7.5.5 A+（都）有+B+X

这种句式表示A和B两种事物在相比较时，以B事物作为标准，A

事物已有或已达到 B 事物那种程度了。谓语可以是形容词或形容词短语，也可以是动词或动词短语，同时句中常用程度副词"恁"表强调。例如：

（173）玉粟都有一人高叻。
（174）他叻嘴有撒贝宁恁会说。
（175）他叻个儿有姚明恁高。
（176）来看叻人有一火车恁么多。
（177）恁儿况门儿都有你高。
（178）他长叻有黑种人恁黑。

上述前三例表示对现实的客观描述，后三例则表示对事实的推测。

这种句式的否定式，是用"冇"代替"有"。在意义上，与差比句相似，此不赘言。

7.6 小结

辉县方言比较句的句式多样，大部分比较句式都有对应的否定形式，并且在语气词的使用上，肯定形式往往需要语气词的配合，而否定形式则必须去掉语气词。其中，差比句的句式最为丰富，在辉县方言中使用频率颇高。其他句式相对于普通话来说，都较为丰富。

需要指出的是，以上所介绍的比较句式，在使用时并不是绝对和单一的，具体在什么情况下使用哪一种或几种句式，不仅取决于本方言区的社会习惯，也取决于使用者个人的语言习惯。同一种意义可以用多种句式来表达，比如递比句和等比句中的各种形式，但是具体使用时又会有细微的差异。

第8章 疑问句

辉县方言疑问句与普通话比较有一定的特色。在表达疑问的手段方面，辉县方言中单纯使用语音手段的疑问句不用于表示有疑而问的形式；表疑问的常用语气词、语气副词和疑问代词与普通话不同。在疑问句内部小类的划分方面，辉县方言中没有典型的是非问句；选择问句和正反问句内部小类的划分与普通话有差别。在使用频率方面，辉县方言疑问句中使用频率最高的是正反问省略式。

8.1 疑问表达的手段

8.1.1 语音手段

辉县方言单独使用语言手段表达疑问时只出现在反问句中，表示无疑而问。在陈述句的基础上，句末上升调，带有疑问语调和反问语气，可以表达否定、不满或不相信的意思。这一点与普通话的用法相同。例如：□［tsuo^{21}］这个店儿是你哩？（这家店是你的？）把"你哩"重读并减慢语速一字一顿说出来，句末读升调，表达的意思就是"难道这家店是你的？"

8.1.2 词汇手段

辉县方言可以通过以下三类词语来表达疑问信息。

一是句末语气词。常用的句末语气词有 8 个：怀、管、嚜、唻、咾、哩、哟、嘞。其中 6 个语气词"嚜""唻""咾""哩""哟""嘞"是表达疑问的必备成分。下面分别加以说明。

唻：在辉县方言中使用频率最高。常用在是非问、选择问和特指问中。

呀、管、嘍：常用在是非问句中。三者一般都是表示对事实的一种推测，"信大于疑"，疑问语气较普通话的"吧"弱，且多与"叻"连用，有厌烦、催促的语气。例如：你今个_{今天}不准备走呀？/他走罢叻管？/碗是你弄打了_{碎了}嘍？

咾：常出现在反问句和选择问句中。用在反问句末，表示质疑，有怀疑、不相信的语气。例如：潜嘛些_{这么}多东西，你拿动咾？/你相中□［tsuo²¹³］"这个"的合音咾还是相中挪"那个"的合音咾？

哩：常出现在特指问和是非问句中。用于特指问句末，加强疑问的语气，有"想探个究竟"的意思。例如：你开车去哪点儿哩？用于是非问句末，它既有完句功能，又表示疑问语气。例如：钱儿哩？意为"钱在哪儿？"

唰：常出现在选择问和特指问句中。此时句末的"唰"往往读作轻声，而句中的"唰"则重读，这是说话人有意识地把两者中最有可能的一项放在前边供听话人来选择。例如：这是你唰还是我唰？出现在特指问句中，增强疑问词的疑问程度。例如：恁你们去哪囊耍唰？

嚟：常出现在是非问和反问句中。用于是非问句末，表示惊奇、意料之外之意。例如：你还冇_{没有}迷瞪过［kuɐʔ⁵³］嚟？用于反问句末，常与语气词"叻"连用，语调上扬，加强反问的语气，常含有言外之意。例如：你觉叻我可景待见、偏向你叻嚟？

二是表示疑问的语气副词：敢（是）。常用于估测类疑问句中，用来表示反诘、测度，有"恐怕""莫非"的意思。例如：你今年敢有五十叻呀？/天敢漏叻嘍？

三是疑问代词。辉县方言常用的疑问代词有：哪点儿、啥、咋（式）。

8.2 疑问句的类型

关于疑问句的分类，我们根据结构形式的不同把疑问句分成特指问句、是非问句、反复问句、选择问句和反问句五种，但结构形式有所不同。

8.2.1 特指问句

疑问代词是特指问句的主要标志，普通话的特指问句含有疑问代词"谁、哪一个、什么、哪里、哪儿、怎样、怎么样、怎么"等，要求听话人特别针对这些疑问代词来具体回答，问句中的疑问代词也是疑问点，特指问句既不能作肯定、否定回答，也不能像选择问句、反复问句那样回答，而是作具体回答。

辉县方言和普通话的特指问句，都是由疑问代词代替陈述句中的特指对象而构成，最大的差别主要表现在疑问代词的使用不一样。

询问人，常用"谁"。例如：

（1）谁盖外头站叻？
（2）墙圪角儿骨蹲挪人是谁唻？
（3）这是谁家叻车？

"谁"在句中分别作主语、宾语和定语。

询问物、时间常用"啥"。"啥"相当于普通话的"什么"。例如：

（4）你买叻这是啥？
（5）你啥时候到家叻？
（6）你给学都学叻点儿啥？
（7）恁家挪亲亲_{亲戚}叫啥？

"啥"在句中分别充当宾语、定语。

询问处所，一般用"哪点儿"。"哪点儿"相当于普通话的"哪里"。例如：

（8）你去哪点儿干活唻？
（9）恁家给哪点儿叻？
（10）哪点儿耍把戏叻？

询问数量，常用"多少〔tu³¹ sau²¹〕""多多〔tu³¹ tuo⁴⁴〕"，例如：

（11）恁今年种了多少玉粟？
（12）你今个_{今天}做叻多多饭？

询问状态，常用"咋样儿"。"咋样儿"相当于普通话的"怎么样"。例如：

（13）俺小孩儿给学学习咋样儿？

(14) 姥爷叻身体这几儿咋样儿？

询问程度，常用"多"，例如：

(15) 你说说他到底对你有多好？

(16) 他家叻新媳妇儿长叻多好看？

询问方法、原因，常用"咋""咋式"，相当于普通话的"怎么""怎样"，在句中通常作状语。例如：

(17) 这句话用辉县话咋式说哩？

(18) 你看□［tsuo²¹］这个题咋做简单？

(19) 你咋没吭声气儿就往学走叻？

(20) 恁是咋式寻着我俩？

8.2.2 是非问句

是非问句是把一件事情都说出来，要求对方作肯定或否定回答的句子。

普通话的是非问句在句法结构中没有疑问代词、并列选择项、肯定否定项等疑问表达形式，在一般陈述句的基础上加上疑问语调——上升语调，或者加上疑问语气词"吗"就可以构成是非问句，例如：

小穆来了。→小穆来了？↗→小穆来了吗？↗

辉县方言使用是非问句时主要有以下特点：

1）借用疑问语调表达

①询问即将发生的情况

当询问某事是否即将要发生时，辉县方言一般借用上扬的语调表达，也会通过疑问语气词来帮助表达。这也是辉县方言与普通话一致的地方。肯定回答多用"昂"，也可用"昂+VP+呀"；否定回答一般用"不是没有"。例如：

(21) a：赶会去？

　　　b：昂。/昂，赶会去。/不是。

(22) a：他明个来？

　　　b：昂。/昂，明个来。/不是。

(23) a：你放假叻？

　　　b：昂。/昂，放假叻。/没有。

②询问已经完成或实现的情况

询问已经完成或实现的情况时，普通话句尾可以有语气词"吗、啊、吧"，辉县方言一般不用，而是多借助语气词"叻""唻"来表达，并且常与语气词"怀"连用。这类问句语气较委婉，多表示对某种情况的一种确认性发问，所以这类问句在辉县方言里的回答多是肯定的。例如：

(24) a：恁闺女儿考上大学叻怀？
　　　b：昂。/昂，考上叻。/没有。

(25) a：你去北京唻怀？
　　　b：昂。/昂，去唻。/没有。

(26) a：下雪叻怀？
　　　b：昂。/昂，下叻。/没有。

③询问是否经历过某种事实

当询问是否经历过某种事实时，辉县方言多借助动态助词"过"来表达，句末一般不用语气词。普通话的有些是非问句，不强调的时候，也不用语气词。例如：

(27) a：你出过国？
　　　b：昂。/昂，出过。/没有。

(28) a：你吃过泰国叻香米？
　　　b：昂。/昂，吃过。/没有。

(29) a：他来过俺家？
　　　b：昂。/昂，来过。/没有。

④询问某种事实是否存在

当询问某种事实是否存在时，辉县方言常通过"是"字来表达，肯定回答多用"昂"，否定回答一般用"不是"。例如：

(30) a：那儿囊挪就是黄鹤楼？
　　　b：昂。/不是。

(31) a：这就是奥特莱斯？
　　　b：昂。/不是。

(32) a：明个是七夕？
　　　b：昂。/不是。

⑤询问是否领属或存在

当询问是否领属或存在时，辉县方言一般用"有"字来表达。例如：

(33) a：你有八十叻？
　　 b：昂。/没有。

(34) a：恁家有三辆车？
　　 b：昂。/没有。

(35) a：你没有来上课？
　　 b：昂。/没有

此外，这种格式句尾还可加"□"［miou^{53}］^{H}"没有"的合音，专用于以"有"作谓语或谓语中心的是非问句中语气呼应，常出现于连动句或兼语句中。例如：

(36) 到获嘉有地张儿地方住□［miou^{53}］^{H}"没有"的合音？

(37) 这事儿到底有人管□［miou^{53}］^{H}"没有"的合音？

(38) 恁俩人到底有家□［miou^{53}］^{H}"没有"的合音？

⑥询问某种可能或意愿

当询问某种行为、状况的可能性或意愿性时，辉县方言多借助动词来表达。例如：

(39) a：你能回来家？
　　 b：昂。/能。

(40) a：你会开汽车？
　　 b：昂。/会。

(41) a：俺奶能走路叻？
　　 b：昂。/能。

2) 省略性是非问句

省略性是非问句通常是问话人先陈述一件具体事实，然后在具体要询问的对象后附加语气词，形成前后对举，从而进行提问。例如：

(42) a：俺学早就放假叻，恁叻？
　　 b：放叻。/没放。

(43) a：我看他俩人能成，你觉叻哩？
　　 b：能成。/成不老。

3）反问性是非问句

这种问句主要是用来表达肯定或否定的意思，用肯定形式表示否定的意思或者用否定形式表示肯定的意思。例如：

（44）我不讲理，你讲理？

（45）我去不中，你去太中？

这两例都是通过陈述说话双方公知的事实，并以是非问句的形式来表达否定的意思。

（46）你叻腿都跸折叻，还想去地干活？

（47）喉咙都喊哑叻，还想当啦啦队队长？

这两例是通过陈述某种不可能再继续的事实，以"还……"的形式表达否定的意思。

（48）我是恁妈，我会不心疼你？

（49）俺奶住院叻，我能不扯急？

（50）你对他好，他对你不好？

这三例前半句陈述一件双方都认可的事实，后半句以否定形式表达肯定的意思。

辉县方言还有一种在陈述句型后加"不是"的是非问句，在这里"不是"是一个固定结构，其作用相当于一个语气词。例如：

（51）你过年能毕业不是？

（52）你夜个昨天去新乡唻不是？

（53）你睡着叻不是？

（54）他当兵去叻不是？

这种"……不是"结构已不是单纯提问，而是反问或者是提问者对情况早有所知，只是求得一个证实性的回答而已。

8.2.3 反复问句

反复问句又叫作正反问句，是把一件事情的正反两个方面都说出来，要求被询问者从中做出某一方面的回答。朱德熙先生指出汉语方言里的两种反复问句形式"VP 不""VP 不 VP 不"和"VP 没有""VP

没"① 辉县方言里都存在，而且口语中"VP 不""VP 没"占主导位置。在调查中我们发现：因受普通话形式"VP 不 VP 不"和"VP 没有"形式的强势影响，从使用频率上来看，现代辉县新派"VP 不 VP 不"和"VP 没有"有取代"VP 不"和"VP 没"的趋势。

辉县方言的反复问句的提问方式与普通话一样，但双音节动词或形容词的提问方式只是省略前一个双音节词的后一个词素，即"V + 不（没）+ VP"式，V 代表单音节动词或形容词，VP 代表动词性词语。"不"表示未然体，"没"表示已然体。例如：

（55）未然体：你到底去不去学？

　　　已然体：镇早就回来叨，你去没去学？

（56）未然体：你还练不练车？

　　　已然体：夜个练没练车？

（57）未然体：咱老师来不来？

　　　已然体：咱老师来没来？

（58）你恼不恼他？

（59）他叨个儿高不高？

（60）她长叨俊不俊？

谓语部分是动宾结构，动词用肯定否定叠加后再带宾语，如"去不去学、练没练车"等。这种现象，普通话将其视作不规范的用法，如只能说成"去学校不去学校、练车不练车"等。V 如果为单音节形容词，其说法和普通话相同，如例（57）。

VP 为双音节动词或形容词，也分为未然体和已然体两种形式。对比普通话。例如：

未然体：

（61）普：你们过年磕头不磕头？

　　　方：恁过年磕不磕头？

（62）普：你今天洗衣服不洗（衣服）？

　　　方：你今个洗不洗衣裳？

（63）普：你整天忙，吃消不吃消？

---

① 朱德熙：《汉语方言里的两种反复问句》，《中国语文》1985 年第 1 期。

　　　　方：你成天忙，吃不吃消？
(64) 普：你这样对他，抠门不抠门？
　　　　方：你镇式对他，抠不抠门儿？

已然体：

(65) 普：你五一打算没打算结婚？
　　　　方：你五一打没打算典礼？
(66) 普：你到底打他没打他？
　　　　方：你到底打没打他？
(67) 普：你说你犟劲没犟劲？
　　　　方：你说你犟没犟劲？

　　辉县方言的说法，普通话往往当作不规范的语法现象加以纠正。

　　辉县方言的"V+不/没+VP"和普通话"VP+不/没+VP"的差别，主要表现在肯定式的表达上。如果句子是由不带宾语的单音节动词（或形容词）构成的，它和普通话的正反问句的说法完全相同，都用肯定否定叠加形式"V+不/没+V"式，如"看不看""要不要""香不香"等。如果句子是由非单音节动词（多是双音节的）或动词短语构成的，它和普通话的正反问句的说法就不同了：普通话用整个动词或动词短语的肯定否定叠加形式来表示正反问，而辉县方言把非单音节动词或动词短语的第一个音节作为肯定形式，与整个动词或动词短语的否定形式相叠加，即使是双音节和多音节的形容词（包括联绵词）也要这样拆开，如上例的"抠不抠门儿"。再如双音节联绵词"淘汰"和多音节联绵词"稀里糊涂"，辉县方言说成"淘没淘汰""稀不稀里糊涂"，而普通话说成"淘汰没淘汰""稀里糊涂不稀里糊涂"。

　　VP为双音节助动词的两个音节，而普通话里，要把助动词整体上肯定否定叠加后再带动词。试比较辉县话与普通话：

(68) 普：你愿意不愿意换座位儿？
　　　　方：你愿不愿意换座位儿？
(69) 普：你能够不能够学会开车？
　　　　方：你能不能学会开车？

　　由于"V+不+VP"式音节较长，不符合语言交际明确化的原则，加之方言是弱势语体，无法和普通话的强势语体相抗衡。因此，很多情况下，"V+不+VP"式以和普通话接近的形式出现：只在动词或形容词性词语后面加包含否定意味的疑问语气词"吥"，即格式"VP+吥"。如可以说成"你见叻老师鞠躬吥？""你五一打算典礼吥？""你愿意换座位儿吥？"等。

另一种反复问句的形式为"VP+M"，VP包括动词或形容词，M代表语气词，如"咾""叻""吥"，动词后面还可以加宾语或补语。例如：

（70）天不早唡，咱往家吥？
（71）我做叻面条儿好吃吥？
（72）你看我买叻苹果面吥？
（73）你叻胳膊能抬吥？
（74）小孩儿会爬吥？
（75）咱今个晌午今天中午还吃面条儿吥？
（76）这罪你受够叻吥？

前两例是动词，例（72）是形容词，例（73）、（74）是能愿动词，例（75）动宾短语，例（76）是动补短语。

还有一种形式比较特殊，只用于动词，中间的否定词只能用"冇"，且需要添加语气词。形成"V+M+冇+V"式。例如：

（77）你看唻冇看？
（78）恁吃唻冇吃？
（79）他哭唻冇哭？

8.2.4 选择问句

普通话选择问句表示提问的手段是并列问，使用连词"是……还是……"，使用语气词"呢"，一般不使用"吗"。例如：

（80）你是唱歌呢，还是跳舞呢？
（81）我是去还是不去呢？

辉县方言选择问句的特点主要在于语气词"呀""唡""叻"的使用。由于受普通话的影响，连词"是……还是……""……是……"也可以帮助提问，但使用频率较低，几乎不成对出现。例如：

（82）你是吃烩面呀还是扁食？

（83）恁爸好呀不好？

（84）你是陈位庄呐还是大位庄叻？

（85）今个今天初一呐初二？

（86）你走叻是不走？

（87）今年叻产量高还是低？

此外，辉县方言中，还有一种特殊的选择问句式，我们称为猜想式选择问，格式为"是 V 不 V 是？"例如：

（88）等了老半天，恁是来呀不来是？

（89）饭做中叻，你是吃呀不吃是？

（90）衣裳给你买好叻，你是穿呀不穿是？

（91）水开叻，你是起壶□［liou53］[H]"里头"的合音呀不起是？

当有对话者时，说话人用它向对话者发问，求得证实，无旁人时说话者又可用来自问，从自己的经验和观察中得到证实。这类句子问的内容都是第三者（他、他们）将可能产生什么动作，而谈话者对动作产生的可能性是半信半疑的。整个句子是平升调。猜想部分是由表示正反问的一组词和表示肯定的"是"构成，作句子的谓语。反项谓词出现与否相当灵活。句末表示肯定的"是"语音已弱化，念轻声。

8.2.5 反问句

反问句是询问者对某一问题明明已经有了明确的看法，只是用疑问语气或疑问方式表达出来，目的是为了增加表达效果，并不期望听话人回答，也可称为反诘问句。

辉县方言的反问句与普通话的反问句的功能基本相同，但是句子形式、语气词以及表示反问的副词有所不同。普通话的反问句常用"难道、岂、就、当真、便、也、还、更"等副词，或句末有"不成"，或使用"怎么""哪里（哪儿、哪个）"跟助动词或"是"连用，句首有"谁说、谁知道"，或句子中有"何必、何不、何以"，或者用"你说、你看、你想想看"等。例如：

（92）难道这不正是你想看到的吗？

（93）你没看见他正忙着呢吗？

（94）他们哪个能跟您比呢？

（95）谁说她不愿意嫁给我？

辉县方言的反问句一般用"该不是、敢是"，语气词用"叻、呀"，上面的例句用辉县方言说是这样的：

（96）这该不是你不想叻呀？

（97）你敢是没看见他正忙叻？

（98）旁谁谁敢跟你比呀？

（99）她敢是不愿意嫁给我叻？

8.3　普通话与方言比较

8.3.1　疑问表达手段的比较

在语音手段方面，辉县方言单纯使用语音手段不表达有疑而问的信息，而在普通话中，一个陈述句加上一个疑问语调，就可以表达有疑而问的信息。

在词法手段方面，辉县方言常用的疑问语气词、语气副词和疑问代词有许多与普通话不同，且使用的环境也不一样。如普通话的疑问语气词主要是"吗""呢""吧""啊"四个①，而辉县方言常用的疑问语气词有8个：吥、管、噻、唻、咾、哩、唡、嘞，比普通话疑问语气词多了一倍，但没有与普通话"吗"相对应的疑问语气词。

表4　　　　普通话与辉县方言疑问语气词的对比情况

普通话中的疑问语气词	辉县方言中的疑问语气词	疑问句式
吗		是非问句
呢	咾、哩、唡、嘞	正反问句、选择问句、特指问句
吧	吥、管、噻	是非问句
啊	唻、哩、唡	是非问句、选择问句、特指问句

---

① 北大中文系现代汉语教研室：《现代汉语专题教程》，北京大学出版社2003年版，第267页。

表5　　　　　辉县话与普通话常用疑问代词的对比情况

用途	代人	代物或时间	代处所	代数量	代状态	代程度	代方法、原因
普通话	谁	什么	哪儿、哪里	多少	怎么样、如何	多么	怎么、为什么
辉县话	谁	啥	哪点儿	多少、多多	咋样儿	多	咋式、咋、为啥

从上表中可以看出，只有代人的词"谁"与普通话完全相同，其余的疑问代词都与普通话不同，不过，大体上都能一一对应。

8.3.2　疑问句类型的比较

1）正反问省略式使用广泛

在辉县方言中正反问省略式使用广泛，一般用正反问省略式来表达相关疑问信息。下面把普通话疑问句中的典型是非问句与辉县方言中的表达进行对比：

表6　　　　　辉县话与普通话是非问句对比情况

普通话（是非问）	辉县方言（正反问）
你能吃完吗?	你能吃完不能?
雪化了吗?	雪化了木有?
你记得吗?	你记不记得?

2）关联词语的使用不尽相同

在辉县方言选择问句中，关联词语的使用不尽相同，常用关联词语"是"或"还是"，既可以成对搭配使用，也可以单用，既可以单用"还是"，也可以单用"是"，例如：辉县方言中有"（是）X 呀 Y?"式，而普通话选择问句中关联词语"是……还是……"一般成对使用，如果单用的话，只可以单用"还是"，不能单用"是"。

表 7　　　　　　　辉县话与普通话选择问句对比情况

辉县方言	普通话
今个吃面条儿呀吃米饭？	今天吃面条还是吃米饭？
今个是吃面条儿呀吃米饭？	今天是吃面条还是吃米饭？

3）正反问句内部小类有差异

在正反问反复式中，辉县方言习惯于在肯定和否定项之间加上"呀"，起舒缓语气的作用，而普通话中一般不用衬音助词"呀"。

在正反问反复式中，谓语如果是动宾式的，肯定和否定紧密相连（中间不用衬音助词"呀"）时，普通话中常用"AB 不 AB 式""A 不 AB"式或"AB 不 A"式。而辉县方言中一般不用这几种格式，常用省略式"AB 木有？"

表 8　　　　　　　辉县话与普通话正反问复式对比情况

普通话	辉县方言
你妹妹大学毕没毕业？	恁妹儿大学毕业木有？
你吃螃蟹不吃？	你吃螃蟹叻木有？
你学习不学习？	你学习叻木有？

正反问省略式是辉县方言疑问句最常用的句式。在省略式中使用否定词"冇"时，有较大的灵活性，既可以单独用"冇"提问，也可以用"冇有"来提问，有"S＋冇？"式或"S＋冇有？"式，且"S＋冇？"式使用频率更高。与此相反，在普通话正反问省略式中使用否定词"没有"时，不能单独用"没"来提问，只能用"没有"也就是说只有"S＋没有？"式，没有"S＋没？"式。例如：

表 9　　　　　　　辉县话与普通话正反问省略式对比情况

普通话	辉县方言
你去过长城没有？	你去过长城冇？
你的论文发表了没有？	你叻论文发表叻冇？ 你叻论文发表叻冇有呀？

普通话正反问附加式常用格式是"S，X 不 X？"，而辉县方言的常用格式是"S，X？"，即用"肯定项＋否定词"进行追加提问。

8.4 小结

从以上比较可以看出，辉县方言疑问句比较突出的特点是在表达疑问的手段方面，辉县方言中单纯使用语音手段的疑问句不用于表示有疑而问的形式；表疑问的常用语气词、语气副词和疑问代词与普通话不相同。在疑问句内部小类的划分方面，辉县方言中没有典型的是非问句；选择问句和正反问句内部小类的划分与普通话有差别。另外，在使用频率方面，辉县方言疑问句中使用频率最高的是正反问省略式。

第9章 被动句

9.1 被动句概说

最早论及"被动式"的应该首推黎锦熙，他在1924年的《新著国语文法》中明确提出了"被动式"的概念。马建忠针对动字，提出了"内动字"和"外动字"的概念，列出了"外动"转化为"受动"六式，并提出了"受动字"的概念①。王力也把"被"字句称作"被动式"，他在《中国现代语法》中给被动式定义为："谓语所叙述的行为系施于主语者，叫作被动式。"② 即表示被动意义的格式叫作被动式，在普通话里通常用"被、叫、让、给、被（叫、让）……给、为（被）……所"来标记被动意义，可以说"被"字是古今通用的成分，在当代普通话的口语和书面语里一般也是通用的，因此汉语表被动的标记形式可以用它作代表。吕叔湘在《中国文法要略》中分析被动句，指出除"被"字之外，白话里可以用"让"③。现代汉语中被动意义的表达有三种形式：一种是带有形式标记的"被"字句，如"他被打了"；另一种是不带有形式标记的被动句，如"饭吃完了"；还有一种是使役结构，有"让、叫、给"等标记的被动句式，基本句式结构为"受事＋被/让/叫/给（＋施事）＋动词性词语"。其中"让、叫"是由表示使役义的动词虚化来的，"给"是由表示给予义的动词虚化而来的。

---

① 马建忠：《马氏文通》，商务印书馆1983年版，第160页。
② 王力：《中国现代语法》，商务印书馆1985年版，第87页。
③ 吕叔湘：《中国文法要略》，商务印书馆1982年版，第36—39页。

从 20 世纪 20 年代开始，被动式研究就是现代汉语语法研究中的一个热门话题，因为它与汉语语法体系的许多问题密切相关。语言学家和语文工作者做了大量细致的分析工作，主要涉及被动句的内部形式，"被"的词性，"被"字句和被动句的关系，被动句的语义类型、语义特点、结构特点、语用价值及其相关句式的变换关系，汉外（主要是汉英、汉日、汉韩）被动句比较，被动句的历时表现和发展演变及被动标记的语法化问题，汉语被动句的历时和共时的比较研究等各个方面，学者都进行了富有成效的探讨，做了许多开放性的工作。本章篇幅有限，不对被动式理论的诸多方面进行探讨，只是从方言事实出发，研究和揭示辉县话被动式的特点。

与普通话相比，辉县方言的被动句较为简单，一律不用"被"字句表达被动意义，这里只描写富有地方特色的具有形式标记的"叫"字被动句、"给"字被动句及"叫""给"连用被动句。

根据有无被动标记，辉县方言的被动句可分为两类：无标记被动句和有标记被动句。

本章考察的重点是有标被动句，考察了被动句的结构项 X、Y、VP 以及被动标记词"叫"的句法形式和语义特征，通过对被动标记词"叫"的历时考察，分析了辉县方言被动句、给予句、使役句以及处置句之间的歧义纠结问题，初步探究了被动标记词"叫"的语法化历程。

9.2　无标被动句

无标记被动句在普通话中比较常见，并且所占比例也远大于有标记被动句。在辉县方言中，无标记被动句的使用频率也相对较高，如"衣裳刮掉叻衣服被风刮到地上了""鞋刷干净叻鞋被刷干净了"。在形式上，无标记被动句虽没有明确的语法标记，但它在句法、语义和语用上都有一定的特点。本章根据所收集的语料，从结构形式入手，对辉县方言中的无标记被动句的成分构成、功能以及整句的语义特征进行分析。

辉县方言无标记被动句的结构核心是动词，动词制约着进入这类句子的其他成分的语义和语序。无标记被动句的动词一般是及物的，由人或动物发出，或直接涉及人，如"绞""洗""买"等，这类动词可以由动作发出者根据自己的意愿进行控制。如"头发绞短叻""衣裳洗口[tɕʰyə³¹]'出来'的合音叻""菜买来叻"。

9.2.1 无标被动句的句法形式

辉县方言中无标记被动句的基本结构为"受事＋V＋叻/唻/唎",具体形式如下：

A类受事＋V＋叻/唻。例如：

（1）我绞头发唻。我的头发剪了。

（2）衣裳洗叻。衣服洗过了。

B类受事＋V＋宾＋（叻）。例如：

（3）钱儿买车叻。钱被用来买车了。

（4）他叫"臭蛋儿"。他被大家叫作"臭蛋儿"。

C类受事＋V＋补＋叻/唎。例如：

（5）地耙完叻。庄稼被耙完了。

（6）粮食粜完唎。粮食卖完了。

D类受事＋状＋V＋叻/唎。例如：

（7）作业早写完唎。作业早写完了。

（8）床将铺好叻。床刚铺好了。

（9）路正修着叻。路正在修呢。

E类受事＋状＋V＋（补）＋宾＋叻。例如：

（10）玻璃还冇安到窗户上叻,就下雨叻。玻璃还没安装到窗户上呢,就下雨了。

（11）车都怼个窟窿叻。车已经撞了一个窟窿了。

F类受事＋（状）＋V＋叻（得）＋补＋（叻）。例如：

（12）咱庄儿叻树长叻齐刷刷叻。村里的树长得很笔直。

（13）水杯摔叻碎末末儿叻。水杯被摔得很碎。

从上述句法结构来看,辉县方言中无标记被动句的句法成分中谓语的构成比较简单,主要为单音节动词。下面我们分别讨论各句法成分的构成情况。

1）主语的构成

主语一般是由名词或名词性短语充当。例如：

（14）房□□［tsə?²¹maŋ³¹］盖好叻。房子这么快就被盖好了。

（15）借旁谁叻钱儿也还完叻。借别人的钱也被还完了。

（16）他干过叻孬种事儿都忘叻。他干过的坏事都被他忘了。

（17）男叻、女叻、老叻、少叻，都拉走看戏叻。男女老少都被拉走看戏去了。

例（14）中的主语是名词，例（15）、（16）的是偏正短语，例（17）的是名词性联合短语。

2）宾语的构成

在辉县方言的无标记被动句中，因为受事在句首作了主语，谓语动词后面一般不再带宾语，但也有一些句式动词后带宾语。宾语主要也是由名词或名词性短语构成。例如：

（18）袖上挂叻个小窟窿儿。袖子上被挂了一个小口子。

（19）腿打折一只。腿被打断一条。

（20）玉粟粜给他两车。玉米卖给他两车。

（21）他掂叻咱家两桶水。他提了我们家两桶水。

（22）大门儿上贴叻一副春联儿。大门上贴了一副春联。

（23）枕头上叻花儿得绣成成对儿叻。枕头上的花要绣成一对。

例（18）中的宾语是名词，例（19）是数量短语，例（20）的间接宾语是代词"他"，直接宾语是数量短语"两车"，例（21）的是偏正短语，例（22）的是数量短语作定语的偏正短语，例（23）的是"叻"字短语作定语。

少数宾语还可以由动词或动词性短语充当。例如：

（24）蒸叻红薯忘叻吃叻。蒸的红薯忘记吃了。

（25）小孩儿们不管吸烟。小孩子不准抽烟。

（26）明个好去恁姥家吃饭。明天要去你姥姥家吃饭。

（27）典礼推到年后五一叻。结婚仪式推迟到明年五一。

例（24）的宾语是动词，例（25）的是动宾结构的词语，例（26）的是动词+处所词所构成的动词性短语，例（27）的是动词+时间词所构成的动词性短语。

通过上述例句可以看出，名词性宾语成分是出现在及物动词之后，且是对谓语起解释说明作用的。动词性宾语成分一般出现在致使性动之后，这种致使可以是主观意愿的致使，如"作、买、卖、要求、安排"等，也可以是非主观意愿的致使，如"忘记、严禁"等。

3）补语的构成

根据补语和谓语中心动词的搭配情况，我们把补语分为带"叻"字的补语和不带"叻"字的补语两类。

①不带"叻"字补语的构成

这类补语与谓语中心动词直接组合，我们又可以根据补语的构成情况，再分为两类。

A. 由词充当的补语

这类补语主要是由名词、动词或形容词充当。例如：

（28）包单装花叻。布单子被用来装棉花了。

（29）车开走叻。车被开走了。

（30）房掀完叻。房子被掀完了。

（31）盖地做好叻。被子做好了。

例（28）中的补语是名词，例（29）、（30）的是动词，例（31）的是形容词。这类句子对应的否定式都是在动词前加"冇"，句末省略语气词"叻"。例如：

（32）车冇开走。车还没被开走。

（33）房冇掀完。房子还没被掀完。

（34）盖地冇做好。被子还没做好。

（35）包单冇装花。布单子没有用来装棉花。

B. 由短语充当的补语

这类补语主要由介词短语、数量短语充当。例如：

（36）车拉到地□［liou⁵³］ᴴ "里头"的合音叻。车被拉到地里去了。

（37）凉席铺到地叻。凉席被铺到地上了。

（38）苹果咬叻两口。苹果被咬了两口。

（39）这一招儿用叻几百回叻。这一招儿被用了几百次了。

例（36）、（37）的补语是介词短语；例（38）、（39）的是数量短语。

②带"叻"字补语的构成

谓语中心 V 与补语之间有"叻"，相当于现代汉语中的"得"，根据充当补语的词或短语的性质，可以进一步将这类补语分为两类：

A. 由词充当的补语

这类补语主要是由动词、形容词充当。程度副词充当的补语仅限于"很"等类少数词。例如：

（40）□［tsuo²¹］这个事儿办叻成。这件事办得成。

（41）□［tsuo²¹］这个题做叻□［tɕʰyə³¹］"出来"的合音。这道题做得出来。

（42）车开叻少。车被开得很少。

（43）地拖叻真净。地板被拖得很干净。

（44）包儿□［liou⁵³］ᴴ"里头"的合音塞叻满满儿叻。包里被塞得满满的。

（45）你□［tsuo²¹］这个人烦气叻很。你这个人很讨厌。

例（40）中"叻"后的补语是动词，例（41）的是趋向动词，例（42）的是表数量的形容词，例（43）、（44）的都是状态形容词，例（45）的是程度副词。

B. 由短语充当的补语

这类补语主要是由动词性短语、形容词性短语充当，谓语中心 V 与补语之间必有"叻"。充当补语的动词性短语主要有主谓短语、状中短语及中补短语。例如：

（46）我晒叻眼疼。我被晒得眼睛疼。

（47）他热叻跟洗澡来样似。他热得像洗澡了一样。

（48）他吓叻晕过去叻。他被吓得晕了过去。

例（46）的补语是主谓结构，例（47）的是状中结构，例（48）的是中补结构。

充当补语的形容词性短语主要有主谓短语和联合短语。例如：

（49）大肉膘儿吃叻我恶心。肥肉吃得我恶心。

（50）绳儿搓叻可长可长。绳子被搓得很长很长。

例（49）的补语是形容词性主谓短语，例（50）的是形容词性的联合短语。

4）状语的构成

根据状语的构成情况，首先我们可以将状语从结构形式上分为两类，一类是由词充当的，一类是由短语充当的。

①由词充当的状语

A. 副词充当状语

副词充当状语最为常见，内部情况较复杂。根据副词的性质，又可以再分为：限制性副词、评注性副词和描摹性副词。例如：

（51）车早都装好叻。车早就被装好了。

（52）论文终于全部写完叻。论文终于被全部写完了。

（53）树苗一棵一棵叻砍翻叻。树苗儿都被砍翻了。

例（51）中的副词"早"在时间上进行了限制，例（52）中的副词"终于"暗含着说话人对整个事件的一种态度，例（53）中的副词"一棵一棵"是对"树苗被砍掉"的描写。

B. 形容词充当状语

充当状语的形容词主要是"难""好""易"等性质形容词和单音节形容词的重叠式。例如：

（54）这理儿难想通。这个道理难被想通。

（55）挪事儿好说。那件事好解决。

（56）娘儿仨活活儿毒死叻。娘儿仨被活活毒死了。

例（54）、（55）中充当状语的是性质形容词，例（56）的是形容词的重叠式。

②由短语充当的状语

充当状语的短语主要有状中短语和介词短语，少数动宾短语和名词性短语也可充当状语。

A. 介词短语充当状语

充当状语的介词短语主要是表示处所、时间、工具和方式的短语，例如：

（57）我叻论文下一月就出来叻。我的论文下个月就刊登出来了。

（58）桌腿儿用米尺盘过叻。桌腿用尺子量过了。

例（57）表示时间，例（58）表示方式。

B. 状中短语充当状语

充当状语的状中短语主要是否定词"不"加助动词以及"可"加"不"加动词组成的短语。此外，副词加代词组成的状中短语也可以充当状语。例如：

(59) 他不该挨□［tsuo²¹］这个打。他不该挨这个打。

(60) 恁住这地张儿可不好寻啊。你们住的地方很不好被找到。

(61) 车硬是冲跑叻。车硬是被冲走了。

例（59）充当状语的是助动词加"不"组成的短语；例（60）充当状语的状中短语是由"可"加"不"加动词组成的短语；例（61）中的状语是由副词"硬（是）"承担。

C. 动宾短语和名词性短语充当状语

动宾短语一般是由动词"能"或者"有"加动词组成的，名词性短语比较少见，只有为数不多的几例。例如：

(62) 他叻病儿能瞧好。他的病儿能被看好。

(63) 门儿忽腾一声踩开叻。门忽腾一声被踩开了。

例（62）充当状语的是"能"；例（63）的是名词性的同位短语。

5）谓语的构成及表意功能分析

辉县方言中的无标记被动句从表层结构来看，由受事主语和谓语两部分构成。在其五种基本构成成分中，谓语最为简单，由单、双音节的动词充当。谓语在表意功能上充当述题，是表达的重心所在，是句子表意功能的承担者，对主题语进行说明、评判和描写。

①谓语的说明功能

谓语的说明功能，是指谓语在充当述题时对主题语起说明作用。这时的谓语，在表达功能上可以称作说明语。例如：

(64) 山药卖出□［tɕʰyə³¹］"出去"的合音叻两车。山药被卖出去两车了。

(65) 你叻事儿耽误叻。你的事情被耽误了。

例（64）中的谓语"卖出叻两车"是说明主语"山药"受动作"卖"的数量；例（65）中的谓语"耽误"是对主语"你叻事儿"状态的说明。

②谓语的评判功能

谓语的评判功能，是指谓语在充当述题语时对主题语起评判作用。这时的谓语在表达功能上可以称作评判语。例如：

(66) 以前叻照片儿得放好。以前的照片应该保存好。

(67) 挪衣裳管穿好几年。那件衣服可以穿很多年。

例（66）中的谓语"得放好"表明说话者对事件命题的主观评价

和态度的；例（67）中的谓语是说话者评判动作行为能否带来预期结果。

③谓语的描写功能

谓语的描写功能，是指谓语在充当述题语时对主题语起描写作用。这时的谓语在表达功能上可以称作描写语。例如：

（68）他叻头发染成黄叻叻。他的头发被染成黄颜色了。

上例中的谓语"染成黄叻叻"是描述主语"他叻头发"染后的结果。

9.2.2 无标被动句的语义分析

1）受事主语的性质及其语义特征

无标记被动句的语义特征是受事主语 NP 接受了动作的影响从而产生了某种变化结果，具有了某种已然的状态，句中的 V 是说明这种变化结果或状态的实现方式的。例如：

（69）破伤风针打罢咧。= 打破伤风针 + 打过了

上例中的破伤风针因为"打"的动作而产生了变化。

①受事主语 NP 的定指性

受事 NP 在句法层面是句子的主语，在语义层面又是谓语动词的受事，从语用的角度看，它充当句子的话题，表达的是已知信息，是句子表义功能的出发点，可以是有定的。例如：

（70）面炒煳叻。面被炒煳了。

（71）车开到沟□［liou^{53}］^{H} "里头"的合音叻。车被开到沟里去了。

（72）恁俩人叻事儿都传遍叻。你们俩的事情都被传遍了。

例（70）中的受事主语"面"是说话双方都知道的消息；例（71）中的"车"很明显是指开到沟里的那辆；例（72）中的是由代词构成的"叻"字结构。

但在一定条件下，受事主语 NP 也可以是无定的。例如：

（73）□［tsuo^{21}］这个车坐叻五六个人叻。（已经发生且在进行中）

（74）□［tsuo^{21}］这个车能/管坐五六个人。（未发生）

例（73）中的受事主语"□［tsuo^{21}］这个车"从整句信息中可以得出是已经坐了五六个人的那辆，是已知的，例（74）中的

"□［tsuo²¹］这个车"是任意的一辆，不确定的。

②受事主语 NP 的生命度

从受事主语的生命度来看，我们可以把辉县方言的这类被动句分为两种类型。

其一，受事主语是无生命的。例如：

(75) 面条儿煮熟叻。面条被煮熟了。

(76) 他叻衣裳洗叻。他的衣服被洗了。

其二，受事主语是有生命的。例如：

(77) 挪小偷儿逮着叻。那个小偷被逮住了。

(78) 地叻玉粟晒死叻。地里的玉米被晒死了。

受事主语是无生命的，在使用中比较常见。如果有生命，语境会明确表明它绝不可能发生谓语动词所表示的动作。如例（77）中，"挪小偷儿"是指人的名词，从语义上看是被抓的对象；例（78）中受事主语是"地叻玉粟"，绝对不会发出"晒"的动作。

2）谓语中心 VP 的语义特征

①VP 为双音节动补结构动词。这类动词本身即具有"＋完结"的语义特征，直接标明受事主语 NP 所产生的变化结果的。前面的动词性语素说明产生结果的方式，后面的补语性语素说明动作产生的结果。例如：

(79) 你出国叻资格儿取消叻。你出国的资格被取消了。

上例中的"取消"是双音节的动补结构动词。

②含有结果义的非动补结构的动词。这类词具有"＋瞬时性"的语义特征，动作的持续时间很短，动作的开始即动作的结束，例如：

(80) 碗打叻。碗被摔碎了。

(81) 头发染黄叻。头发被染黄了。

例（80）中的"打"是指碗被滑落打碎的结果；例（81）中的"染"是指头发由其他颜色变成黄色，也暗含着某种变化。

③句法结构"受事主语 NP＋V＋咾/啊"的 V

这一类句子的谓语动词着重说明主语正受其影响或者是说明主语的某种被动经历。谓语动词一般是动作行为动词，但所表示的动作行为早已结束，因而不再具有动作性。例如：

（82）肉买咾哪。_{肉买过了。}
（83）牙起咾哪。_{牙拔掉了。}

例（82）说明主语"肉"已经被"买"；例（83）说明主语"牙"已经被拔掉。如果我们把已经过去的事情定为一种经历态的话，那么"咾"所起的作用就是表明经历态。

④受事主语决定了进入该句框架的必须是及物性动词或动词短语

在无标记被动句中，如果主语是受事，则谓语一定是及物性的。反过来，如果及物性的动词或动词性短语作谓语，并且后面又没有宾语，则主语一般是受事。例如：

（84）街门锁着叨。_{大门被锁住了。}
（85）头发捆叨可整状。_{头发扎得很整齐。}

当然，及物性动词带宾语所构成的短语在一定条件下也可以充当无标记被动句的谓语，条件是宾语与主语之间或者是部分与整体的关系，或者是等同关系，或者是原料与成品的关系，或者是处所与存在物的关系。但是，在辉县方言中，并不是所有的及物动词都能进入无标记被动句，能进入无标记被动句的动词具有"+可控，+强动作性，+可致果"的语义特征，并且是二价或者二价以上的动词。

"可控"是指该动作是动作发出者自觉自愿发出的行为或者无意发出的行为，但是在一定的条件下是可以避免的。例如：

（86）堂屋儿收拾叨可利亮叨。_{客厅收拾得很整齐。}
（87）钱儿包儿丢他车上叨。_{钱包丢在她的车上了。}

例（86）中的动词都是动作发出者自觉发出的行为，这类动词的数量相当大；例（87）中的动作行为并不是动作者自愿的，而是受某种客观力量的驱使而被迫做出的。但在辉县方言中并不是所有进入无标记被动句的动词都具有可控性。例如：

（88）咱叨树地淹叨。_{我们的树地被淹了。}
（89）衣裳刮树上叨。_{衣服被刮到树上了。}

这些词与上面的有所不同，这类动词的动作发出者是无生命的"水"和"风"等自然物，因此施事造成的结果具有不可控性。

"可致果"指强性动作动词发出的动作作用于某人或某物，使他们（它们）获得某种结果或达到某种状态。这是动词进入无标记被动句最关键的语义特征。这类动词后面往往有补语，以表示达到某种结果。例如：

（90）绳捆叻太死叻。绳子系得太紧了。

（91）纸盒捏扁叻。纸盒被捏扁了。

（92）西瓜切成一牙儿一牙儿叻叻。西瓜被切成一块一块的了。

（93）我辣叻睁不开眼叻。我被辣得睁不开眼了。

例（90）、（91）、（92）是使物体达到某种结果；例（93）是使"我"处于某种状态。

3）宾语的语义特征

无标记被动句的语义特征是受事主语 NP 接受了动作的影响从而具有了宾语所表示的某种性质、状态、数量，或者是受事主语 NP 因动作的影响而与宾语所表示的另一动作发生关系。谓语（受事主语 NP 后的整个动宾短语）是说明受事主语 NP 的变化结果的。例如：

（94）蒸馒忘馏了。馒头忘记加热了。

上例中的"蒸馒"因"忘"的动作影响而没有与"馏"发生关系。

4）补语的语义特征

整句的语义特征是受事主语 NP 接受了动作的影响从而产生了某种变化结果。谓语为动补结构短语，前面的动词说明产生结果的方式，后面的补语标明了动作产生的结果。V 是句子的结构重心，V 后的补语是句子的语义重心。整个谓语对受事主语 NP 变化结果的说明。根据补语的性质和语义特征，我们将这一类无标志被动句再进一步细分为以下四类：

①句法结构为：受事 + V + V$_{补}$ + 叻

这一类句子的补语为一般动词或趋向动词，整句的语义特征是说明主语受动作影响后产生的结果或转移趋向。例如：

（95）车拉走叻。车被拉走了。

（96）她气哭叻。她被气哭了。

②句法结构为：受事 + V + 数量短语 +（叻）

这一类句子的补语为数量短语。整句的语义特征是说明主语受动作影响的时间或受动作影响后遗留状态的持续时间，例如：

（97）这一类型儿叻题都考叻好几年叻。这种类型的题目都被考了好几年了。

③句法结构为：受事 + V + PrP

这一类句子的补语为介词短语，整句的语义特征是说明主语受动作影响的时间和处所。例如：

（98）车开到沟□［liou⁵³］ᴴ"里头"的合音叻。车被开到沟里了。

（99）他俩人喝到半夜。他们俩喝到半夜。

④句法结构为：受事 + V + 死

这一类句子的补语为"死"，着重说明主语受动作影响的程度。例如：

（100）她使死叻。她被累死了。

（101）他气死叻。他被气死了。

5）状语的语义特征

整句的语义特征是说明受事主语 NP 接受动作影响的情况，状语多为状中结构短语，V 是句子的结构重心，V 前的状语是句子的语义重心。状语是对主语 NP 是否受了动作影响或影响的范围、方式、频率、时间、处所、原因、工具等情况的说明。主要由限制性副词、介词短语、动词性短语充当。

9.3　有标被动句

9.3.1　"叫"字被动句

在辉县方言中常见的被动标记是介词"叫"，但是它和普通话又有很大的不同。在辉县方言中的"叫"字用法广泛，意义复杂，可以是动词、介词，还可以在固定的结构中虚用。作介词用时，不仅可以表示被动义，还可以表示处置义。在现代汉语中，表示处置的介词一般都是用"把"来表示，而引出施事或动作行为主体的介词则主要用"被"字，两类句式的语法标记分工明确。然而，"叫"在辉县方言中具有处置义和被动义的双重标记功能，语序上一个是"先受后施"，一个是"先施后受"，外部结构一致，但是语义上却恰好对立，它们的抽象格式：

被动式：S 受事 + 叫 + NP 施事 + VP

处置式：S 施事 + 叫 + NP 受事 + VP

这是一个有意思的语法现象，这样的句子我们统称为"叫"字句，把作为被动标记的"叫"字句称作"叫₁"，把作为处置义的"叫字句"称作"叫₂"。本章主要对辉县方言中的"叫"字句进行详细的描写以及对"叫₁"句中的句法成分、语义特征和语义色彩进行分析。

9.3.1.1 "叫"字的基本用法

"叫"字在辉县方言中的用法非常广泛，既可以作为动词，表示叫请义、允让义、使役义、致使义，有时用在拟音叠音词后，构成一个固定用法。又可以作为介词，有被动义、处置义。可以作为助词表示一定的语气。并且所有用法的"叫"字的读音都是一样的，下面将详细介绍。

1）非介词用法

①动词的用法

A. 基本动词用法，这与普通话比较接近，具体如下：

（102）你并"不应"的合音给那儿邪呼叨，跟驴叫样似。你不要在那扯着嗓子喊了，声音像驴叫一样。

（103）我叫小敏，你叫啥？我叫小敏，你叫什么？

例（102）中的"叫"是指发音器官发出来的声音；例（103）中的是"是"的意思。

B. 叫请义，就是"叫喊、邀请某人"的意思。例如：

（104）恁姥叫你去她家吃饭叨。你姥姥叫你去她家吃饭。

（105）一放假，俺姑就该叫我去她家耍叨。一放假，我姑姑就叫我去她家玩儿。

C. 允让义，就是容许或者听任某人去做某事，强调的是兼语的意愿，主语允许或者任由兼语按照自己的意愿行事。例如：

（106）恁都叫我□[io⁴⁴]"一个"的合音人清静清静咔昂。你们让我一个人清静一下吧。

（107）你就叫他自己去，看他敢不敢。你就让他自己去，看他敢不敢。

D. 使役义，相当于现代汉语的"使""让"，强调的是主语的意愿。例如：

（108）镇些东西，你该叫恁爸来送你。这么多东西，你应该让你爸来送你。

(109) 老师叫你去办公室找他。<small>老师叫你去办公室找他。</small>

例（108）中是让兼语"恁爸"按照主语"你"的意愿行事；在例（109）中，"去办公室"是主语"老师"所希望的，或者兼语"你"并不希望如此。

E. 致使义，"致使"强调的不是主语或者兼语的意愿，而是前因后果的逻辑关系。例如：

(110) 不就考上大学叻，看叫你高兴叻。<small>不就是考上大学了嘛，看你高兴的。</small>

例中"考上大学"是"你高兴"的原因，前后形成了使因关系。

②虚用，表示某种语气

这里的"叫"字是某些固定结构中表示某种语气的。整体上，"叫"在结构里虚用时表示"消极禁止"的语气，"NP1 + 叫 + NP2 + VP"其实就是 NP1 不让 NP2 发生这种动作或者行为。即听话人的所作所为不是说话人所希望的，当然，说话人的语气、语调以及说话时伴随的动作行为等语言或者非语言手段，也加强了这种语气的表达。具体用法如下：

A. 我叫你 VP！

一般情况下，主语"我"伴随这样的话语都有一定的行为动作或者表情来制止后面的结果出现。所以，这样的"叫"字句是用在直接的、面对面的话语环境中，例如：

(111) 我叫你哭！

上面这句话通常是妈妈看见自己的孩子一直在哭，向孩子说这样的话时，可能顺便抬起手要吓唬孩子，也就是等于告诉他，你要是再哭的话，我就要打你了。实际上，这句话含有"你不要再哭了"的意思。

在这个格式中，VP 为单音节动词，类似的词还有"唱、笑、吃、睡"等。"我"可以自由隐去，"我"的省略，使语气更为直接、激烈。

B. 谁叫你 VP！

主语由"谁"担任，使用频率相对于"我叫你 VP"结构来说要低一点，"谁"也不能像"我"一样自由隐现。并且这个格式的话语环境不如"我叫你"强烈。这样的格式一般都是带有抱怨、责怪的语气。

(112) 谁叫你来唉！

（113）谁叫你不拿走唻！

例（112）的意思就是"你不应该来/我不希望你来"；还可以用在否定句中，加上"叫"的语气否定，三重否定还是表否定，如上例（113）。

2）介词用法

①表被动义的"叫₁"句

"叫"作介词表示被动意义，引进施事成分，与之构成介宾短语作状语，相当于普通话的介词"被"。例如：

（114）我叻鞋叫咱家小狗衔跑叻。我的鞋被我们家的小狗叼走了。

（115）钥匙叫俺爸锁屋儿叻。钥匙被我爸锁到屋里了。

（116）我叫他狠狠绊了一下。我被他狠狠地绊了一下。

（117）我快叫你气死叻。我快被你气死了。

辉县方言的"叫"字被动句和现代汉语中的"被"字句并不是完全相同的，"叫"字后面必须跟上介词宾语，不能直接接动词。例如：

普：肉被狗吃了。方：肉叫狗吃叻。

普：肉被吃了。方：*肉叫吃叻。

现代汉语中可以说"肉被狗吃了"，但是在辉县方言中"肉叫吃叻"是不成立的。当施事的主语不明确时，我们会根据句义补出，如果施事成分是人时，则在句中补出宾语"人家"；如果施事成分是物时，则在句中补出宾语"东西"。例如：

（118）你并"不应"的合音叫他都搋你。你别被他们骗了。

（119）你往后长点儿心，并"不应"的合音老是叫绊跌。你以后注意点儿，不要总是被绊倒。

②表处置义的"叫₂"句

"叫"字处置句是辉县方言处置式的最常用、最普遍的表达方式。"叫₂"引出动作支配涉及的对象，语法意义和普通话中的"把"基本相同。即句中谓语动词所表示的动作对"叫"字引入的受动成分施加某种影响，从而使该成分发生某种变化，产生某种结果或者处于某种状态。普通话中的"把"字句辉县方言也用，但不是辉县方言原有的表达形式，只存在于少数年轻人的口语中，很明显是受到了共同语的影响。例如：

（120）并"不应"的合音叫旁谁叨东西弄毁。不要把别人的东西弄坏。
（121）快叫门儿关上！快把门关上。
（122）快叫恁叨狗拽一边儿去。快把你家的狗拉一边。
（123）快叫袄儿穿上！快把袄子穿上。

例（121）中受动成分"门儿"在"关"的影响下状态发生了变化；例（122）中"狗"在"拽"的影响下位置发生了变化；例（123）中"袄儿"在"穿"的影响下发生了变化。"叫"引进的处置对象必须是有定的（或专指的），前面不能受"一+量词"构成的"不定数量词"修饰；但在不必说或说不出处置对象时，却可以出现下面的句子：

（124）他叫个杯打叨。他把杯子弄碎了。
（125）夜个我叫个事办毁叨。昨天我把一件事办砸了。

由"叫"构成的处置句和使役句，有时"叫"的宾语是一个性质相同的成分，很难判断是处置关系还是使役关系。例如：

你叫他说——你叫他说说

叫他走——叫他带走

9.3.1.2 "叫"字被动句的句法形式

辉县方言有标被动句是指句中含有被动标记词"叫"的句子。以"叫"字为标记构成的被动句，是辉县方言唯一的一种被动表达方式。普通话中的"被"字句辉县方言不用，只偶尔出现于少数年轻人的口语中，是受到了普通话的影响。根据"叫"前是否出现体词性成分，可以把辉县方言的有标被动句分为两种：一种是"NP1 + 叫 + NP2 + VP +（NP3）+（M）"，另一种是"叫 + NP2 + VP + M"。其中，NP1是充当主语的体词性成分；"叫"是被动标记词；NP2是充当宾语的体词性成分；VP是充当谓语的成分，一般为复杂的谓词性结构，可以是述宾结构、述补结构或包含述补结构的谓词性结构；M为后接动态助词或语气词；（）表示里面的成分在一定条件下可以不出现。

1）NP1 + 叫 + NP2 + VP +（NP3）+（M）

这种结构的使用相对较为普遍。和普通话被动句相比，它的范围要宽得多，NP1除了是受事格外，还可以是施事格、工具格、方所格，VP所叙述的对主语NP1来说可以是"不如意或不希望的事"，也可以是"如意的、希望的事"。例如：

（126）钱儿包儿叫小偷儿偷走叻。

（127）她叫学校奖励叻一万块钱儿。

（128）裤叫板凳上叻钉挂扯叻。

（129）他叫小狗儿吓哭叻。

（130）小杰叫旁谁打残叻。

在这种结构中，动词性词语后可接补语也可不接。"叫"字被动句，强调"施事"，因此，"施事"在句中一定要出现。"施事"可以是定指，如"他""小杰"；也可以是不定指，如"裤"。当宾语不明确时，如果指人，就会补上别指人称代词"旁谁"，如果指物，就用不定指名词"东西"。"叫"后面的动词一定要带别的词语，如结果补语、趋向补语等。例如：

（131）菜都叫你□［io⁴⁴］"一个"的合音人吃完叻。

（132）俺家叻玉粟叫旁谁攉走叻。

（133）你可不敢叫□［tsuo²¹］这个东西扎着咾昂！

普通话"被"字被动句中"被"后可不出现"施事"，如"裤子被挂破了""他被吓哭了""小杰被打了"等。

从使用情况看，这种结构的 VP 以动结式为主，叙述一种既定事实，句末语气词一般用表完结的"叻""啲"。例如：

（134）他早就叫抓监狱去叻。

（135）俺妈夜个就叫我叫回来啲。

特别值得注意的是，在辉县方言中，除祈使句之外，被动义的"叫"字句中的句末语气词"叻"起着非常重要的作用，去掉之后，整个被动句就变成了另外一种意思。例如：

（136）叫他忽悠！（让他尽情地说）

（137）叫他忽悠叻！（被他骗了）

"叻"在此起了帮助谓语动作完成的作用。

这种结构的否定形式是在"叫"前加否定词"冇"，句末不出现语气词。例如：

（138）粮食冇叫他卖光。

（139）老鼠冇叫药药死。

句末不加语气词的"NP1 + 叫 + NP2 + VP +（NP3）"句式除了用于否定句，还经常作为复句的一个分句出现，位置可前可后。例如：

（140）这一回叫他家人吃亏叻，多稀罕叻事儿。

（141）要不是你，还不知道叫医院忽悠到啥时候叻。

在一定的语境下，"NP1 + 叫 + NP2 + VP +（NP3）+（M）"句式还可以排比方式出现，往往是一种事实的罗列。例如：

（142）咱家叻猪叫你杀叻，粮食叫你卖叻，车叫你开报废叻，你还准备弄啥？

有无句末语气词，对句子的语义影响不是很大，但是对句子的情感色彩方面的表达影响很大。例如：

（143）夜个黑儿，外头叻大灯叫明叻一夜呀。

（144）夜个黑儿，外头叻大灯叫明叻一夜。

这两例的意思相同，但是前一例语气强烈，说话人要表达的是自己遭受损失的事实，而后一例则是一种简单、平实的叙述，说话人只是告诉别人发生了什么事情，情感掺入很少。

2）叫 + NP2 + VP + M

这一结构的常规式是指"叫狗咬叻""叫领导表扬叻"这样的句子，其句首省略了一个受事主语，但可以在一定条件下补出来。例如：

（145）叫老鼠咬成窟窿叻。

（146）叫风刮跑叻。

（147）叫车怼叻一下。

（148）叫他气叻。

（149）叫钉扎叻。

这五个例子的动词性词语后可接补语也可不接，"叫"前均省略了受事主语，如"麻包""衣裳""他""我"等。

当动作的施事者不可知，或不必说出来的时候，普通话"被"字后的宾语成分可以不出现，可以直接说成"NP2 + 被 + VP"式。例如：

（150）整个城市被笼罩在一片恐慌之中。

（151）他被授予全国"十大杰出青年"称号。

前一例，施动者不可知；后一例，施动者不必说出。这里的介词一般认为"已经助词化，成了句子里的辅助性语法成分，黏附于中心语，表示被动语法关系"。① 但是，辉县方言里"叫"字被动句后不管动作的施事者可不可知或有没有必要说出来，都需要加上一个名词或代词，与被动标记词构成介宾结构。例如：

（152）咱家叻小突突头叫旁谁偷走叻。

（153）恁舅不知ᴴ"知道"的合音叫谁设圈套进监狱叻。

这里的"旁谁""谁"不可知，但还是需要说出来，占据 NP2 的位置。所以在辉县方言里，诸如上两例之类的句子是不成立的，必须在"叫"后紧跟名词或代词。

邢福义在论述复句格式与复句语义的关系时谈道："复句语义关系具有二重性，既反映客观实在，又反映主观视点。客观实际和主观视点有时重合，有时则不完全等同，而不管二者是否等同，在对复句格式选用中，起主导作用的是主观视点。"② 辉县方言被动句句式对被动句语义的表达有着反制约的作用。说话者之所以选择被动句，就是为了表达主观感受或认识。

从上述分析可见，辉县方言"叫"的语法功能不是单一的，从笔者调查的材料来看，"叫"字身兼三职，同时表示被动、处置、使役等功能，很像北京话的"给"，长沙话、丹阳话的"把"，广西龙州土语的 $[hɯ^{24}]$ ③，湖北大冶的"把"④。

9.3.1.3 "叫"字被动句的语义分析

1）体词性成分

辉县方言"叫"字句中的体词性成分有 NP1、NP2 和 NP3，我们主要对各成分的句法特征和语义特征进行描写，并分析三者之间的语义关系。

①NP1 的句法特征和语义特征

A. NP1 的句法特征

a. 位于句首，有时可以省略。例如：

---

① 邢福义：《汉语语法学》，东北师范大学出版社 1997 年版，第 142 页。
② 邢福义：《汉语复句格式对复句语义关系的反制约》，《中国语文》1991 年第 1 期。
③ 张振兴：《从汉语方言的被动式谈起》，载《著名中年语言学家自选集——张振兴卷》，安徽教育出版社 2002 年版。
④ 汪国胜：《大冶方言的"把"字式》，《中国语言学报》第 10 期。

（154）柜叫他掫开叻。柜子被他撬开了。

（155）并"不应"的合音叫旁谁忽悠你咾！别被别人骗了。

辉县方言的"叫"字句跟普通话被动句一样，当叙述者为了凸显主语"NP1"的受影响性时，句中就会出现 NP1。当人们叙述一件事情或描写一种状况时，说话人提出了一个话题，为了保证话语的连贯性和流畅性，在后面的谈论中，会省去话题 NP1。如果受事主语 NP1 不出现，并且省略掉的主语一定不是"叫"的施事，而是动作行为的明确受事，整个句子也是被动句。

b. NP1 是体词性成分，这和普通话被动句的 NP1 一样，例如：

（156）鞋叫我挂扯叻。鞋子被我挂破了。

（157）家底儿都叫你咚完叻。家底都被你挥霍完了。

（158）他叻钱儿包儿叫旁谁摸走叻。他的钱包被别人偷走了。

（159）全世界都快叫你飞遍叻。全世界都快被你飞遍了。

（160）一歇晌儿都叫你聒死叻。整个午休时间都被你吵死了。

（161）他叫老师喊办公室叻。他被老师叫到办公室了。

例（156）、（157）中的 NP1 是普通名词，例（158）中的是"的"字结构的名词性短语；例（159）中的是处所名词，例（160）中的是时间名词，例（161）中的是人称代词"他"。

c. NP1 也可以是谓词性成分，但其与名词性成分的功能相同，可以看成是一种广义的名词性成分，称为指称性主语[①]。例如：

（162）他偷钱儿叫俺爸发现叻。他偷钱被我爸发现了。

（163）俺庄儿偷偷儿烘麦秸叫上头知道叻。我们村偷偷焚烧秸秆被上头知道了。

上述两例中充当主语的谓词性成分"他偷钱儿""俺庄儿偷偷儿烘麦秸"本身虽然仍旧表示行为动作，但是跟谓语联系起来看，这些行为动作已经事物化了。

d. 人称主语的选择

辉县方言中的"叫"字句在人称主语上没有明显的限制，但是在使用过程中却有不同的趋向选择。当表示劝诫的非叙述类"叫"字句

[①] 朱德熙：《语法讲义》，商务印书馆 2010 年版，第 101—102 页。

中常选择第二人称，且常用在否定句中；当被动句式表陈述语气时，"叫"字句优先选择第三人称，特别是当谓语动词是感觉动词、心理动词时；当这种叙述的内容转化为疑问、反问语气时，才使用第二人称。例如：

（164）他叫学校开除叻。他被学校开除了。

（165）*你叫学校开除叻。你被学校开除了。

（166）我叫学校开除叻。我被学校开除了。

（167）你叫学校开除叻？你被学校开除了？

（168）你并"不应"的合音叫旁谁你缺你咾！你别被别人骗了！

从上例中我们可以看出，"叫"字陈述句中，人称主语优先选择第三人称，很少使用第一人称，而第二人称主要用于疑问句或者表示劝诫的否定句中。

B. NP1 的语义特征

a. NP1 表示动作的对象，具有话题性。例如：

（169）车叫他怼毁叻。车被他撞坏了。

（170）酒叫恁都喝完叻。酒被你们喝完了。

例（169）、（170）中 NP1 "车""就"分别是"怼""喝"的对象，具有话题性。

b. NP1 是动作的受事

在"叫"字句中，就语义关系来说，NP1 一般是施动者 NP2 发出的动作的实际影响者。例如：

（171）咱叻钱儿叫他都借走叻。我们的钱都被他借走了。

（172）头发叫雨淋湿叻。衣服被雨淋湿了。

c. NP1 为非受事

"叫"字句的语义是 NP2 发出或致使 VP，VP 影响 NP1，NP1 作为 VP 的影响或结果的承受者可以容入不同的语义角色，不仅可以是动词的受事，还可以是动词的其他语义角色。例如：

（173）一拖车玉粟都叫着叻。一拖拉机玉米都被点着了。

（174）一假期叻时间都叫你浪费叻。一个假期的时间都被你浪费了。

（175）他肯定叫俺都气蒙叻。他肯定被我们气坏了。

（176）小孩儿都叫恁聒噪醒了。小孩子被你们吵醒了。

(177) 手都叫你打肿叻。手都被你打肿了。

(178) 簸箕叫他借走叻。簸箕被他借走了。

从上面的例子可以看出，主语不限于动作的受事，如例（173）中的 NP1 是处所；例（174）中的是时间；例（175）、（176）中的是感受主体；例（177）中的是当事；例（178）中的是工具。

d. NP1 可以是定指的也可以是不定指的。在现代汉语的被动句中，NP1 是有定的，但是在辉县方言中，NP1 可以是定指的，也可以是不定指的。例如：

(179) 这条河硬是叫纸厂污染叻。这条河被造纸厂污染了。

(180) 小狗儿叫我寻着叻。小狗被我找到了。

(181) 恁要是有人叫警察逮着，非住监狱不中。你们要是谁被警察抓住，非进监狱不可。

(182) 一袋粮食管叫俺吃可长时候。一袋粮食能被我们吃很长时间。

在例（179）中，NP1 是指量短语，是定指的；例（180）中，NP1 是简单名词，是对说话人和听话人而言所公知的"小狗儿"；例（181）中 NP1 表示不定指，有不定指标记"有"；例（182）中的 NP1 都是不定指的，但是句子中必须得有助动词"管"，表示可能存在的一种情况。

②NP2 的句法特征和语义特征

A. NP2 的句法特征

NP2 作为介词"叫"的宾语，必须是名词性成分，可以是名词、代词或者名词性短语。例如：

(183) 我叻脚叫铁片儿刺流血叻。我的脚被铁片划流血了。

(184) 恁些人都叫恐怖分子打死叻。那么多人都被恐怖分子打死了。

(185) 她叫岩壁虎吓叻跳桌上叻。她被壁虎吓得跳到桌子上了。

B. NP2 的语义特征

a. NP2 可以是定指，也可以是不定指

施事 NP2 是一定不能省略的，当宾语不明确时，就会补上不定指人称代词"旁谁"或者代表不定指事物的名词"东西"。例如：

(186) 俺菜地叻菜叫旁谁偷走叻。我们家菜园里的菜被别人偷走了。

(187) 我不□［tsuo^{21}］[H] "知道"的合音叫啥东西绊一下，差忽儿绊

跌。我不知道被什么东西绊了一下，差点绊倒。

NP2 可以是定指的，如例（183）、（184）、（185），也可以是不定指的，如例（186）、（187）。

b. 辉县方言中的"叫"字句中的 NP2 是被动行为的制造者，通常作施事，但也可以是工具、致因、直接施事、间接施事甚至受事。例如：

（188）板凳叫你敲毁叻。板凳被你敲坏了。

（189）你叫自己害唡。你被自己害了。

（190）方酥叫苹果挤碎叻。方酥被苹果挤碎了。

例（188）中，NP2 是施事，是动作的发出者；例（189）中，NP2 是反身代词"自己"，这个代词的特殊指代使 NP2 既是施事又是受事；例（190）中 NP2 是间接施事。

现代汉语的被动句中，在一定的条件下，NP2 可以隐去。当动作的施事者不确切，或者没必要说出来的时候，"被"字后面可以不出现 NP2，直接用在动词前面，如上例（188）可以说成"板凳叫敲毁了"。但是在大多数方言中，被动句多为"NP1 + 被动标记 + NP2 + VP"格式，其中的 NP2 是绝对不能省略的，必须或者以名词的形式或者以代词的形式出现，表示实施动作的人或物，辉县方言亦是如此，句法格式中少不了 NP2，并且也没有相当于普通话"被/给 + VP"的形式。如：门锁给弄坏了；我给吓坏了。

③NP3 的句法特征和语义特征

A. NP3 的句法特征

a. NP3 为名词性成分，可以是名词或者名词性短语。例如：

（191）钱儿叫他买车叻。钱被他买车了。

（192）狗叫我拴到拖车上叻。狗被我拴到拖车上了。

（193）衣裳叫我挂叻俩大窟窿。衣服被我挂了两个大洞。

例（191）中的 NP3 "车"是普通名词；例（192）中的"拖车上"是处所名词；例（193）中的"俩大窟窿"是数量结构的名词性短语。

b. NP3 位于 VP 的后面，充当述宾结构的宾语。例如：

（194）书都叫他装到纸箱□［liou[53]］[H] "里头"的合音叻。书都被他装到纸箱里了。

(195) 我叨信都叫他撕成碎末儿末儿叨。我的信都被他撕成碎片了。

例（194）中 NP3"纸箱口 [liou⁵³]ᴴ '里头' 的合音"作"装"的地点宾语；例（195）中的"碎末儿末儿"作"撕"的结构宾语。

B. NP3 的语义特征

在辉县方言的"叫"字句中，NP3 是表示结果的，为动作行为真正的受影响者，可以属于主语的一部分，还可以指处所。例如：

(196) 缸盆都叫他和面叨。缸盆都被他用来和面了。

(197) 这几袋儿麦都叫他磨成面叨。这几袋麦子都被他磨成面粉了。

(198) 这一堆儿洋灰叫我都糊墙上叨。这一堆灰被窝都糊到墙上了。

例（196）中的 NP3 "面"成为"和"的真正影响者；例（197）中的"面"表示动作致使主语产生的结果；例（198）中的"墙上"是指处所。

④NP1、NP2 和 NP3 之间的语义关系

从上文各句法成分和语义特点的分析中，我们可以看出，NP1 和 NP3 都是 NP2 发出的动作的直接或间接影响者。

NP3 作为宾语成分和主语 NP1 在语义上有密切的关系，常见的又可以分为以下几种：

A. NP3 是 NP1 的一部分

这种形式是指句子主语 NP1 和谓语动词的宾语 NP3 之间存在着领有关系。例如：

(199) 西瓜叫她吃叨一半儿。西瓜被她吃了一半。

(200) 沙发巾叫烟灰儿烙个窟窿。沙发巾被烟灰儿烧了一个洞。

例（199）中的 NP3 "一半儿"是 NP1 的一部分；例（200）中的"窟窿"为 NP1 "沙发巾"所有。在这个关系中，NP1 可以看作一种广义的受事，即间接受事，而 NP3 为动作的直接受事。

B. NP3 是 NP1 的处所，如例（198）。

C. NP1 是 NP3 的工具，如例（196）。

D. NP1 是 NP3 的材料，如例（197）。

2) 谓词性成分

辉县方言"叫"字句中的谓语中心成分"VP"比较复杂，本部分主要对"VP"的构成形式、语义、句法功能进行考察。"VP"的构成

形式可以为"VP = V/V1 V2/VC/VNP3","VP"大部分是及物动词,表动态的动词,表示动作、评价、感觉。"VP"的句法功能是作句子的谓语成分。

①VP 的构成形式

A. VP = V

谓词性成分"V"形式上可以是单音节动词,也可以是双音节动词,后面没有其他别的附加成分,一般情况下"V"后要带表完成态的动态助词"叻",但在劝诫句或誓愿句中不表示已实现的事实。例如:

(201)出来外头长点儿心眼儿,并"不应"的合音叫旁谁骗咾。出门长点心眼儿,不要被别人骗。

(202)她叫挪当兵叻相中唡。她被那个当兵的看上了。

例(201)中的 V 是单音节动词;例(202)中的是双音节动词。由例(201)可以看出,这里的 V 和 NP1 构成了动宾关系。例(201)是劝诫句,表达主观上想要避免的事情,和现实无必然的联系。

B. VP = V1 V2

谓词性成分由两个动词连用,构成连动被动套用式,不过两者的语义指向不同,"V1"一般为"NP2"发出的动作,"V2"可能是"NP1"发出的动作,也可能是"NP2"发出的动作。例如:

(203)他叫那帮混混儿打死叻。他被那帮混混打死了。

(204)河□[liou⁵³]ᴴ"里头"的合音叻水都叫恁都抽去浇地叻。河里的水都被你们抽去浇地了。

例(203)中,"打"是 NP2"混混儿"发出的动作,而 V2"死"是主语 NP1"他"发出来的;例(204)中,"抽"是 NP2"恁都"发出的动作,"浇地"也是"恁都"发出的动作。

C. VP = VC

谓词性成分 VP = VC,说明 NP1 受动作的影响,C 可以是动量补语、结果补语、状态补语、程度补语、趋向补语。例如:

(205)路叫大车碾毁叻。马路被大车轧坏了。

(206)喉咙叫我吓呼哑叻。喉咙被我喊哑了。

(207)麦叫霜一打,都死叻。麦子被霜打了之后都死了。

(208)小狗儿叫放炮声儿吓叻可很。小狗被放鞭炮的声音吓坏了。

例（205）中的 C 是结果补语；例（206）中的是状态补语；例（207）中的是动量短语，例（208）中的是程度补语。

D. VP = VNP3

谓词性成分 VP 是由动词 V 和 NP3 构成的动宾结构，如例（191）、（194）。

②VP 的语义特征

辉县方言"叫"字句中，"VP"为整个被动句式的语义焦点，一般是及物动词，要具有强影响性，就是说这个动作行为要对主语产生一定的影响。例如：

（209）小抄儿叫监考老师收走叻。小抄被监考老师收走了。

（210）＊蓝天叫老师看见叻。

例（209）可以说，是因为"收走"这种行为会对"小抄儿"带来影响，例（210）不可以说，是因为"看见"不能给相关对象带来影响。因此，辉县方言中"叫"字句中的 VP 可以是表完结义的动词，一般是双音节动词和粘合式述补词；也可以表示动作行为、评价、感觉和心理活动的动词。

完结义的动词：增加、布置、登记、提高、调整、暴露、克服、解决、改良、看完、猜中、害死、哭哑、听见等。

动作行为的动词：打、抓、抢、偷、撞、杀、骗、剪、刮、修、种、欺负、污染、开除等。

心理活动的动词：恨、爱、想、担心等。

③VP 的句法功能

VP 的句法功能就是充当句子的谓语成分，特别要注意的是，在辉县方言的"叫"字句中，句末动态助词"叻"起着十分重要的作用，如果去掉，整个被动句就变成了另外一种意思。例如：

（211）叫他忽悠！

（212）叫他忽悠叻！（被他骗了）

例（211）中，句末没有"叻"，句义是"让他尽情地说"；而在例（212）中，整个句义是"被他骗了"，"叻"起到帮助谓语动作完成的作用。江蓝生（2000）还指出 VP 表示的某一情况是已实现的，句末"叻"字的出现使句子所表示的已完成状态更加明显，因此，句末的

"叻"发展成了"叫"字被动句的一大标记。不过,我们还要考虑到劝诫句的情况。例如:

(213)你并"不应"的合音叫旁谁缺你迷三道四叻!你不要被别人骗得五迷三道。

(214)你去外头长点儿心,并"不应"的合音叫谁搞你!你在外面要小心,不要被谁骗了。

从上面两例中可以看出,"叫"字被动句一般是用在否定的劝诫句中,表示"不要被VP"的情况,劝诫句表示的是主观上想要避免的事情,和现实无必然的联系,VP所表示的事件也是非现实性的。

3)语义色彩感情色彩分析

通过对"叫"字被动句的成分分析,我们可将它的语义色彩分为三种情况:一种是表示不如意;一种表示中性;一种表示如意。但是,"叫"字句的语义色彩又具有复杂性,从句法成分来说,语义可以指向NP1,可以指向NP2,也可以指向NP3;从话语交际角度来看,同一句式在不同的话语环境、针对不同的话语角色也是不一样。

①表达"不如意"的感情色彩

整个句式传递的语义是表达不愉快、不如意的感情色彩。例如:

(215)小磊叫学校开除叻。小磊被学校开除了。

(216)这几天叫烘麦秸叻烟死叻。这几天被焚烧秸秆的熏死了。

(217)布袋叻钱儿叫我洗烂叻。口袋里的钱被我洗烂了。

上面例中,整个句式表示的也都是不如意的情况。在辉县方言中,"叫"字句绝大部分是表示不如意或者不希望发生的事情,表达说话人一种埋怨不满甚至生气的情绪,而无标记被动句则一般是表示一种事实的陈述和说明。例如:

(218)水杯摔打叻。(事实)/水杯叫他摔打叻。(埋怨)

(219)我叻头发绞叻。(事实)/我叻头发叫俺妈给我绞叻。(不满)

例(218)中,前一句无标记被动句是说话人在阐述一种事实,"水杯摔打叻",而后一句则是在一定的潜语境下发生的,可能是"他"把说话人最心爱的水杯碰到地上,摔碎了,说话人在埋怨"他"太不小心了,语气中透露出自己的不满和生气;例(219)中,无标记被动句实在对说话人的头发进行描写,"被剪了",而后一句的潜语境是,在说话人极不情愿地或者在没征得其同意的情况下，剪掉了"我"的头发，"我"是极为不满的。

②表达"中性"的感情色彩

整个句式描述的是一种对人类的生活无所谓好或坏的现象，或是对客观事实的描述。例如：

（220）树叶儿叫风都吹掉叻。<small>树叶被风吹落了。</small>

（221）衣裳都叫汗渦湿叻。<small>衣服被汗浸湿了。</small>

例（220）属于自然现象，本无所谓如意或不如意；例（221）是对客观事实现象的描写。如果说话人对这种自然现象或者客观事实有期待或者不期待时，这样句式的语义色彩就会发生变化。

③表达"如意"的感情色彩

整个句式表示的是希望发生的事情，传达的是一种愉悦的情绪。例如：

（222）他叫国家招飞招走叻。<small>他被国家招飞招走了。</small>

（223）叫你中叻个一等奖。<small>你中了个一等奖。</small>

（224）她叫评上国家奖学金叻。<small>她评上国家奖学金了。</small>

（225）咱屋儿叫小闺女儿收拾叻干干净净叻。<small>我们屋里被女儿收拾得干干净净的。</small>

例（222）、（223）、（224）中的动词本身传递的就是如意的信息；例（225）中的补语成分符合人们的审美情趣，体现的是愉悦的心情。随着语言的发展，辉县方言的"叫"字句表示如意的语义范围也在不断扩大。

④复杂性表现

A. 句法语义指向分析

语义可以指向 NP1，可以指向 NP2，也可以指向 NP3。例如：

（226）猪叫他宰了一头。<small>猪被他杀了一头。</small>

例（222）中如意的情况指向的是 NP1 "他"；例（226）中不如意的情况是针对直接受事 NP3 "一头"。

B. 从话语交际的角度分析

a. 话语环境不同

在不同的话语环境中，同一句式表达不同的语义色彩。例如：

（227）——呀，我忘叨锁门儿叨。呀，我忘了锁门了。

——门儿叫咱爸锁着叨。门被咱爸锁住了。

（228）——谁锁叨门儿呀？谁把门锁上了？

——门儿叫咱爸锁着叨。门被咱爸锁住了。

例（227）中，表达的是一种客观事实，是中性的语义色彩；在例（228）中，是不希望发生的事情，表达的是不如意的语义色彩。

b. 话语角色不同

同一句式从不同的话语角色来看，语义色彩也不太一样。从说话者角度来看，是如意的事情，但是从听话者的角度来看，可能就是不如意或者不希望出现的事情。例如：

（229）他家叫警察围□［tɕʰyə³¹］"起来"的合音叨。他家被警察包围了。

（230）她叫乡□［liou⁵³］ᴴ"里头"的合音推荐去唱戏叨。她被乡里推荐去唱戏了。

例（229）家被包围，对说话人来说是一件如意的事情，但是对"他的家人"来说，是不希望发生的事情；例（230）中，"她被推荐去唱戏"对于说话人来说，是她所期待的事情，但对说话人来说，他希望自己被选上，所以是不希望发生的事情。

9.3.2 "给"字被动句

"给"字被动句相当于普通话中的"被"字句，但是"给"字后往往不出现具体的受事，一般通过语境来判断。例如：

（231）洋车儿给拾掇好叨，骑走吧。自行车修好了，骑走吧。

（232）铺地都给做好叨，开学咾拿走。被褥做好了，开学时带走。

（233）空调都给安叨，天冷咾就开。空调安装好了，天冷的时候就可以用了。

（234）冇想到还就他给选上叨。没想到只有他被选上了。

9.3.3 "叫""给"连用的被动句

辉县方言中"叫""给"连用的被动句格式为"NP1 + 叫 + NP2 + 给 + NP3 + VP"，这一结构中的 NP1 表示受事，NP2 表示施事，NP3 表示人称代词，VP 表示动词性词语。普通话的"被动句"，"被""让"

"叫"常跟"给"字连用，但"给"字后不能接宾语。在辉县方言中，"叫""给"连用的被动句中"给"字后面可接宾语，但多为人称代词。例如：

（235）将买叻手机叫小偷儿给他偷走叻。他刚买的手机被小偷偷走了。

（236）好东西都叫俺妹妹给我吃完叻。好吃的被妹妹吃完了。

（237）俺俩人谈叻事儿都叫恁都给我传遍叻。我们两个谈恋爱的事情都被你传遍了。

（238）咱家叻小狗儿叫旁谁给药死叻。我们家的小狗被别人毒死了。

（239）恁粗叻树都叫风给刮翻叻。这么粗的树都被风吹倒了。

这一结构可用"领属性定语+叫+施事+给+动词性词语"结构替换。"给"字所带的人称代词有限制，表"受事的另有者"；"人称代词+受事"相当于"领属性定语"。另外，这种句式中，"叫"字后面引出的施事一般是有生命力的、动态的人或物。

第 10 章　处置句

汉语的处置句（或"把"字句）是汉语中很有特色的一种句型，无论从形式上还是内容上看，都有一些其他句型（如一般的动宾句）所不具备的东西。作为汉民族共同语言句型系统中的一员，处置句有一系列比较严格的条件规定，并不是任何一种处置句都能转换为一般动宾句，也不是任何一种动宾句要表达处置的语义，用"把"将宾语前置于动词前就可以的。共同语的处置句，对某些状语、动词、宾语等都有比较严格的要求。但是辉县方言的处置句并不都遵循共同语中对处置句所附加的种种条件限制，其表现形态与共同语有较大的差别。

10.1　处置句的类型

辉县方言中的处置句主要分三种，一种是以"叫"字为标志的处置句，主要用于陈述句、祈使句和感叹句中；一种是以"把"字为标志的处置句；一种是以"给"字为标志的处置句。

10.1.1　"叫"字处置句

"叫"在辉县方言中作介词时，相当于处置句中的"把"和被动句中的"被"，由介词"叫"构成的句子称"叫"字句。

"叫"字处置句主要有以下三种形式，分别是："NP1 + 叫 + NP2 + VP + M"式；"NP1 + 叫 + NP2 + 给 + VP + M"式；"叫 + NP1 + VP + M"。NP1 为施事，NP2 为受事。例如：

(1) 这可叫屋儿归并好叻。
(2) 我叫屋儿给归并好叻。

（3）恁爸叫车开走叻。

（4）恁爸叫车给开走叻。

（5）叫饭吃咾。

（6）叫饭给吃咾。

以上每组句子表达出一种意思。各句中的"叫"字，在日常交际中，我们可以用"把"字来替代。

1）表陈述的"叫"字句

辉县话中的这类"叫"字句和普通话"把"字句类型相当，"叫"的宾语是受动者。动词后面一般都要附加补充性的成分。例如：

（7）他叫地叻草锄完叻。

（8）我今个叫人丢尽咧。

（9）这一回他可叫酒喝过瘾叻。

不过，辉县话口语中可在"叫"前带上程度状语，用动词直接结句。这种句式在辉县话中普遍存在，是和普通话很不相同的特点，如果翻译成普通话，句子必须作较大的调整。例如：

（10）老王硬叫酒喝叻。

（11）我狠狠叫他甩一跌。

2）表祈使的"叫"字句

（12）叫饭一吃就走。

（13）叫麦一收就卖。

（14）叫票一买就上车。

3）表感叹的"叫"字句

这一感叹句式的"叫"字短语是由形容词或心理动词构成，并且"叫"字后面只能添加人称代词"你、他"等，句末用语气词"叻吓"，用于表达强烈的感情。另外，句尾的"叻吓"语气词连用隐含了它所联系的补语的内容，含有强调某种状态达到了难以言说的程度的言外之意。也就是说，"叫 + N + VP + 叻吓"句式的实际含义是 V 到极点。例如：

（15）叫你高兴叻吓！

（16）叫你得劲叻！

（17）叫他窝缺叻吓！

(18) 叫他吓叨!

还可以在句首加上"看",以引起注意。例如:

(19) 看叫你高兴叨吓!

(20) 看叫你得劲叨!

(21) 看叫他窝缺叨吓!

(22) 看叫他吓叨!

10.1.2 "把"字处置句

在辉县方言中,"叫"字处置句中的"叫"也可换作"把",构成"把"字句,它的基本结构是"把 + NP + VP",这里不再赘言,我们只讨论在此基础上的各种变形。

1) 把 + NP + VP + 它

这一格式中的"它"复指"把"的宾语。例如:

(23) 把窗台儿上擦干净它。

(24) 把吓槽□[liou^{53}]^H "里头"的合音叨食儿舔净它。

这种格式多用于祈使句中,动词性短语必须有补语,而且多为程度补语,如上例的"干净、净";可以带结果补语,如"把狗杀吃它""把麦割完它";但不能带趋向补语,如不能说"把麦割下来它"等。"它"指物,不指人,"它"多出现在句末,用于肯定句。用于否定句时,否定词只能放在动补短语之前,不能放在"把"字前,如不能说"并 '不应' 的合音把窗台儿擦干净它"。

2) V + NP + C

这一格式中的 NP 表示代词或名词性词语,C 代表处所补语或趋向补语,与普通话的"把 + 代词/名词性词语 + 动词性词语(+ 介词) + 处所补语/趋向补语"所表达的意义相同。例如:

(25) 再胡乱跑,关你屋儿□[liou^{53}]^H "里头"的合音。

(26) 他滑跌叨,赶紧拉他起来。

观察例句我们可以发现,动词后面的宾语多由代词充当。普通话中处所宾语前有介词,但辉县方言省略,因为这种结构往往是说话人情势紧急或语气急促的实际语用中使用,强调动作行为造成的结果,所以动宾结构短语后面往往直接带处所补语,从而造成介词的省略。

这种格式里，如果补语是复合的趋向词语充当的，代词或者名词性词语也可以放在复合的趋向词语之间，例如：

(27) a：并"不应"的合音叫他哭，赶紧㧱他起来。
　　　b：并"不应"的合音叫他哭，赶紧㧱起他来。
(28) a：树上挪小虫儿，我能使弹弓射它下来。
　　　b：树上挪小虫儿，我能使弹弓射下它来。

辉县方言更多采用 b 的说法。

10.1.3 "给"字处置句

"给"既可以理解为"被"，也可以理解为"把"，所以处置句式中"给"字的宾语多用于指物，用于指人必须有一定的语境，否则会产生歧义。例如：

(29) 他给我手机屏幕摔打叨。
(30) 给咱叨拖车拉来。
(31) 风太大，给树都刮折叨。
(32) 他给咱家叨窗纱都捣扯叨。
(33) 快，给钥匙给我。
(34) 快，给馍给我。

10.2 "叫""把""给"连用的处置句

辉县方言里，三者经常结合在一个句子，具体形式如下：
1) "叫""把"的连用

在现代汉语里，"被"字句和"把"字句结合在一起，多用"被……把……"的形式，如"被人把菜偷走了""被你把我的魂儿吓掉了"等，辉县方言没有这种说法，而是以"叫……把……"来代替，这种句子实际上是由"叫"和"把"构成两个介词短语，分别作谓语动词的状语。从意义上看，是处置义与被动义的复合。这种套合的句子和一般的"叫"字句相同，常常表示不如意的事情或不满的情绪。例如：

(35) a：把脚叫钉扎烂叨。

b：叫钉把脚扎烂叻。

(36) a：把车叫树圪枝儿剌一道儿。

b：叫树圪枝儿把车剌一道儿。

(37) a：再给她打个电话，并"不应"的合音把□［tsuo^{21}］这个事儿叫她忘咾。

b：再给她打个电话，并"不应"的合音叫她把□［tsuo^{21}］这个事儿忘咾。

可以看出，"把"字句和"叫"字句的套合有两种情况：

第一种，"把"在前，"叫"在后，句首的"把"字短语起强调作用，是语用上的表达焦点。"把"前不能加主语。"叫"表被动，前面往往带表范围的副词状语，后头所连接的一般是人称代词或者表人的名词。句子的谓语部分和一般的"把"字句相同。

第二种，"叫"在前，"把"在后。先表达被动关系，再表达处置义。"叫"后的施事是表达的焦点所在。如果"叫"前面有情态状语，那么这个状语要随着"叫"字移到句首。句子谓语的其他部分没有变化。

辉县方言里也用"把……叫……"表达同样的意义，但是不如"叫……把……"用得普遍。例如：

(38) 把镇大个西瓜叫他一口气儿吃完叻。＝叫他把镇大个西瓜一口气儿吃完叻。

(39) 把这一锅饭叫我做糊叻。＝叫我把这一锅饭做糊叻。

这两种套合方式在句式意义上没有太多差别，区别主要在强调的句法成分有所不同。例如：

(40) a：把挣叻钱儿都叫他给胡腾完叻。

b：叫他把挣叻钱儿都胡腾完叻。

(41) a：把一锅排扁食都叫你吃完叻。

b：叫你把一锅排扁食都吃完叻。

(42) a：把这一块儿地叻玉粟叫旁谁摧走完叻。

b：叫旁谁把这一块儿地叻玉粟摧走完叻。

(43) a：把挪野兔硬是叫狗咬死叻。

b：叫狗把挪野兔硬是咬死叻。

2）"把""给"的连用

在"把……给"这种句式中，辉县方言和普通话基本一致。"给"字通常用在谓语动词前面，和"把"字连用，构成"把……给"的句式。"把"字引出句子的受事对象，其中，"给"字在句中也可以不出现。例如：

（44）亲亲们一会儿就来了，你赶紧把屋给拾掇拾掇。

（45）歇晌儿叻老爷儿把人身上叻皮都给晒脱叻一层儿。

（46）你去理发铺儿把前领联儿刘海给绞绞。

（47）你去大街把咱晒叻玉粟给推推。

3）"叫""把"与"给"的套用

"叫""把""给"各自组成的介词结构可以放在同一个句子里充当不同的状语，这三个介词结构的位置有三种情况：

①"叫"字结构+"把"字结构+"给"字结构

（48）叫挪要饭叻把俺庄儿有□［io⁴⁴］"一个"的合音小孩儿给拐走叻。

（49）叫他把俺叻小狗给碾死叻。

②"把"字结构+"叫"字结构+"给"字结构

（50）把碗叫你给打叻俩叻。

（51）把个屋儿叫小孩儿们不蹬叻乱七八糟叻。

（52）把个洗衣机叫恁爸卸叻零个儿离散叻。

③"叫"字结构+"给"字结构+"把"字结构

（53）叫他给俺把锁别毁叻。

（54）叫老师给俺把手机收走叻。

（55）叫恁爸给俺把洋车儿骑丢叻。

这三种套用形式在辉县方言中都经常使用，具体使用哪种，要看具体的语言环境。

10.3 "叫"字歧义句

辉县方言的"叫"字句不仅表被动，还可以表示处置，有时候被动和处置同时存在于一个句子中，造成了"叫"字句的歧义现象。

例如：

(56) 他叫老板训叻一顿。

处置义：他把老板训叻一顿。

被动义：他被老板训叻一顿。

(57) 俺家叻狗叫恁家叻狗咬叻。

处置义：俺家的狗把你家的狗咬了。

被动义：俺家的狗被你家的狗咬了。

以上两句产生歧义的原因在于，主语"他"和"俺家了狗"既可以充当施事又可以充当受事。如果主语没有施事能力，只能充当受事，则不会产生歧义，如"骨头叫狗叨走叻"。"叫"字句在实际运用中一般不会产生歧义。借助语境人们可以确定到底是处置句还是被动句。

处置句的 NP2 必须是与事，从语义上看，NP2 是"被 VP"的，NP1 为施事，后头往往带有方所名词。例如：

(58) 我叫小孩儿抩床叻。我把小孩儿抱床上了。

(59) 叫狗牵家。把狗牵到家里去。

上两例中的"小孩儿""狗"都是被带的，从语义上看，"抩""牵"若是由"叫"前的主语发出来的，一定是处置句。若是句末有"叻"这样的语气词，判断是否为处置句，可以通过在 VP 后加上"到"或"去"字来检验，如果加上句义不变，肯定是处置句。

当 NP2 由两个体词构成时，如果前一个体词是后一个体词的领属者，那么产生歧义的可能性就很大，例如：

(60) 并"不应"的合音叫咱地叻玉粟搉完。

(61) 并"不应"的合音叫咱地叻玉粟搉完咾。

(62) 叫咱家地叻玉粟搉完。

(63) 叫咱家地叻玉粟搉完呐。

第一例，宾语是"玉粟"，前有属格"咱地叻"，是歧义句，可以理解为"不要把我们家地里的玉米拔完"，也可理解为"不要被别人把我们家地里的玉米拔完"。第二例和第四例被动尤为明显。

具体来说，判断"叫"字被动句和"叫"字处置句，可以从以下几个方面入手：

①语义上，如果主语是有生命的、可以施加积极地影响的事物，不

管"叫"的宾语是否性质相同,大都表处置;如果主语是无生命的、无法施加积极的影响的事物,大都表被动。例如:

(64)老鼠叫猫衔着叻。

(65)骨头叫狗吃叻。

"老鼠"和"狗"都是动物,都能发出"咬"的动作,但"老鼠"是话题主语,在一般情况下句子多表处置;"骨头"是无生命的事物,做主语时句子表被动。

②句法上,看动词表示的动作是谁发出的。例如:

(66)风叫人都刮跑叻。

(67)鸡蛋叫小鸡儿叨吃叻。

"刮"只可能是"风"发出的,因此,例(66)是处置关系。如果变换一下"人叫风刮跑叻","风"还是施事,"人"不可能发出"刮"的动作,句子表被动。例(67)中"叨"只可能是"小鸡儿"的动作行为,因此表被动关系。

③语用上,如果句子表达一种不如意或出乎意料的情况,多表被动。例如:

(68)俺家叻小狗儿竟然叫恁叻猫吓跑叻。

(69)这一仗,中国叫小日本儿打败叻。

由于被动句多"表示那些对主语所代表的事物来说是不幸或不愉快的事情"(王力,1957),因此,表达不如意或出乎意料意思的"叫"字句多是被动句。例(68)对"我"来说是一件不愉快、不如意的事,例(69)是一件出乎意料的事,都只能理解为被动关系。

④根据事理或上下文语境提供的情况。例如:

(70)我一到家就叫俺妈捶叻一顿。

(71)小狗儿死叻,叫旁谁药死叻。

根据常理,"我"不大可能"捶"我妈,因此,"他"是受事,句子表被动。例(71)表被动。

外在表现形式相同的"叫"字句,因为施受关系不明可能会造成被动或表处置的歧义,而有时还会带来表被动或者表使役的混淆。例如:

(72)叫他打叻。

(73) 叫他拿走叻。

这两例理解为被动、使役均可，区别的关键在于句子的主语是否是后面动词的受事。如果我们把主语的地位明确，歧义自然消除。例如上例变为：

(74) a：我叫他打叻，镇大会儿还疼着哩。
　　　b：谁叫他打叻，他自己想打架。

(75) a：东西叫他拿走叻。
　　　b：——我叻东西？——我叫他拿走叻。

a例都是被动句，主语"我""东西"分别是动词"打""拿"的受事；b例都是使役句，主语是使某人发出动作的人，不是动词的受事。

江蓝生（2000）曾经提出使役句转化为被动句的三个条件：①主语为受事；②役使动词后的情况是已经实现的；③谓语动词是及物的。蒋绍愚（2002）指出，使役句与被动句的一个根本性区别就是，主语是施事还是受事；只有主语是受事，才是被动句。他认为，如果受事出现在使役句的主语位置上，使役句就具备了转化为被动句的条件。而汉语的一个语法特点，就是主语可以不出现，受事可以作为话题或主语处于句首，主语有时就是话题。李崇兴、石毓智（2006）详细考察了"叫"由使役动词语法转化为被动标记的过程，认为"叫"在唐朝还是一个普通动词，宋朝以后开始用于兼语式，16世纪发展出被动标记的特征，18世纪出现了被动标记的典型用法，并一直保留在北方方言中。丹江方言"叫"的用法为诸位先生的结论提供了方言依据。

联系上文我们讨论的"叫"字处置句的产生，可以看出，"叫"在使役动词的基础上演变发展出了处置标记和被动标记，被动标记的产生较早，处置标记的出现略晚。

10.4　"叫"字的方言分布

"叫"作为被动标记，产生后一直沿用在北方方言口语里，并借助北京话进入共同语中，而"叫"的处置标记用法，分布却并不广泛。在方言中同时表达处置和被动关系的，更是仅限于中原官话的南鲁片中。根据张雪平（2005）河南叶县、舞阳、郾城、襄城等方言，"叫"既表被动也表处置，而且与辉县方言处置被动表达完全一致，表处置除了用介词"叫"，也可以用介词"给"，但通常用"叫"，"给"一般只表处置，不表被动和使役。在具体用法上唯一的不同是，河南叶县等地方言"叫"有助词用法，可以直接用在动词前，意义更虚，作用在于使其所在的句式区别于同义的"主+谓"句，作处置或被动标记，辉县方言则没有这种用法。由此看来，河南叶县等地方言"叫"的发展演变更完全一些。另外，往南的方城和南阳也用"叫"和"给"表处置。往西的鲁山也用"叫"表处置，但用"给"字句更常见。而再到鲁山西北的洛阳市，属于中原官话的洛嵩片，处置式用"给"表达，"叫"只表被动，不表处置。

10.5　小结

辉县方言中的"叫"作为介词兼表被动义和处置义，在表示被动标记的"叫"字句中，"叫"引进的宾语是句中动词的施事，一定不能省略。当施事的宾语不明确时，如果是人，用"旁谁"来指代；如果是物，用"东西"指代。句中的谓语一般不是光杆动词，动词前后有附加成分，后面通常带补语、宾语。如带宾语，受事主语和宾语往往具有领属关系或者全体与部分的关系，或者表示动作使主语产生某种结果等。辉县方言"叫"字被动句中，表示否定或范围的副词或助动词要放在介词"叫"的前面。例如：

（76）你并"不应"的合音叫旁谁缺你咾。你别被别人骗了。

（77）我叻小抄儿没叫老师收走。我的小抄没被老师收走。

（78）咱俩将才说叻都叫她听见叻。我们俩刚刚说的话都被她听见了。

（79）□[tsuo²¹]这个颜色儿叻衣裳能叫你穿好几年都不过时。这个颜色的衣服可以被你穿好多年都还流行。

（80）咱不能叫他镇式治咱。我们不能被他这样欺负。

例（76）、（77）中的否定副词"并""没"放在了"叫"前面；例（78）中的是范围副词，例（79）中的是助动词"能"；例（80）中的是助动词的否定形式。

第 11 章　结语

11.1　本章的基本认识

通过前面对语法事实的描写和整理，我们可以发现，辉县方言最大的特点就是语法手段、语法形式丰富多样。同一种语法范畴或语法意义，同时拥有多种不同的表达形式。

辉县方言中的语缀有前缀、中缀和后缀，并且极具特色。如前缀"洋""土""顶""二"等，后缀"都""把""个""拉""迄""家""娃儿"等。其中，以"圪"字为语缀组成词，主要分布于山西、陕西、河北、河南等省，也是晋语的典型特征之一。辉县方言作为晋语的一个分区，"圪"同样是一个活跃的语素，"圪"既可作前缀，也可作中缀，其在口语中的使用频率极高，用法也相当丰富。此外，"忽""不""骨"也与"圪"的用法和功能相同。辉县方言语缀具有前加式和后加式并存、后缀占优势、部分语缀表达出特定感情色彩等三方面的特征。

重叠是汉语一种重要的语法手段，尤其是在方言中应用广泛。辉县方言重叠式及其所表达的意义和功能丰富多样，除了名词、动词、形容词、副词、量词可以重叠外，动词性结构或数量结构等也可以重叠。并且名词、形容词重叠后大都需要儿化，表示小或喜爱等附加意义。名词重叠有 AA 式、A 儿 A 儿式、AAB 式、AB 儿 B 儿式、AABB 式和 ABCC 式六种。动词重叠可分为三种形式：一是单音节动词重叠 AA 式、XAA 式、XAXA 式和 XXAA 式；二是双音节动词重叠 AABB 式、ABAB 式和述宾式 AAB 式；三是有辅助成分的动词重叠式。其中 X 为"圪、忽、不"等，在重叠式中使用相当灵活。形容词重叠式有两种类型：一是单音节形容词重叠式，有 A（儿）A 儿式和 AA 儿 A 儿式；二是双音节形容词重叠式，有 AB（儿）B 儿式、AAB（儿）B 儿式、AXB 儿 B 儿式和 BA 儿 A 儿式。这里的三叠式 AA 儿 A 儿式进一步强调程度加深、加大，带有夸张的意味，也是辉县方言的一个独特用法。副词的重叠形式相对比普通话丰富，主要分为两类：一类是单音节副词重叠式 AA 式，加缀重叠式 AXA 式和多叠式 AAA 式和 AAAA 式；另一类是双音节副词重叠式 ABB 式和 AABB 式。量词重叠式主要有两种：一种是完全重叠式 AA 式、AABB 式；另一种是不完全重叠式一 AA 式、一 XAA 式、一 A 一 A 式、一 A 又一 A 式、一 AB 一 AB 式、成 A 成 A 式。拟声词重叠的形式在辉县方言中非常丰富，主要有 AA 式、AAA 式、AAAA 式、AA 叫式、AA 响式、ABB 时、AABB 式、ABAB 式、A 里 AB 式。这些重叠式的基式"A"或"AB"是很不自由的拟声词，一般不单独作句子成分。

　　辉县方言副词与普通话副词相比，丰富且表义生动，其中有单音节的，也有多音节的。语义特征和句法功能具有浓郁的地方特色。部分副词源自古代汉语，如"怪""死""可 1""太""紧""生""好""老""肯""情""没得"等，部分副词与其他地区方言副词相同或相近，如"可""很""毁""光""净""敢""点儿/些儿"等，这些都显示了辉县方言的融合性。由于副词由实词虚化而来，而每个词的虚化进程有快有慢、虚化程度有高有低，即残存的实词意义有多有少。它们来源于不同的历史层次，所以既存在一些古语词，例如"敢是""厮赶"等，又存在普通话中不断形成并向方言渗透或转化的副词。语气副词"敢（是）"与动词并存，一部分虚化，一部分尚未虚化。如"不敢叫跌咾"在此还是动词"不能"的意思。

　　辉县方言的比较句比普通话丰富得多。除了用介词"比"外，还用介词"胜、赶、撵"等引进比较的对象，并且各个句式都有对应的否定形式，否定词有"不胜""不抵"等来表示。其中差比句的句式最为丰富，有七种："A＋比＋B＋X""胜＋A＋X""A＋比过＋B＋咾""A＋赶（顶、跟、抵、撵）＋上（得上）＋B＋X＋叻/咾""A＋超过＋B＋X＋咾/叻""A＋跟^D＋B＋样似＋X""A＋有＋B＋X"。等比句的句式中介词"跟"有语法变韵现象，表示比较结果的形容词一般仅限于描写实物度量衡特征和数量的单音节形容词，如"多、高、长、粗、宽、大、深、稠、厚、中、沉、远"。

辉县方言的特指问句与普通话的不同主要表现在特殊疑问词上，如询问物、时间用"啥"，询问状态用"咋样儿"，询问方法、原因用"咋""咋式"等；是非问句一般用疑问语调来表达，不借用语气词；反复问句因受普通话形式"VP不VP不"和"VP没有"形式的强势影响，从使用频率上来看，现代辉县新派"VP不VP不"和"VP没有"有取代"VP不"和"VP没"的趋势。选择问句式比较特殊，我们称之为猜想式选择问，格式为"是V不V是?"如"等了老半天，恁是来呀不来是?"等。反问句则常选用副词"敢是""该不是"来表达。

辉县方言中的"叫"作为介词兼表被动义和处置义，在表示被动标记的"叫"字句中，"叫"引进的宾语是句中动词的施事，一定不能省略。当施事的宾语不明确时，如果是人，用"旁谁"来指代；如果是物，用"东西"指代。在表示处置的"叫"字句时，常出现在陈述句、祈使句和感叹句中，另外，辉县方言中也有"把"字处置句，只是在"把 + NP + VP"基础形式上有其他变形，如"把 + NP + VP + 它"、"V + NP + C"。"叫"字句也常与"把"字句和"给"字句套合使用，但由于辉县方言的"叫"字句不仅表被动，还可以表示处置，有时候被动和处置同时存在于一个句子中，会造成"叫"字句的歧义现象，我们要在语义、句法和语用上进行区分。

另外，赵凌云（2006）在《辉县方言的代词系统》[1] 中对辉县方言的人称代词、指示代词和疑问代词进行了详细的描写与分析，所以本书并未涉及这方面的内容。需要指出的是，她在文中主要研究的是辉县北区的代词系统，关于中区和西区的一些语法现象略微显少，有些问题这里需要稍作说明：①辉县方言中人称代词"俺""恁"除了用作三身代词以合音的方式表示复数外，也可以用在亲属称谓前，如"俺爸、恁嫂"表示单数，但不能用"我""你"；无定称人称代词中的旁称代词除了北区用"旁人"和"人家"表示外，西区和中区主要是"旁谁"

---

[1] 赵凌云：《辉县方言的代词系统》，硕士学位论文，华中师范大学，2006年。

"别谁""□都［uŋʔ²¹tou²²］（人家）"。②指示代词中"这些""那些"在辉县话西区和中区常说成"这都""那都"，如"这都东西都是将买叻。"；"这样""那样"在中区和西区的语音除了有"［tsuo²¹］样儿"和"［nuo²¹］样儿"外，还有"怎式［tsən²¹·ʂɿ］""恁式［nən²¹·ʂɿ］"。③疑问代词中"什么时候"，在辉县话中常发音为"多旦［tu²² tan²¹］"。

11.2　有待研究的问题

通过以上的分析和总结，本书拟弥补辉县方言研究范围的不足，充实辉县方言的研究内容，为进一步比较研究提供有价值的材料和参考。但是本书还有很多不足，许多预期目的没有达到。由于笔者学识有限，对一些现象的探讨解释不深入，接触其他方言语法材料不够丰富，历时考察不够均衡、深入，一些专家、学者提出的问题未能得到全面解决。还有一些关注到的问题和现象没有时间和精力展现，使比较略显不足，例如辉县方言中的一些特殊结构"V叫A些儿"（扫叫净些儿、穿叫厚些儿、吃叫饱些儿）、"V动"（吃动东西、做动饭、写动论文）；"个"用于句首的现象考察；辉县方言中的合音词和惯用语的离合；"好"字在辉县方言中的声调的不同导致词性和用法不同的缘由考察；量词前省"一"的种种情况；量词的变化形式："斤把重儿、块把钱儿、寸把宽儿"等；儿化现象以及形成的原因探究；有些方言现象与普通话的发展有无关系以及有什么样的关系；导致辉县方言某些语法现象不同于普通话的原因等。这些都有待于笔者进一步考察和研究。

附录 同音字汇

1. 本字汇先按韵母分类，再按声母、声调排列。声韵母相同的字以在《方言调查字表》中出现的顺序排列。

2. 字后头加"（白）"表示口语，字后头加"（文）"表示书面语。

3. 小字表示注文，代号"~"代替所注的字。

1

p	[42] 鼻(文)　[53] 彼鄙比比较 秕秕子,秕谷(白)　[213] 稗蔽敝弊毙币萆蓖麻(文) 闭箅箅子 陛陛下 鐾鐾刀布,把刀鐾鐾 俾臂婢避庇痹麻痹 篦弼碧璧壁
pʰ	[44] 批披　[42] 皮疲脾琵琵琶 枇枇杷　[53] 丕匹一匹布,一匹马　[213] 譬譬喻 屁僻辟　[3] 擘用手擘开 劈
m	[42] 迷谜糜粥 弥民　[53] 米靡惘敏抿皿　[213] 秘泌觅
t	[44] 低堤的目的 滴　[42] 嫡笛狄籴　[53] 底抵　[213] 帝弟第递地　[3] 敌
tʰ	[44] 梯　[42] 提蹄啼　[53] 体题　[213] 替递鼻涕(文) 剃屉抽屉,笔屉(文) 剔　[3] 踢
n	[42] 泥倪尼　[53] 你拟　[213] 腻匿逆顺逆,逆风 溺溺死
l	[42] 犁黎离离别 篱璃玻璃 罱离开半寸 梨狸狸猫　[53] 礼厘李里理鲤　[213] 例厉励丽美丽 隶荔荔枝 利痢吏立　[3] 力历
tɕ	[44] 脐鸡稽饥饥饿(白) 肌基机讥饥饥荒 屐木屐 积击　[42] 借狼借　[53] 挤济几茶几 己几几乎几几个 戟　[213] 祭际稷榛子 剂一剂药,面剂子 计继系鞋带 髻寄技妓冀纪纪律,世纪,年纪 记忌既季迹寂　[3] 即鲫极脊籍绩激

续表

tɕʰ	[44] 妻栖欺期时期 戚_{湿衣服贴身上} [42] 骑慈其棋旗 [53] 启企奇岐祁鳍起杞岂祈乞 [213] 砌契_{契约(文)} 倚_立器弃气汽泣讫赤
ɕ	[44] 西犀溪奚兮牺嬉熙希稀惜昔夕锡析 [42] 媳席 [53] 洗玺徙喜蟢_{蟢子} [213] 细系_{联系} 戏 [3] 息熄
ts	[44] 荠疵_{吹毛求疵} 知蜘_{蜘蛛} 支枝肢资姿咨兹滋辎_{辐重} 之芝稙_{早种禾} 织只 [42] 雌职 [53] 此纸只_{只有} 眵_{眼眵} 姊旨指子梓滓止趾址 [213] 滞_{停滞，积滞} 制刺赐智栀_{栀子花} 自致雉_{雉鸡} 稚_{幼稚} 至字牸_{牝牛} 置痔治志痣炙 [3] 直值殖植
tsʰ	[44] 痴嗤_{嗤笑} [42] 齐池驰瓷_{瓷器} 迟磁_{磁石} 辞词祠持 [53] 侈_{奢侈} 耻齿尺 [213] 翅次 糍_{糍粑} 伺饬斥 □_{动物大踩小；老母猪把小猪娃儿~死叻} [3] 侧吃
s	[44] 斯厮撕施私师狮脂尸司丝思诗 [42] 时鲥蚀石 [53] 豕豉_{豆豉} 死矢屎使史驶始 [213] 世势誓逝舐_{以舌取物(文)} 匙_{汤匙，钥匙} 是氏四肆示尸视嗜似祀_{祭祀} 巳_{辰巳} 寺嗣饲士仕柿俟事试市恃侍式饰释 [3] 食识
z	[53] 紫
ø	[44] 瞖_{目瞖} 医衣依揖_{作揖 ia?} [42] 宜仪谊移伊夷姨疑矣饴_{高粱饴} 沂_{沂河} 遗亿 [53] 椅已以乙一 [213] 艺刈缢蚁义议倚易_{难易} 肄肆_{肆业(文)} 意异毅逸忆抑翼益亦译易_{交易} 疫役
u	
p	[42] 醭_{醋生白醭(白)} [53] 补捕 [213] 布怖_{恐怖} 部步埠_{商埠} 抱菢_{菢小鸡}
pʰ	[42] 菩_{菩萨} 扑_倒 仆 [53] 谱普浦蒲脯_{胸脯} 脯_{杏脯} [213] 铺_{铺设} 铺_{店铺} 讣
m	[42] 谋 [53] 亩牡母拇 [213] 暮慕墓募幕目牧
f	[44] 夫肤敷麸_{麦麸子} [42] 孵_{孵小鸡} 扶芙_{芙蓉} 浮蝠_{蝙蝠} 服伏栿_梁 [53] 府腑俯甫斧俘_{俘虏} 抚符釜腐辅 [213] 跗_{跗面，脚面} 付赋赔_{食上生白毛} 赴父附富副妇负阜复_{复兴} 幅复腹覆_{反覆} 复_{复原} [3] 傅

续表

t	[44] 都_{都城}督 [42] 牍毒 [53] 堵赌犊_{牛犊子}笃 [213] 肚_{鱼肚},_{猪肚}妒杜肚_{腹肚}度渡镀 [3] 独读
tʰ	[44] 秃 [42] 徒屠途涂图 [53] 土 [213] 吐_{吐痰}吐_{呕吐}兔
n	[42] 奴 [53] 努 [213] 怒
l	[42] 炉鸬_{鸬鹚}榈庐_{茅庐,庐山} [53] 卢鲁虏卤 [213] 路赂露鹭_{鹭鸶}禄陆绿录 [3] 芦_{芦苇}鹿
k	[44] 孤箍估_{估计}牯 [53] 古股鼓谷谷 [213] 姑故固锢_{锢露锅}雇顾
kʰ	[44] 枯 [53] 苦 [213] 库裤酷 [3] 哭
x	[44] 呼 [42] 浒_{水浒}胡湖狐壶胡斛 [53] 虎 [213] 戽_{戽水}瓠_{瓠卢}户沪互护瓠_{瓠子,瓠瓜}核_{果子核(白)}
tɕʰ	[213] 趣
ts	[44] 租猪诸诛蛛株朱珠 [42] 卒_{兵卒}足嘱 [53] 祖组褚_姓箸_{筷子}阻煮拄_{拄拐杖}主 [213] 蓍_{显著}苎_{苎麻}助驻注柱住注蛀铸筑祝 [3] 族竹逐烛
tsʰ	[44] 粗初 [42] 除锄厨 [53] 储_{储蓄}楚础_{柱下石}处_{相处}杵 [213] 醋处_{处所}雉猝_{仓促}畜_{畜生}促触
s	[44] 苏酥梳_{梳头}疏_{疏远}蔬_{蔬菜}疏_{注疏}舒枢输_{输运}殊叔淑 [42] 熟_{煮熟,熟悉}俗赎 [53] 暑鼠黍署_{专署}薯_{白薯}蜀属 [213] 素诉塑_{塑像}嗉_{鸟嗉子}庶恕数_{动词}数_{名词}戍竖树漱_{漱口}速肃宿粟束
z	[53] 汝儒乳 [213] 褥
ø	[44] 蜈_{蜈蚣}梧_{梧桐}乌污坞巫诬侮戊 [42] 吴吾无 [53] 五伍午武舞鹉_{鹦鹉} [213] 误悟恶_{可恶}务雾机_{机子,机凳}勿
	y
n	[53] 女
l	[42] 驴 [53] 吕稆_{野生}旅缕_{丝缕}屡 [213] 虑滤履律率_{速率}□_{打;几天不~你,皮发痒叨吓} [3] 剥去皮

续表

x	[44] 墟墟市 [42] 徐 [213] 絮序叙绪
tɕ	[44] 居拘驹矩规矩 掬一掬,一捧 锔锔碗 [42] 局 [53] 举 [213] 据锯锯子,锯木头 巨拒距聚俱句具惧剧剧烈 剧戏剧 [3] 菊
tɕʰ	[44] 蛆生蛆(白) 区区域 驱臞 [42] 渠趋 [53] 取娶曲酒曲 曲曲折,歌曲 [213] 去来去,去皮
ɕ	[44] 虚嘘吹嘘 须需 [53] 许 [213] 续婿女婿 恤畜畜牧 蓄储蓄 续
ø	[44] 淤迂 [42] 鱼渔余馀昇抬 愚虞娱于孟 榆愉 [53] 语于于此 雨宇禹羽 [213] 御御与及,给与 誉荣誉 预豫遇寓吁芋逾愈愈好,病愈 喻裕域郁育玉狱欲浴
	ε
kʰ	[44] 科棵颗一颗珠 [42] 搕捕,捉,拿住 [213] 课
x	[42] 荷荷花 和和气 禾合十合一升 合 [213] 贺
ts	[44] 遮者蔗
tsʰ	[44] 车马车 车车马炮 [53] 扯
s	[44] 奢赊余姓 [53] 舍骟母的牛马 [213] 射麝麝香 赦舍社
z	[53] 惹
ø	[42] 讹
	a
p	[44] 巴芭疤杷枇杷 [42] 拔 [53] 把把握,把守,一把 把把柄 [213] 霸坝坝平川 爸耙犁耙,耙地(白) 罢
pʰ	[44] 琶琵琶 [42] 爬钯钯子 [213] 怕帕
m	[44] 妈 [42] 麻 [53] 马码码子 [213] 骂
f	[42] 罚 [53] 伐筏
t	[53] 打 [213] 大大 大夫;大黄,药名
n	[42] 拿 [53] 哪哪个

续表

k	[213] 尬尴尬
ts	[44] 渣 [42] 闸铡铡刀(白) [53] 炸炸弹 眨眨眼 [213] 诈榨榨油 乍杂炸用油炸 柞橡树
tsʰ	[44] 叉杈枝杈 差差别,差不多 参参差 [42] 茶搽茬查调查 察 [213] 岔三岔路
s	[44] 莎莎草 沙纱 [53] 洒傻洒撒撒手,撒种 [213] 厦偏厦,前廊后厦 萨
ø	[44] 阿阿胶,阿哥
ɣ	
tʰ	[3] 他
n	[213] 那
k	[44] 歌 [213] 哥
kʰ	[44] 窠
x	[42] 荷薄荷 河何
ø	[42] 俄 [213] 饿
o	
p	[44] 波菠菠菜(白) 玻玻璃 钵饽面饽 [42] 勃博泊梁山泊 薄泊帛 [213] 簸簸一簸 簸簸箕 薄薄荷
pʰ	[44] 颇坡 [42] 鉴 [213] 跛跛足 破檗黄檗,药名
m	[42] 磨磨刀 馍模模子 模模范 摹摹仿 [53] 抹抹布,抹桌子 抹 [213] 魔摩磨磨面,石磨 末沫寞
f	[42] 佛
ia	
l	[53] 俩两个
tɕ	[44] 家加痂嘉家家具 稼佳 [53] 假真假 贾姓 假放假 [213] 架驾嫁价
tɕʰ	[213] 恰洽
ɕ	[44] 虾鱼虾 [42] 霞瑕遐暇 狭峡匣箱匣 辖管辖 [213] 吓吓一跳 下底下 夏姓 厦厦门 下下降 夏春夏
ø	[44] 鸦丫丫头 桠桠杈 鸭 [42] 牙芽衙伢小孩子 涯天涯 崖山崖 [53] 哑 [213] 雅研研平 亚轧被车轧,轧棉花

续表

	ua
k	［44］瓜［53］寡［213］剐挂卦
kʰ	［44］夸［213］侉垮跨
x	［44］花［42］华中华划划船铧滑猾狡猾［213］化华华山,姓桦桦树画话划
ts	［44］髽鬃髻
s	［53］耍
ø	［44］蛙洼蛙挖［53］瓦动词［213］袜

	iə
p	［42］别区别别离别［213］伯
m	［213］灭
t	［44］爹跌［42］叠碟牒蝶谍
tʰ	［44］帖碑帖,请帖贴
n	［213］孽
l	［213］猎列烈裂
tɕ	［44］皆街［42］捷劫杰［53］姐解讲解,解开解晓也［213］借借故褯褯子(白)介界芥疥届
tɕʰ	［53］且［213］箧斜妾怯㤼怯
ɕ	［44］些歇［42］邪斜谐鞋携胁协［53］写［213］泻卸谢械懈解姓蟹泄泄漏
ts	［213］戒
ø	［42］爷［53］也者也,也是野［213］夜页液腋［3］耶

	yə
tɕ	［42］掘［213］倔倔强爵嚼

续表

tɕʰ	[213] 榷击,榷蒜
ɕ	[44] 削
uo	
t	[44] 多 [42] 舵掇拾掇,两手掇起 夺铎 [213] 朵躲剁惰垛柴垛 跺
tʰ	[44] 拖 [42] 驮拿,驮起来 [213] 妥椭椭圆 唾唾液,唾沫
n	[213] 挪糯糯米 诺
l	[42] 罗锣箩骡螺螺蛳 [213] 裸裸体 瘰瘰疬 摞摞起来
k	[44] 锅 [42] 国 [53] 裹馃 [213]
kʰ	[44] □以竹竿或木棍等打人或物:那顶上叻枣儿够不着,拿棍~~就都掉叻
x	[42] 和和面 [53] 火夥 [213] 货祸镬锅惑 □棺材:这木头都是做~用叻 □踩
ts	[42] 昨酢卓琢浊 [213] 坐座做作作坊,工作 着着衣 着睡着,附着
tsʰ	[44] 搓戳 [42] 矬矮 [213] 莝莝草,切碎的草 措措施 错错误 错错杂
s	[44] 蓑梭织布梭 唆啰唆 [213] 锁琐琐碎 所索绳索 朔
z	[213] 左佐
ø	[44] 腽手指文(白) 倭窝蜗 [213] 我卧握沃
ai	
p	[53] 摆 [213] 拜鞴风箱 败白
pʰ	[42] 排牌排筏 [213] 派
m	[42] 埋 [53] 买 [213] 卖迈
t	[44] 呆呆 [213] 戴贷待怠殆代袋带
tʰ	[44] 胎 [42] 台天台,台州 苔舌苔,青苔 抬 [213] 奋奋子 态太泰
n	[53] 乃奶 [213] 耐奈

附录　同音字汇

续表

l	[42] 来 [213] 赖癞獭把獭癞
k	[44] 该 [53] 改 [213] 概溉盖丐乞丐
kʰ	[44] 开揩 [53] 凯慨慷慨,感慨 楷
x	[42] 孩还还有 [53] 海 [213] 亥害骇惊骇
ts	[44] 灾栽斋 [53] 宰 [213] 载年载,载重 在载满载 债塞择择菜,选择 宅
tsʰ	[44] 猜钗差出差 [42] 才材财裁才豺柴 [53] 彩采睬棌橡树 [213] 菜蔡
s	[44] 腮鳃筛筛子 [213] 赛晒
ø	[44] 哀埃尘埃挨挨近,挨住 [42] 挨挨打,挨骂 [53] 蔼和蔼矮 [213] 碍爱艾隘
	uai
k	[44] 乖 [53] 拐 [213] 怪
kʰ	[53] 蒯 [213] 块刽块快筷
x	[42] 怀槐淮 [213] 坏
tɕʰ	[53] 揣揣度
ts	[213] 拽拉
s	[44] 衰摔 [213] 帅率率领 蟀
ø	[44] 歪 [53] 崴崴了脚 [213] 外
	ei
p	[44] 杯碑卑悲 [53] 簸 [213] 贝辈背倍背背诵 焙焙干 被被卧,被子 被被打,被迫 备
pʰ	[44] 胚胚胎坯土坯(白) [42] 培陪赔裴 [213] 沛配佩辔
m	[42] 梅枚媒煤眉楣霉 [53] 每美 [213] 妹昧媚寐
f	[44] 非飞妃纷 [42] 肥坟獖牡家 [53] 匪榧榧子 翡翡翠 棐 [213] 废肺吠痱痱子 费费用 粪奋愤忿

续表

v	[42] 闻 [53] 吻刎 [213] 璺_{裂璺}
tʰ	[44] 忒_{忒杀,忒好}
n	[213] 内
l	[42] 雷林临 [53] 僱_{傀儡}垒檩 [213] 累_{极困}累累积 累_{连累} 类泪赁_{租赁}
ts	[42] 贼
s	[42] 谁
ø	[44] 微

uei

t	[44] 堆碓 [213] 对队兑□/怼_{碰撞或击:咱叻车叫~毁叻(白)}
tʰ	[44] 推 [53] 腿 [213] 退蜕_{蛇蜕皮,蝉蜕}褪
l	[42] 淋_{淋漓,淋湿}
k	[44] 圭闺规龟归 [53] 诡轨滚 [213] 鳜_{鳜鱼}桂跪柜鬼贵
kʰ	[44] 盔亏窥 [42] 奎癸逵葵 [53] 魁傀_{傀儡} [213] 溃_{溃脓}愧
x	[44] 恢灰麾挥辉徽 [42] 回茴_{茴香} [53] 毁 [213] 贿悔晦汇会_{会计}桧会_{开会}会_{不会}绘秽惠慧讳汇
tɕʰ	[44] 吹
ts	[44] 追锥 [53] 嘴 [213] 罪最缀_{点缀}赘醉坠_{与随异}
tsʰ	[44] 催崔_姓炊 [42] 垂槌锤 [213] 脆翠粹_{纯粹}
s	[44] 虽 [42] 髓随 [53] 绥水 [213] 碎岁税睡遂隧_{隧道}穗祟
ʐ	[53] 蕊 [213] 芮_姓锐瑞
ø	[44] 危威 [42] 桅_{船桅杆}为_{作为}为_{为什么}维惟唯违围 [53] 伪萎_{气萎,买卖萎}委尾伟苇纬 [213] 硙_{磨,研}煨卫喂位未味魏畏慰胃谓猬

附录　同音字汇

续表

	au
p	[44] 包胞雹 [42] 袍 [53] 褒褒奖 保堡宝饱 [213] 报暴豹爆鲍姓,鲍鱼曝
pʰ	[42] 刨刨地 狍刨瓢瓜瓢 [53] 跑 [213] 抛炮枪炮泡泡在水里
m	[42] 毛茅猫锚卯猫矛 [213] 冒貌茂贸
t	[44] 刀叨 [53] 祷岛倒打倒,颠倒 导 [213] 到倒倒水 道稻盗
tʰ	[44] 滔掏掏出来 涛 [42] 桃逃淘淘米 陶萄 [53] 讨 [213] 套
n	[42] 铙挠 [53] 脑恼 [213] 闹
l	[44] 捞 [42] 劳牢 [53] 老 [213] 唠唠叨 涝旱涝 酪
k	[44] 高膏羔糕膏青车,青油 [53] 稿搞 [213] 告
kʰ	[53] 考烤 [213] 靠犒
x	[44] 蒿进船竿 藃蓬蒿 薅除田草 [42] 豪壕毫 [53] 好好坏 郝姓 [213] 好喜好 耗号呼号 浩
ts	[44] 遭糟朝今朝 召昭招 [42] 凿 [53] 早枣澡找沼池沼,沼气(白) [213] 躁灶皂造建造 罩棹桨 笊笊篱 赵兆照诏焯把菜放在开水里焯焯
tsʰ	[44] 操操作,操演 糙粗糙,糙米 抄略取,抄写 钞钱钞 超 □ 用筷子夹:~菜 [42] 曹槽马槽 巢朝朝代 潮 [53] 草草炒吵
s	[44] 蚤骚捎捎带 稍烧 [42] 芍芍药花 [53] 扫扫地 少多少 绍 [213] 臊臊气 扫扫帚 潲潲猪食 潲潲雨 少少年 韶韶关 邵
z	[42] 桡桨 [53] 扰 [213] 饶绕围绕 绕绕线 □ 照:你~~镜,看俊不俊
ø	[42] 熬 [213] 傲懊懊恼 奥懊懊悔 坳山坳
	iau
p	[44] 膘肥膘(白) 标彪 [53] 表表
pʰ	[44] 飘 [42] 瓢嫖嫖赌 [213] 漂票车票 漂漂亮
m	[42] 苗描 [53] 藐渺秒 [213] 庙妙

续表

t	[44] 刁貂雕 [213] 钓吊掉调_{音调}调_{调动}藿_{灰藿菜}
tʰ	[44] 挑 [42] 条调_{调和} [213] 跳枭跳
n	[53] 鸟 [213] 尿
l	[44] 撩_{撩起来;□缝补;咋又扯了,脱下,叫给你~~} [42] 燎疗聊辽了 [53] 了_{了结} [213] 燎_{火燎眉毛}寥_{料炝}_{马炝飙子}廖_姓
tɕ	[44] 交郊胶教_{教书}焦蕉_{芭蕉,香蕉}椒骄娇浇 [53] 绞狡铰搅剿矫_{娇诈}缴_{上缴}侥_{侥幸}剪_{tɕian} 饺_{饺子} [213] 教_{教育,教他去}校_{校对}较酵窖觉_{睡觉}醮_{打醮,再醮}噍_{牛倒嚼}轿窑叫窨_{地窨子}
tɕʰ	[44] 敲缲_{缲边}悄_{静悄悄} [42] 樵瞧乔侨桥荞 [53] 巧 [213] 俏硝鞘_{刀鞘}窍
ɕ	[44] 消宵霄销枵嚣萧箫 [42] 淆 [53] 小晓 [213] 孝效校_{学校}校_{上校}笑
ø	[44] 妖邀腰吆_{吆喝} [42] 肴摇谣姚舀_{舀水}尧 [53] 咬杳_{杳无音信} [213] 要_{要求}要_{要想要,重要}耀鹞_{鹞鹰}
	ou
pʰ	[44] 剖
m	[53] 某
f	[53] 否
t	[44] 都_{都是}兜 [53] 斗抖陡 [213] 斗豆逗
tʰ	[44] 偷 [42] 头投 [53] 敌_{展开,敌气} [213] 透
l	[42] 楼 [53] 搂_{搂取}耧_{播种用的农具(白)}篓搂_抱 [213] 漏陋
k	[44] 勾钩沟彀_{往上彀} [53] 狗苟 [213] 够构购勾_{勾当}
kʰ	[44] 抠眍_{眼眍} [53] 口 [213] 叩_{叩头}扣_{扣住}寇
x	[44] 鼾_{睡时鼾声} [42] 猴瘊_{瘊子}候 [53] 吼 [213] 侯后厚后
ts	[44] 纣_{桀纣}掫_{望上掫}周舟州洲粥 [42] 轴 [53] 走肘 [213] 奏就昼宙邹皱绉骤咒

续表

tsʰ	[44] 抽搊搊起来 [42] 绸稠筹愁仇酬 [53] 丑瞅丑 [213] 凑臭香臭
s	[44] 搜飕馊饭馊了搜搜集 收 [53] 叟手首守 [213] 嗽咳嗽 瘦兽受寿授售
z	[42] 柔揉 [213] 肉
ø	[44] 欧瓯殴 [53] 藕偶配偶 偶偶然 呕呕吐 [213] 沤久浸水中 怄怄气
iou	
m	[213] 谬篾竹篾
t	[44] 丢
n	[42] 牛 [53] 纽扭
l	[42] 流刘留榴石榴 硫硫黄 琉琉璃 柳溜馏 [213] 六
tɕ	[44] 揪一把揪住 鬏梳个鬏儿 秋秋天 秋秋千 鸠阄拈阄 纠纠缠 究纠纠正 [53] 酒九久韭灸针灸 [213] 救臼舅咎旧柩
tɕʰ	[44] 犨牛犨 丘 [42] 囚泅游水 求球 [53] 糗面煮糗了
ɕ	[44] 修羞休 [42] 畦菜畦 [53] 朽 [213] 秀绣宿星宿 锈铁锈 袖嗅用鼻嗅 嗅用鼻子闻
tsʰ	[42] 仇姓
ø	[44] 忧优悠悠悠 幽黝黝黑 [42] 尤邮由油游犹 [53] 有友酉 [213] 又右佑莠诱柚 鼬黄鼬 釉幼
an	
p	[44] 班斑颁扳般搬 [53] 板版 [213] 扮瓣办扳半绊伴拌
pʰ	[44] 攀潘藩 [42] 片盘 [213] 盼襻纽襻 判叛
m	[42] 蛮瞒馒馒头,馍 [53] 满 [213] 慢漫幔蔓瓜蔓子
f	[44] 帆翻番几番 藩 [42] 凡烦矾繁 [53] 反 [213] 泛范犯乏贩䉓鸟下蛋(白) 饭
t	[44] 耽担担任 丹单单独 [53] 胆掸鸡毛掸子 [213] 担挑担 淡旦诞但弹子弹 蛋

续表

tʰ	[44] 贪滩摊 [42] 潭谭谈痰檀坛弹弹琴 [53] 毯坦 [213] 探试探,侦探 炭叹
n	[42] 南男难难易 □往嘴里大口吞 [213] 难患难
l	[42] 蓝篮lan 兰拦栏 [53] 㳖㳖柿子,㳖菜 览揽榄橄榄 缆懒 [213] 滥烂
k	[44] 甘柑泔泔水 尴尴尬 干肝竿竹竿 干干湿 杆秆稻秆 [53] 感敢橄橄榄 擀擀面 赶 [213] 干
kʰ	[44] 堪龛勘勘误,勘探 刊 [53] 坎砍 [213] 看看守 看看见
x	[44] 蚶蚶子 憨痴酣 [42] 含函寒韩 [53] 喊罕 [213] 撼憾汉旱汗焊焊铁壶 翰
ts	[44] 簪沾瞻簪毡 [42] 蝉 [53] 鏨鏨花 斩盏展攒积攒 [213] 暂站立 站车站 蘸蘸酱油 占占卜 占赞溅 绽破绽 栈战颤
tsʰ	[44] 参搀参参差 餐 [42] 蚕谗馋蟾蟾酥 残缠膻禅禅宗 [53] 惨铲产 [213] 忏灿
s	[44] 三杉衫钐大钐 珊山删扇 [53] 陕陕西 闪伞 [213] 散鞋带散了 散分散 疝疝气 善膳 单姓 禅禅让
z	[42] 然燃 [53] 染冉
ø	[44] 庵揞手覆,揞住 安鞍 [213] 暗按案

ian

p	[44] 鞭编边 [53] 贬蝙扁匾 [213] 变辨辩汴便方便 遍一遍 遍遍地 辫
pʰ	[44] 篇偏 [42] 便便宜 [213] 骗骗马 骗欺骗
m	[42] 绵棉眠 [53] 免勉娩分娩 缅渑渑池 [213] 面面
t	[44] 颠 [53] 点典 [213] 掂掂掇 店簟席 电殿奠佃垫垫钱
tʰ	[44] 天 [42] 甜田填 [53] 添舔以舌取物 腆腆肚子 掭掭笔
n	[44] 蔫食物不新鲜 蔫花萎 [42] 黏黏米,黏起来 粘粘贴tsan 鲇鲇鱼 年 [53] 碾莲撵 [213] 念捻以指撚碎
l	[42] 廉镰帘连联怜莲 [53] 敛殓脸 [213] 练炼楝楝树 恋

附录 同音字汇

续表

tɕ	[44] 监监察,监视,监牢 鉴尖歼歼灭 兼搛搛菜 艰间 间空间,中间 间间断,间或 奸涧铜车锏 煎笺肩坚 [42] 乾乾坤 [53] 减碱检俭简裥拣囝虼茧tɕiaŋ笕以竹通水 [213] 监国子监 舰渐剑柬谏箭溅溅—身水 践犍犍为县 件键键子 建键健腱荐见
tɕʰ	[44] 锹签签锹锹属 谦迁千先牵铅 [42] 潜掮前 [53] 浅钱遣 [213] 伣傪嵌欠歉
ɕ	[44] 鹐鸟啄物 仙鲜鲜新鲜 鲜鲜少 掀宪 [42] 咸衔嫌闲涎贤弦玄 [53] 险显 [213] 陷馅限苋苋菜 线羡献现县
ts	[213] 贱饯饯行
ø	[44] 淹阉腌焉心不在焉 烟燕燕京,姓 咽 [42] 岩盐檐盐酼 严颜延筵言研圆沿 [53] 掩魇俨俨然 眼演兖 [213] 验厌炎阎艳焰酽酽茶 雁晏晚也 谚堰砚燕燕子 咽宴
	uan
t	[44] 端 [53] 短 [213] 断决断 锻锻炼 断断绝 段缎椴
tʰ	[42] 团 [53] 疃
n	[53] 暖
l	[42] 鸾卵 [213] 乱
k	[44] 官棺观参观 冠衣冠 鳏鳏寡 关 [53] 管馆 [213] 贯灌罐观寺观 冠冠军 惯
kʰ	[44] 宽 [53] 款
x	[44] 欢 [42] 桓还还原 环 [53] 缓 [213] 唤焕换幻患宦
tɕ	[44] 捐 [213] 圈猪圈
tɕʰ	[44] 佥佥丸子 [42] 全泉拳 [53] 权颧颧骨 倦犬 [213] 窜劝券
ɕ	[44] 轩宣喧 [42] 旋悬 [53] 癣选 [213] 旋旋吃旋做 镟镟床 楦鞋楦 眩
ts	[44] 钻动词 专砖绢 [53] 转转眼,转送 卷卷起 [213] 赚篡编篡 钻木工用具 撰转转螺丝,转圆圈 篆传传记叁
tsʰ	[44] 川穿 圈圆圈 ▢用锯或者刀等砍去树木多余枝条:你拿着咱叻锯,叫北场叻树去 [42] 传传达 椽船 篅盛谷具 [213] 喘 篡串

续表

s	[44] 酸闩拴 [213] 算蒜涮_{涮洗}
z	[53] 软阮
ø	[44] 弯湾 [42] 玩_{古玩,运玩} 完丸_{肉丸,弹丸} 顽_{顽皮,顽固} 员缘 [53] 浣_{弄脏} 皖_{安徽} 豌_{豌豆} 剜碗腕晚挽宛 [213] 院万

yan
ø	[44] 冤渊 [42] 元原源袁辕园援_{援救} [53] 远 [213] 愿怨
l	[53] □_{用木锹、铲锹叉取物或薄层；你赶紧用铁锹～走}

ən
p	[44] 锛奔 [53] 本 [213] 笨
pʰ	[44] 喷_{喷水} 喷_{喷香,喷嚏} [42] 盆
m	[44] 闷 [42] 门
f	[44] 分_{分开} 芬 [53] 粉 [213] 份_{一份两份}
v	[42] 文纹 [213] 问
t	[213] 扽
tʰ	[44] 吞
l	[42] 邻鳞磷 [213] 吝_{吝啬}
k	[44] 跟根
kʰ	[42] 龈_{老鼠龈 in} [53] 恳垦肯
x	[44] 荤 [53] 很 [213] 痕恨
ɕ	[213] 讯
ts	[44] 针斟胗_{鸡胗} 珍榛臻真肫_{肫肝} 贞侦 [53] 枕诊疹 [213] 枕_{动词} 镇阵振震
tsʰ	[44] 深 [42] 沉岑陈尘辰晨臣 [213] 趁衬

续表

s	[44] 森参人参申伸娠 [42] 神 [53] 沈审 [213] 渗水渗透葚桑葚甚肾慎
z	[42] 壬任姓人仁 [53] 忍 [213] 任责任纫缝纫刃认韧
ø	[44] 恩
	in
p	[44] 彬宾 [213] 殡鬓
pʰ	[44] 拚拚命拼 [42] 贫频频繁 [53] 品 [213] 聘姘姘头
m	[53] 闽闽越
tɕ	[44] 金津巾斤筋 [53] 襟锦紧仅谨 [213] 禁禁不住禁禁止尽尽可进晋尽劲有劲近劲劲敌
tɕʰ	[44] 侵钦亲 [42] 琴禽擒秦勤芹 [53] 寝 [213] 浸吢猫吢揿按亲亲家(白)
ɕ	[44] 心辛新薪欣馨 [42] 寻 [213] 信衅挑衅
ø	[44] 音阴荫屋子很荫因姻殷 [42] 吟44淫银寅 [53] 饮饮酒饮米汤引隐尹 [213] 饮饮马印
	uən
t	[44] 敦敦厚墩蹲 [213] 顿饨馄饨沌盾赵盾钝遁盾矛盾
tʰ	[42] 屯豚臀囤
l	[42] 仑伦沦轮 [213] 嫩论论语论议论
k	[213] 棍
kʰ	[44] 昆坤 [53] 捆 [213] 困
x	[44] 昏婚 [42] 魂馄馄饨浑浑浊 [213] 混相混,混沌
tɕ	[44] 钧
ɕ	[42] 旬循巡 [213] 迅浚浚河殉
ts	[44] 尊撙遵 [53] 准

续表

tsʰ	[44] 村椿_{椿树}春 [42] 存唇纯莼_{莼菜}醇_{酒味醇} [53] 忖蠢 [213] 寸
s	[44] 孙 [53] 损笋榫_{榫头} [213] 顺舜
z	[213] 润闰
ø	[44] 温瘟 [53] 稳
yn	
tɕ	[44] 皲_{脸皲}菌君军 [213] 俊焌_{火焌手了}郡
tɕʰ	[42] 群
ɕ	[44] 熏勋薰 [42] 荀 [213] 训
s	[213] 逊
ø	[44] 晕 [42] 均匀云 [213] 允韵运孕
aŋ	
p	[44] 帮邦绑浜_{一条浜} [53] 榜 [213] 谤滂_{滂沱}傍棒蚌蚌
pʰ	[42] 旁螃_{螃蟹}庞 [213] 胖䏟胖
m	[42] 忙芒茫莽蟒芒_{麦芒儿}虻_{牛虻}
f	[44] 方芳 [42] 肪脂肪妨_{妨害}防 [53] 纺仿_{相似}仿仿佛访 [213] 仿_{仿效}放
v	[42] 亡王 [53] 网辋_{车辋}妄往 [213] 忘望旺_{兴旺,火旺}
t	[44] 当_{当时,应当}当_{当作,典当}铛_{烙饼用具} [53] 党挡_{阻挡} [213] 荡_{放荡}宕_{延宕}
tʰ	[44] 汤 [42] 堂棠螳_{螳螂}唐糖塘 [53] 倘_{倘使}躺 [213] 熨烫趟_{一趟}
n	[42] 囊 [53] 攮_{用刀子攮} [213] 曩
l	[42] 郎廊狼螂朗 [213] 浪
k	[44] 刚纲钢缸钢_{刀钝了,钢钢} [53] 冈岗港_{港口} [213] 杠
kʰ	[44] 康糠慷慨抗 [42] 扛 [213] 炕囥_藏

附录 同音字汇

续表

x	［44］夯_{打夯(白)} ［42］行_{行列,银行} 航杭
tɕʰ	［213］畅
ts	［44］赃脏_{不干净} 脏张章樟 ［53］长_{生长} 涨掌 ［213］葬藏_{西藏} 帐账胀丈仗杖障_{保障} 瘴瘴气
tsʰ	［44］仓苍昌菖_{菖蒲} ［42］藏_{隐藏} 长_{长短} 常尝偿 ［53］场厂 ［213］唱倡_{提倡}
s	［44］身桑丧_{婚丧} 商伤 ［53］磉_{柱下石} 嗓搡赏晌_{晌午} 饷 ［213］扇丧_{丧失} 上_{上山} 尚上_{上面} ［3］裳_{衣裳}
z	［42］穰_{禾茎} ［53］壤_{土壤} 攘 ［213］嚷44 让
ø	［44］肮_{肮脏} ［53］垵_坑 ［213］岸昂
iaŋ	
pʰ	［213］片
n	［42］娘 ［213］酿
l	［42］良凉量_{量长短} 粮梁樑 ［53］两_{几两几钱} ［213］亮谅辆量_{数量}
tɕ	［44］将_{将来} 浆疆僵姜礓_{礓砸} 缰_{缰绳} 姜江豇_{豇豆} ［53］浆蒋奖讲耩_{耩地} ［213］酱将_{大将} 匠降_{下降} 虹_{天上的虹 xuŋ(白)}
tɕʰ	［44］枪羌腔 ［42］钳墙 ［53］抢强_{勉强,倔强 tɕiaŋ} ［213］强
ɕ	［44］相_{互相} 湘襄香乡 ［42］详祥降_{降伏,投降} ［53］想鲞享响 ［213］相_{相貌} 象像橡_{橡树} 向项巷
ø	［44］央秧殃 ［42］仰羊洋烊_{融化} 杨阳扬疡_{溃疡(文)} ［53］养痒 ［213］样
uaŋ	
v	［53］枉
k	［44］光 ［53］广 ［213］桄_{一桄线} 逛
kʰ	［44］匡筐眶_{眼眶} ［42］狂 ［213］旷况矿
x	［44］慌 ［42］黄簧_{锁簧} 皇蝗 ［53］谎 ［213］晃_{晃眼}

续表

ts	[44] 庄装桩 [213] 壮状撞
tsʰ	[44] 疮 [42] 幢 [53] 闯 [213] 创
s	[44] 霜孀双 [53] 爽 [213] 双双生(白)
ø	[44] 汪—汪水
	əŋ
p	[44] 崩 [42] 篷 [213] 迸迸裂
pʰ	[44] 烹 [42] 朋彭膨膨胀 棚蓬 [53] 捧
m	[44] 懵懵懂 [42] 萌盟蒙 [53] 猛蠓蠓虫 [213] 孟梦
f	[44] 风枫疯丰封峰锋 [42] 冯逢缝缝衣服 [53] 讽 [213] 凤奉俸缝一条缝
v	[44] 翁 [213] 瓮
t	[44] 登灯 [53] 等 [213] 凳镫鞍镫 邓澄水浑,澄一澄 瞪瞪眼
tʰ	[42] 腾誊藤疼 [213] □不精、傻、二百五;你就是个~货
n	[42] 能
l	[53] 冷 [213] 愣菱
k	[44] 更更换,五更(白) 庚羹耕 [53] 鲠骨鲠在喉 埂田埂 梗梗子,茎 耿 [213] 更更加
kʰ	[44] 坑
x	[44] 亨 [42] 恒衡 [213] 横横直横 蛮横
ts	[44] 曾姓增征征求 蒸争争睁正正月 征 [53] 拯拯救 丞整 [213] 憎赠证症郑正政
tsʰ	[44] 称称呼,称重量 称相称 撑蛏蛏子 逞逞能 [42] 曾曾经 层澄惩橙塍田塍 承澄橙橙子 呈程成城 诚盛盛满了 [213] 蹭磨蹭 秤一杆秤 乘掌椅子掌儿 铛铛光
s	[44] 僧升生牲笙甥声 [42] 绳蝇 [53] 省省长 省节省 [213] 婶剩胜胜任 胜胜败 圣盛兴盛

续表

z	[44] 扔 [42] 仍
ø	[213] 硬
	iŋ
p	[44] 槟_{槟榔}冰兵 [53] 禀丙秉柄饼 [213] 病_并_{合并}并
pʰ	[42] 凭平坪评瓶屏_{围屏}萍
m	[42] 鸣明名铭 [213] 命
t	[44] 丁钉_{铁钉}靪疔钉_{钉住} [53] 顶鼎 [213] 订_{订约}锭定
tʰ	[44] 听_{听见,听话}厅汀听_{听其自然,听任} [42] 亭停廷庭蜓_{蜻蜓}艇 [53] 挺
n	[42] 凝_{汤凝成冻了}宁_{安宁,沪宁} [213] 宁_{宁可}佞
l	[44] 伶拎 [42] 陵凌领岭灵零铃翎 [213] 令另
tɕ	[44] 粳_{粳米}京荆惊鲸英精晶睛_{眼睛}经_{经纬,经线} [53] 景警井 [213] 妗_{舅母(白)}茎境敬竟镜竞静颈径陉_{井陉}
tɕʰ	[44] 卿清轻_{轻重,年轻}青蜻_{蜻蜓}倾顷 [42] 情晴 [53] 擎请苘_{苘麻} [213] 庆磬_{钟磬}
ɕ	[44] 兴_{兴旺}星腥 [42] 行_{行为}行_{行品行}形型刑荥_{荥阳} [53] 省_{反省}醒 [213] 兴_{高兴}杏幸性姓
ts	[213] 靖净
tsʰ	[42] 殝_{殝受}
ø	[44] 鹰莺鹦_{鹦鹉,鹦哥}樱_{樱桃}婴缨 [42] 迎盈赢营茔萤 [53] 影颖 [213] 应_{应当,应用}应_{应对,响应}映
	uŋ
f	[42] 房
t	[44] 东冬 [53] 董懂 [213] 冻栋动洞
tʰ	[44] 通 [42] 同铜桐童瞳 [53] 㷖_{把包子㷖}桶捅_{捅破了}筒统 [213] 痛

续表

n	[42] 齉_{多涕鼻疾} 农脓侬_{我,你} [213] 弄
l	[42] 笼聋隆龙垅 [53] 拢陇
k	[44] 公蚣_{蜈蚣} 工功攻_{攻击} 弓躬宫恭供_{供养,上供} [53] 汞拱_{拱手} 巩_{巩固} [213] 贡供_{供给,供不起} 共
k^h	[44] 空_{空虚} [53] 孔恐 [213] 控空_{空缺}
x	[44] 荒轰轰_{轰出去} 烘_{烘干} [42] 弘宏红洪鸿虹 [53] 哄_{哄骗}
tɕʰ	[42] 床穷
ts	[44] 桌棕鬃_{马鬃,猪鬃} 宗综_{织布机上的综} 中_{当中} 忠终踪钟盅 [53] 总冢种_{种类} 肿 [213] 粽中_{射中} 仲众纵_{纵横} 纵_{放纵} 重_{轻重} 种_{种树}
tsʰ	[44] 窗聪匆葱囱_{烟囱} 充冲舂_{舂米} [42] 肠丛虫从_{从容} 从_{跟从} 重_{重复} [53] 宠 [213] 铳_{放铳}
s	[44] 松嵩松 [53] 怂_{怂恿} [213] 送宋诵颂讼
z	[42] 戎荣戎绒融茸_{参茸} 冗_{拨冗,冗长} 容蓉_{芙蓉} 熔
	ỹ
tɕ	[53] 趼窘迥_{迥然不同}
tɕʰ	[42] 琼
ɕ	[44] 箱厢镶兄胸凶_{吉凶} 凶_{凶恶} [42] 熊雄
ø	[44] 雍拥壅_{施肥} 甬_{甬道} [42] 勇 [53] 永泳咏痈涌 [213] 用
	ɐʔ
p	[3] 八百柏
pʰ	[3] 迫拍魄
m	[213] 陌_{陌生} [3] 脉
f	[3] 法_{方法,法子} 发

续表

t	[3] 达
n	[3] 纳捺_{撒捺}
l	[3] 拉辣
k^h	[3] 揩_{用刀刮}
ts	[213] 栅_{栅栏} [3] 札扎窄摘
ts^h	[3] 擦
s	[3] 杀

	iɐʔ	
n	[3] 聂_姓	
tɕ	[3] 夹夹_{夹衣}甲胛_{肩胛}挟_{挟菜(文)}	
$tɕ^h$	[3] 掐	
ɕ	[3] 瞎	
ø	[3] 押压	

	uɐʔ	
t^h	[213] 驮_{驮子} [3] 驼	
ts	[53] 爪_{爪牙,爪子} [3] 抓	
ts^h	[3] 锉	
s	[53] 嫂	
ø	[53] 袄	

	yɐʔ	
p^h	[42] 鳔	
n	[3] 辗_{辗子}	

续表

tɕʰ	[42]	茄茄子(白)
ø	[3]	勒靰勒
	ə?	
p	[42] 钹 [3]	拨笔毕必不剥驳北逼卜
pʰ	[3]	泼朴朴扑瀑瀑布
m	[3]	蟆虾蟆 帽么么二三 密蜜没沉没,没有 莫膜摸墨默木穆
f	[3]	佛仿佛 缚福
v	[3]	蚊物屋
t	[3]	答搭得德
tʰ	[3]	踏沓一沓纸 坍坍下来 塔榻塌溻 汗溻湿了 獭水獭 特
l	[53] 饵 [213] 啰啰唆 儿尔二贰贰心 [3]	而耳腊蜡镴锡镴 笠粒栗乐肋勒
k	[3]	个个人,一个 戈给给你,供给 割葛各阁搁胳膊 克格革隔
kʰ	[42] 壳 [3]	可咳咳嗽 磕渴刻时刻 刻用刀刻 客
x	[42] 蛤虾蟆 核 [213] 号号数 鹤核审核 [3]	蛤蛤蜊 喝喝酒 盒烟盒 喝喝采,吆喝 蠚蜂蠚人 黑赫
tɕ	[3]	缉缉鞋口 集辑编辑 疾吉
tɕʰ	[3]	七漆膝屈
ɕ	[3]	习袭悉
ts	[42] 折折叠 [3]	扎用针扎 褶褶子,皱纹 蛰惊蛰 执汁哲蜇蝎子蜇人 撤折折断 浙侄秩质则泽责掷
tsʰ	[3]	厕厕所,茅厕(白) 甲插彻撤绰宽绰 测拆 开策册
s	[42] 蛇 [213] 射 [3]	摄涉涩湿十什什物 拾拾起来 瑟虱实失室术 白术,苍术 塞色啬吝啬 适
z	[213] 人 [3]	热日

附录　同音字汇

续表

ø	［42］鹅 ［213］恶善恶 ［3］蛾鄂额扼轭
	iəʔ
p	［3］鳖憋
pʰ	［53］撇撇捺,撇开
tʰ	［53］铁
n	［3］蹑蹑脚走 拈拈起来 茶发茶 捏
l	［213］劣
tɕ	［42］节截洁 ［3］阶秸麦秸 接今急级及揭结
tɕʰ	［213］切切开
ɕ	［53］血 ［213］屑不屑 ［3］吸薛屑木屑 楔楔子,楔橛子
ø	［3］厴洒厴 业曳拖 噎噎住了
	uəʔ
t	［44］掇掂掇
tʰ	［44］脱突 ［213］拓拓本 ［3］托手承物
l	［213］洛络 ［3］落烙骆
k	［44］鸽聒聒耳朵 刮郭 ［42］虢虞虢 ［3］骨筋骨,骨头
kʰ	［213］括包括 阔扩扩充 ［3］窟窟窿 廓
x	［44］忽 ［42］喉活 ［213］豁豁然,豁嘴,豁口 获 ［3］乎藿藿香 剨用刀剨开(白) 或
tɕ	［42］决诀
tɕʰ	［44］缺
ɕ	［213］穴
ts	［44］拙涿涿县,涿鹿 ［42］镯镯子 浞水湿 ［3］啄捉

续表

tsʰ	[44] 撮一撮米 [3] 出
s	[44] 书梢树梢 刷 [42] 勺勺子 [213] 术述 [3] 说说话 秫缩
z	[53] 辱 [213] 擩擩进去 若弱 [3] 如
ø	[213] 鏊烙饼用具

yə?	
m	[213] 麦
n	[3] 虐疟疟疾,发疟子
l	[53] 捋捋袖 [213] 略掠
x	[44] 靴
tɕ	[42] 绝掘 [213] 瘚脾气瘚 橛橛子 [3] 厥橘 脚镢䦆头,大锄 觉知觉 鱼
tɕʰ	[42] 裙 [213] 瘸瘸腿 [3] 雀麻雀 鹊喜鹊 却确
ɕ	[44] 蝎 [3] 雪学
ø	[213] 叶悦阅月哕干哕 越粤籰收丝器 [3] 曰约药钥钥匙 跃岳乐音乐

ə	
x	[213] 吓恐吓
s	[42] 舌折弄折了 [213] 设

参考文献

一 书籍

陈淑梅:《鄂东方言量范畴研究》,中国社会科学出版社2012年版。

陈章太、李行健:《普通话基础方言基本词汇集》,语文出版社1996年版。

邓思颖:《汉语方言语法的参数理论》,北京大学出版社2003年版。

丁全、田小枫:《南阳方言》,中州古籍出版社2001年版。

冯春田:《近代汉语语法问题研究》,山东教育出版社1991年版。

郭校珍:《山西晋语语法专题研究》,华东师范大学出版社2008年版。

郭校珍、张宪平:《娄烦方言研究》,山西人民出版社2005年版。

贺巍:《获嘉方言研究》,商务印书馆1989年版。

刘丹青:《汉语方言语法研究的新视角》,上海教育出版社2013年版。

刘丹青:《语言调查研究手册》,上海教育出版社2008年版。

李荣:《现代汉语方言大词典》,江苏教育出版社2002年版。

卢甲文:《郑州方言志》,语文教育出版社1992年版。

吕叔湘:《现代汉语八百词》,商务印书馆1980年版。

齐沪扬:《语气词与语气系统》,安徽教育出版社2002年版。

乔全生:《晋方言语法研究》,商务印书馆2000年版。

汪国胜:《大冶方言语法研究》,湖北教育出版社1994年版。

邢向东:《神木方言研究》,中华书局2002年版。

邢向东:《陕北晋语语法比较研究》,商务印书馆2006年版。

刑福义:《词类辩难》,商务印书馆 2003 年版。
辛永芬:《浚县方言语法研究》,中华书局 2006 年版。
詹伯慧:《汉语方言及方言调查》,湖北教育出版社 1991 年版。
赵元任:《汉语口语语法》,商务印书馆 1979 年版。
朱德熙:《语法讲义》,商务印书馆 1982 年版。

二　期刊

鲍红:《安庆方言特色副词考察》,《淮北师范大学学报》(哲学社会科学版) 2011 年第 6 期。

陈淑梅:《湖北英山方言形容词的重叠式》,《方言》1994 年第 1 期。

陈淑梅:《鄂东方言的副词"把"》,《汉语学报》2006 年第 1 期。

陈淑梅:《鄂东方言量词重叠与主观量》,《语言研究》2007 年第 4 期。

陈淑梅:《鄂东英山方言的满意程度量》,《方言》2008 年第 1 期。

陈淑梅:《鄂东方言的小称与主观小量》,《江汉学术》2014 年第 4 期。

陈丽冰:《福建宁德方言小称后缀和小称变调》,《方言》2012 年第 4 期。

陈燕:《西昌方言中的"倒"》,《西昌学院学报》(社会科学版) 2012 年第 2 期。

陈燕:《西昌方言的特殊量词及量词的特殊表达方式》,《西昌学院学报》(社会科学版) 2014 年第 3 期。

陈亮、王珊:《五河方言"给"字句的特点及用法》,《河南科技学院学报》2014 年第 7 期

陈山青、施其生:《湖南汨罗方言的处置句》,《方言》2011 年第 2 期。

陈昌来:《汉语介词的发展历程和虚化机制》,《柳州职业技术学院学报》2002 年第 3 期。

陈荣泽:《近十年汉语方言研究的新发展》,《安康学院学报》2011 年第 2 期。

陈雅：《试析副词"就"的语音形式及语义指向》，《南京社会科学》2003 年第 12 期。

陈鹏飞：《林州方言"了"的语音变体及其语义分工》，《南开语言学刊》2005 年第 1 期。

曹妍：《副词"就"与"才"的句法结构与语义的关系》，《语文学刊》2011 年第 6 期。

蔡斌：《攀枝花本地方言比较句的四种特殊句式》，《攀枝花学院学报》2013 年第 1 期。

崔希亮：《人称代词及其称谓功能》，《语言教学与研究》2000 年第 1 期。

曹延杰：《德州方言副词"再"》，《德州学院学报》2001 年第 1 期。

崔淑慧：《从山西方言研究到晋语研究》，《山西师范大学学报》2004 年第 1 期。

崔娅辉：《周口方言词缀的类型学研究》，《吉林省教育学院学报》2013 年第 6 期。

柴晓锦：《寿光方言中的比较句和反复问句》，《潍坊教育学院学报》2008 年第 2 期。

储泽祥：《"底"由方位词向结构助词的转化》，《语言教学与研究》2002 年第 1 期。

董秀芳：《汉语词缀的性质与汉语词法特点》，《汉语学习》2005 年第 6 期。

董慧敏：《长沙方言的语缀》，《怀化师专学报》2001 年第 4 期。

邓思颖：《方言语法研究问题的思考》，《汉语学报》2013 年第 2 期。

邓永红：《汉语方言中的"AX"式状态形容词》，《现代语文》（语言研究版）2013 年第 6 期。

戴庆厦、李洁：《汉藏语被动句的类型学分析》，《中央民族大学学报》2007 年第 1 期。

丁全：《南阳方言中的程度副词》，《南都学刊》（哲学社会科学版）2000 年第 5 期。

党飒、查中林：《河南南阳方言中以"圪"字为语缀组成的词》，

《郑州航空工业管理学院学报》（社会科学版）2011年第5期。

段亚广：《河南方言研究的历史和现状》，《周口师范学院学报》2008年第3期。

范晓：《语法研究中"解释"的解释》，《汉语学习》2008年第6期。

范晓：《不及物动词构成的句干句式》，《汉语学报》2015年第2期。

范俊军：《汉语方言自然口语语料库建设的几个基本问题》，《学术研究》2013年第2期。

范立珂：《副词"就"的三种句式的语义、语用分析》，《长沙大学学报》2009年第6期。

范立珂：《副词"就"的隐喻认知机制探析》，《邵阳学院学报》（社会科学版）2009年第6期。

傅书灵：《〈歧路灯〉"叫"字句考察》，《周口师范学院学报》2007年第4期。

冯春田：《〈歧路灯〉结构助词"哩"的用法及其形成》，《语言科学》2004年第4期。

顾之川：《河南方言词考释》，《许昌师专学报》1990年第1期。

谷向伟：《河南林州方言的"动"和"动了"》，《方言》2013年第2期。

高晓莉：《灵石方言指示代词的研究》，《山西大同大学学报》2014年第4期。

郭利霞：《山西山阴方言"A－A?"式选择问句》，《方言》2009年第4期。

郭利霞：《山西方言疑问句中的"敢"》，《语文研究》2011年第2期。

郭辉：《淮北方言的副词》，《淮北煤炭师范学院学报》（哲学社会科学版）2010年第5期。

郭慧：《焦作方言中的几个特色程度副词初探》，《语文学刊》2014年。

郭熙：《河南境内中原官话中的"哩"》，《语言研究》2005年第

3 期。

贺巍：《获嘉方言形容词的后置成分》，《方言》1984 年第 1 期。

贺巍：《获嘉方言的语法特点》，《方言》1990 年第 2 期。

贺巍：《汉语方言语法研究的几个问题》，《方言》1992 年第 3 期。

韩佳蔚：《关中方言副词分析》，《渭南师范学院学报》2010 年第 6 期。

侯精一：《晋语的分区（稿）》，《方言》1986 年第 4 期。

黄映琼：《梅县方言的"有无"句》，《长春教育学院学报》2014 年第 18 期。

黄婷婷：《广东丰顺客家方言的差比句》，《方言》2009 年第 4 期。

胡光斌：《遵义方言儿化的分布与作用》，《方言》2005 年第 1 期。

胡利华：《安徽蒙城方言的"可"字句》，《方言》2008 年第 3 期。

胡裕树、范晓：《动词形容词的"名物化"和"名词化"》，《中国语文》1994 年第 2 期。

郝正全：《渭南方言中的合音词探微》，《宁夏师范学院学报》2014 年第 5 期。

何余华：《赣语新余方言的指示代词》，《新余学院学报》2014 年第 5 期。

侯昕：《湖北荆州方言的"别个"》，《语文学刊》2014 年第 18 期。

姜美菊、朱闰：《常德方言副词研究》，《考试周刊》2009 年第 42 期。

蒋雯：《湖南石门方言中的指示词研究》，《衡阳师范学院学报》2014 年第 5 期。

康军帅：《鹤壁方言中的副词"光"》，《商丘职业技术学院学报》2011 年第 1 期。

孔丽：《曲阜方言比较句探究》，《语言文字》2010 年第 1 期。

李荣：《汉语方言的分区》，《方言》1989 年第 4 期。

李小凡：《当前方言语法研究需要什么样的理论框架？》，《语文研究》2003 年第 2 期。

李小凡：《汉语方言连读变调的层级和类型》，《方言》2004 年第 1 期。

李小凡：《平话的归属和汉语方言分类》，《语言科学》2012 年第 5 期。

李友昌：《昌宁方言语法研究》，《云南电大学报》2012 年第 1 期。

李静：《河南省平顶山方言语法研究》，《现代语文》（语言研究版）2011 年第 10 期。

李星辉：《涟源方言处置句中主语述语间两项介词短语的同现》，《云梦学刊》2008 年第 6 期。

李建萍：《安丘凌河方言中的比较句》，《潍坊教育学院学报》2009 年第 1 期。

李欣芳：《粤方言比较句的语序类型特点研究》，《五邑大学学报》2011 年第 4 期。

李淑华：《河南方言中的生动词语》，《湖州师专学报》1986 年第 3 期。

李小萍：《山西原平方言的后置词"［xɔ］"》，《黄河科技大学学报》2013 年第 4 期。

李宇明：《论词语重叠的意义》，《世界汉语教学》1996 年第 1 期。

李宇明：《形容词否定式及其级次问题》，《云梦学刊》1997 年第 1 期。

李宇明：《疑问标记的复用及标记功能的衰变》，《中国语文》1997 年第 2 期。

李宇明：《主观量的成因》，《汉语学习》1997 年第 5 期。

李宇明：《程度与否定》，《世界汉语教学》1999 年第 1 期。

李宇明：《动词重叠的若干句法问题》，《中国语文》1998 年第 2 期。

李培涛：《河南获嘉方言中的"V 叫 A 些儿"结构》，《现代语文》（语言研究版）2010 年第 1 期。

李巧兰：《河北晋语区方言的儿化读音研究》，《石家庄学院学报》2013 年第 2 期。

李巧兰：《河北方言中特殊语法功能的"X－儿"形式的来源》，《河北师范大学学报》2013 年第 4 期。

李艳霞：《安阳方言形容词儿化调查》，《安阳师范学院学报》2006

年第 4 期。

李俊：《安徽庐江方言中的"把"字句和"给"字句浅析》，《赤峰学院学报》2014 年第 10 期。

李会荣：《娄烦方言的疑问句》，《太原师范学院学报》2004 年第 4 期。

李晋霞：《动词 AABB 重叠式探讨》，《河南师范大学学报》（哲学社会科学版）1999 年第 3 期。

李莹娜：《芮城方言"可"字的用法》，《语文学刊》2014 年第 9 期。

李志忠：《副词释义的理想模式》，《语言与翻译（汉文）》2008 年第 2 期。

李媚乐：《副词重叠与重叠式副词》，《辽宁大学学报》（哲学社会科学版）2005 年第 2 期。

刘丹青：《苏州方言重叠式研究》，《语言研究》1986 年第 1 期。

刘丹青：《语法化理论与汉语方言语法研究》，《方言》2009 年第 2 期。

刘华林：《河南项城方言程度副词"镇（恁）"》，《考试周刊》2014 年第 2 期。

刘瑞明：《方言自感动词"V 人"式综述》，《汉字文化》1999 年第 3 期。

刘冬青：《北京话"真"类语气副词的历时嬗变（1750—1950）》，《中州大学学报》2010 年第 6 期。

吕叔湘：《通过对比研究语法》，《语言教学与研究》1992 年第 2 期。

陆丙甫：《从语义、语用看语法形式的实质》，《中国语文》1998 年第 5 期。

陆俭明：《副词独用考察》，《语言研究》1983 年第 2 期。

陆俭明：《语义特征分析在汉语语法研究中的运用》，《汉语学习》1991 年第 1 期。

卢甲文：《河南方言词和普通话词比较》，《中州学刊》1984 年第 5 期。

林立芳：《梅县方言的"同"字句》，《方言》1997 年第 3 期。

林华勇：《现代汉语副词研究回顾》，《汉语学习》2003 年第 1 期。

林晔：《四川方言与普通话副词关系探析》，《电子科技大学学报》（社科版）2004 年第 3 期。

罗昕如：《新化方言的"下"与"哒"》，《方言》2000 年第 2 期。

罗昕如：《湘语中的"V 人"类自感词》，《湖南师范大学社会科学学报》2006 年第 5 期。

罗昕如：《湘语"滴"的多功能用法》，《汉语学报》2007 年第 3 期。

罗自群：《襄樊方言的重叠式》，《方言》2002 年第 1 期。

罗耀华、刘云：《揣测类语气副词主观性与主观化》，《语言研究》2008 年第 3 期。

罗韵希：《成都方言程度副词研究》，《西华师范大学学报》（哲学社会科学版）1990 年第 2 期。

赖先刚：《副词"就"的语义》，《乐山师专学报》（社会科学版）1992 年第 2 期。

兰宾汉：《副词"都"的语义及其对后面动词的限制作用》，《语言教学与研究》1988 年第 2 期。

鲁冰：《中牟话里的比较句分析》，《开封大学学报》2010 年第 1 期。

梁旭：《河南巩义方言正反问句》，《华中师范大学研究生学报》2013 年第 2 期。

马惠玲：《单音节形容词儿化的语义认知解释》，《河南师范大学学报》2010 年第 5 期。

马真：《普通话里的程度副词"很、挺、怪、老"》，《汉语学习》1991 年第 2 期。

马启红：《太谷方言副词说略》，《语文研究》2003 年第 1 期。

明茂修、王定康：《山东临沂方言的比较句》，《宿州教育学院学报》2006 年第 3 期。

穆亚伟：《河南辉县方言的语气词》，《南方语言学》2015 年第 9 辑。

穆亚伟：《辉县方言形容词重叠式》，《华中学术》2015 年第 12 辑。

穆亚伟、汪国胜：《河南辉县方言的比较句》，《汉语学报》2017 年第 3 期。

穆亚伟：《河南辉县方言中的语气副词"敢（是）"》，《华中学术》2018 年第 24 辑。

庞可慧：《商丘方言的语气副词》，《商丘师范学院学报》2013 年第 7 期。

齐春红：《语气副词与句末语气助词的共现规律研究》，《云南师范大学学报》2007 年第 3 期。

邱晨：《河南省安阳市区汉语方言程度副词研究》，《重庆第二师范学院学报》2015 年第 1 期。

乔全生：《晋方言向外的几次扩散》，《语文研究》2008 年第 1 期。

乔全生：《晋方言研究的未来走向》，《山西大学学报》2014 年第 6 期。

邱冰：《副词"白"的始见书证》，《中国语文》2004 年第 2 期。

阮桂君：《宁波方言非受事主语被动句考察》，《语言研究》2014 年第 3 期。

阮咏梅：《温岭方言中的量词》，《宁波大学学报》2013 年第 4 期。

沈家煊：《"有界"与"无界"》，《中国语文》1995 年第 5 期。

沈明：《山西方言的小称》，《方言》2003 年第 4 期。

盛银花：《湖北安陆方言的否定词和否定式》，《方言》2007 年第 2 期。

盛银花：《湖北安陆方言的比较句》，《湖北第二师范学院学报》2010 年第 12 期。

盛银花：《湖北安陆方言的两种正反问句》，《方言》2011 年第 2 期。

盛银花：《湖北安陆方言的感叹句》，《汉语学报》2014 年第 3 期。

盛爱萍、张虹倩：《从温州方言中的比较句到比喻句》，《当代修辞学》2011 年第 5 期。

施其生：《闽南方言的比较句》，《方言》2012 年第 1 期。

施玲丽：《平湖方言疑问句研究》，《语文学刊》2013 年第 10 期。

史金生：《情状副词的类别和共现顺序》，《语言研究》2003 年第 4 期。

史金生：《现代汉语副词的语义功能研究》，《南开语言学刊》2006 年第 1 期。

史金生、胡晓萍：《"就是"的话语标记功能及其语法化》，《汉语学习》2013 年第 4 期。

史丰：《石泉方言的副词》，《安康学院学报》2009 年第 4 期。

宋咏雪：《东北方言程度副词"老"的新研究》，《长春大学学报》2014 年第 9 期。

宋艳丽、兰清：《副词基础形式和重叠形式的异同》，《晋中学院学报》2006 年第 3 期。

宋慧娜：《获嘉方言中的副词与普通话副词的比较分析》，《国家教师科研专项基金科研成果（十二）》，中国会议，2017 年。

苏俊波：《丹江方言的"圪"》，《汉语学报》2012 年第 3 期。

苏俊波：《丹江方言的语气副词"白"》，《语言研究》2014 年第 2 期。

唐贤清：《"真个"构成的副体结构的语义表达功能》，《长沙电力学院学报》（社会科学版）2003 年第 3 期。

唐贤清：《从"真个+体词"看近代汉语副体结构的类型及存在原因》，《常德师范学院学报》（社会科学版）2003 年第 3 期。

唐贤清、罗主宾：《明清时期副词"真个"的句法表现和主观性分析》，《语言研究》2014 年第 1 期。

陶振民：《"们"表复数语法意义的结构形式》，《焦作工学院学报》（社会科学版）2000 年第 2 期。

田佳佳：《北方方言中的语缀"巴"》，《上海大学学报》2003 年第 6 期。

汪国胜：《湖北大冶方言的语缀》，《方言》1993 年第 3 期。

汪国胜：《大冶话里的状态形容词》，《湖北师范学院学报》1994 年第 2 期。

汪国胜：《湖北大冶方言的比较句》，《方言》2000 年第 3 期。

汪国胜、苏俊波：《年的汉语方言研究》，《汉语学报》2006 年第

4 期。

汪国胜、王自万：《开封方言表示可能的"得"和"得能"》，《语言研究》2013 年第 4 期。

汪国胜：《谈谈方言语法研究》，《华中师范大学学报》（人文社会科学版）2014 年第 5 期。

汪生宇：《腾冲方言中的疑问句》，《语文学刊》2014 年第 9 期。

王自万：《开封方言变韵的几个问题》，《汉语学报》2011 年第 2 期。

王晖汉：《汉语共同语处置句与方言处置句句型比较》，《东方论坛》1995 年第 3 期。

王慧娟：《项城方言中兼表被动和处置义的"叫"字句》，《现代交际》2012 年第 8 期。

王宏佳：《湖北咸宁方言的语缀》，《咸宁学院学报》2006 年第 2 期。

王慧琳：《浅析湖北天门方言的语缀》，《广西职业技术学院学报》2014 年第 4 期。

王幼华：《"真是的"的语义倾向及其演变进程》，《语言教学与研究》2011 年第 1 期。

王骏：《安徽舒城方言本字考释》，《吉林省教育学院学报》2010 年第 2 期。

王芳：《安阳方言的"儿化"和"儿尾"》，《安阳工学院学报》2013 年第 3 期。

王鹏翔、王雷：《陕北志丹方言的语气副词"该"》，《广西民族大学学报》2008 年第 3 期。

王玲玲：《汉语单音节形容词重叠式的方言差异及历史发展》，《首都师范大学学报》2013 年第 4 期。

王少君：《忻州方言的副词》，《忻州师院学报》2000 年第 3 期。

王琳：《安阳方言中的副词"可"》，《郑州航空工业管理学院学报》（社会科学版）2009 年第 4 期。

王红：《副词"净"浅析》，《暨南学报》（哲学社会科学版）2000 年第 1 期。

王东:《河南罗山方言的两个副词》,《语文知识》2009年第4期。

王琴:《安徽阜阳方言的"可VP"反复问句》,《方言》2008年第2期。

王琴:《皖北阜阳方言"可VP"问句语义特征》,《阜阳师范学院学报》(社会科学版)2013年第1期。

王耿:《方言自感词"V人"的"表里值"及其情感偏向》,《湖北社会科学》2013年第5期。

万群:《关于处置、被动同形标记"给"和"把"的相关问题》,《湖北工程学院学报》2013年第2期。

吴福祥:《汉语语法化研究的当前课题》,《语言科学》2005年第2期。

吴福祥:《汉语语法化演变的几个类型学特征》,《中国语文》2005年第6期。

吴福祥:《从区域语言学到区域类型学》,《民族语文》2017年第6期。

温端政:《〈方言〉和晋语研究》,《方言》1998年第4期。

温振兴:《程度副词"好"及其相关句式的历史考察》,《山西大学学报》(哲学社会科学版)2009年第5期。

吴建生:《万荣方言的比较句》,《忻州师范学院学报》2003年第3期。

吴宸灏:《宜兴方言量词的定指用法》,《语文学刊》2014年第22期。

魏现军:《河南遂平话的几个特殊语缀》,《承德民族师专学报》2004年第4期。

武振玉:《程度副词"好"的产生与发展》,《吉林大学社会科学学报》2004年第2期。

武荣强:《范围副词"光""净"对比研究》,《盐城师范学院学报》(人文社会科学版)2010年第6期。

邢向东:《神木方言的副词》,《内蒙古师大学报》(哲学社会科学版)2000年第6期。

邢向东:《陕北晋语沿河方言的反复问句》,《汉语学报》2005年第

3 期。

邢向东:《陕北吴堡话的重叠式构词和词的重叠》,《延安大学学报》2013 年第 2 期。

徐复岭:《山东方言比较句式溯源简说》,《中国语文》1995 年第 2 期。

许宝华:《加强汉语方言的词汇研究》,《方言》1999 年第 1 期。

谢云静:《新乡县方言合音词研究》,《伊犁教育学院学报》2006 年第 4 期。

谢自立、刘丹青、石汝杰、汪平、张家茂:《苏州方言里的语缀（一）》,《方言》1989 年第 2 期。

谢自立、刘丹青、石汝杰、汪平、张家茂:《苏州方言里的语缀（二）》,《方言》1989 年第 3 期。

徐杰:《疑问范畴与疑问句式》,《语言研究》1999 年第 2 期。

辛永芬:《河南浚县方言形容词短语的小称儿化》,《语言研究》2008 年第 3 期。

杨绍林:《四川彭州方言副词研究》,《西华大学学报》（哲学社会科学版）2005 年第 2 期。

杨绍林:《四川彭州方言的合音词》,《方言》2007 年第 3 期。

杨炎华:《"被＋XX"的句法化及其词汇化》,《汉语学习》2013 年第 3 期。

闫亮:《南阳方言的"给"字句》,《郑州航空工业管理学院学报》（社会科学版）2013 年第 3 期。

闫克:《南阳方言副词"情"与"情管"》,《宁夏大学学报》（人文社会科学版）2013 年第 3 期。

姚亦登:《江苏高邮方言的疑问句》,《渭南师范学院学报》2012 年第 3 期。

姚亦登:《江苏高邮方言的比较句》,《渭南师范学院学报》2013 年第 3 期。

姚双云:《"主观视点"理论与汉语语法研究》,《汉语学报》2012 年第 2 期。

姚丽娟:《绥阳方言的疑问句与普通话疑问句的异同》,《遵义师范学院学报》2007 年第 6 期。

姚秋芬、肖晗：《松滋方言中的三种标记被动句》，《文学教育》2014 年第 9 期。

延俊荣：《平定方言指示性时间"来"的标记模式》，《湖北师范学院学报》2014 年第 5 期。

延俊荣：《山西平定方言"起""去"的趋向动词化》，《汉语学报》2015 年第 1 期。

袁蕾：《豫北方言与普通话语音比较研究》，《中州学刊》2005 年第 3 期。

叶晓芬、雷鸣：《安顺汉语方言词的构词理据及文化内涵研究》，《廊坊师范学院学报》2014 年第 5 期。

詹伯慧：《汉语方言研究 30 年》，《云南师范大学学报》2009 年第 2 期。

张辉：《南阳方言的名词重叠式》，《南阳师范学院学报》2004 年第 14 期。

张慧英：《语缀现象评议》，《汉语学报》2011 年第 4 期。

张洁、孙宏吉：《吉县方言的副词》，《山西大同大学学报》（社会科学版）2013 年第 3 期。

张俊阁：《汉语否定处置句研究》，《浙江大学学报》2015 年第 5 期。

张美玲：《新乡方言词语考释》，《河南科技学院学报》2013 年第 3 期。

张明辉、唐芷馨：《东北方言副词研究综述》，《辽东学院学报》（社会科学版）2015 年第 2 期。

张明辉、朱红雨：《21 世纪现代汉语副词研究综述》，《云南师范大学学报》（对外汉语教学与研究版）2019 年第 1 期。

张邱林：《偏标"比"字句》，《汉语学报》2014 年第 4 期。

张贤敏：《光山方言儿化的分布及语义分析》，《信阳师范学院学报》2012 年第 5 期。

张潇：《析平遥方言人称代词的特殊语用意义》，《语文学刊》2014 年第 11 期。

张雪平：《河南叶县话的"叫"字句》，《方言》2005 年第 4 期。

张谊生：《程度副词充当补语的多维考察》，《世界汉语教学》2000 年第 2 期。

张谊生：《论与汉语副词相关的虚化机制》，《中国语文》2000 年第 1 期。

张谊生：《"就是"的篇章衔接功能及其语法化历程》，《世界汉语教学》2002 年第 3 期。

张谊生：《范围副词"都"的选择限制》，《中国语文》2003 年第 5 期。

张谊生：《副词"都"的语法化与主观化》，《徐州师范大学学报》（哲学社会科学版）2005 年第 1 期。

张永奋：《台州方言副词"白"和近代汉语副词"白"》，《华东师范大学学报》（哲学社会科学版）1999 年第 6 期。

张羽：《副词"就"的语义指向及消除语用歧义的原则》，《文教资料》2012 年第 14 期。

张云云、李景红：《新乡方言的声调格局》，《牡丹江大学学报》2013 年第 5 期。

赵红：《环县方言的副词》，《语文学刊》2014 年第 12 期。

赵焕改：《汉语无标记被动句相关研究综述》，《现代语文》2013 年。

赵莉：《阳城方言中的特色副词》，《山西广播电视大学学报》2009 年第 1 期。

赵燕珍：《论白语处置句和被动句》，《中国语言学报》2014 年第 16 期。

郑宏：《近代汉语"把"字被动句及其在现代汉语方言中的地域分布》，《西北大学学报》（哲学社会科学版）2012 年第 3 期。

周利芳：《内蒙古丰镇话的语气副词"管（兀）"和"敢情"》，《语文研究》2008 年第 4 期。

朱德熙：《说"的"》，《中国语文》1961 年第 12 期。

朱景松：《动词重叠式的语法意义》，《中国语文》1998 年第 5 期。

朱景松：《形容词重叠式的语法意义》，《语文研究》2003 年第

3 期。

祝东平、王欣：《"就"字句、"才"字句表主观量"早"、"晚"与"了"的隐现》，《宁夏大学学报》2008 年第 4 期。

庄秋菊：《沭阳方言常用副词释例》，《语文学刊》2010 年第 4 期。

宗丽：《长阳方言的重叠和小称》，《江汉学术》2013 年第 1 期。

左玉瑢：《河南鹤壁方言的现在和过去进行体》，《方言》2008 年第 3 期。

三 学位论文

鲍霞：《山东中北部黄河流域方言语法研究》，硕士学位论文，山东大学，2013 年。

陈艳：《贵州黄平方言副词研究》，硕士学位论文，华中师范大学，2013 年。

陈明霞：《永济（开张镇）方言副词研究》，硕士学位论文，西北大学，2011 年。

程瑶：《舒城方言语法专题研究》，硕士学位论文，广西师范大学，2010 年。

曹东然：《唐河方言副词研究》，硕士学位论文，河南大学，2008 年。

蔡逸纯：《现代汉语"从来"类时间副词研究》，硕士学位论文，汕头大学，2010 年。

崔维真：《跟语序有关的不对称现象专题研究》，博士学位论文，上海师范大学，2013 年。

柴东荣：《标记视角下"被""把"同现句研究》，硕士学位论文，辽宁师范大学，2012 年。

董洁茹：《新乡方言语音词汇研究》，硕士学位论文，华中师范大学，2007 年。

邓永红：《桂阳土话语法研究》，博士学位论文，湖南师范大学，2007 年。

樊守媚：《南阳方言语法现象研究》，硕士学位论文，信阳师范学院，2012 年。

冯孝晶:《太原方言副词研究》,硕士学位论文,辽宁大学,2011年。

顾鸣镝:《汉语构式承继关系及其认知功能研究》,博士学位论文,上海师范大学,2013年。甘宪荣:《永登方言副词、助词研究》,硕士学位论文,西北师范大学,2013年。

贺萍:《湖南永州方言副词研究》,硕士学位论文,湖南师范大学,2007年。

韩婷:《古县方言初探》,硕士学位论文,苏州大学,2010年。

黄海英:《南安方言副词研究》,硕士学位论文,福建师范大学,2010年。

胡琪:《武汉方言副词研究》,硕士学位论文,华中师范大学,2009年。

胡卫:《西华方言副词研究》,硕士学位论文,河南大学,2012年。

胡清国:《否定形式的格式制约研究》,博士学位论文,华中师范大学,2004年。

胡艳萍:《安化冷市镇方言副词研究》,硕士学位论文,湖南师范大学,2010年。

荆文华:《新乡方言语气副词"情"、"敢"、"管"、"高低"研究》,硕士学位论文,华中师范大学,2011年。

季安峰:《时间副词"老"、"老是"意义研究》,硕士学位论文,山东师范大学,2001年。

刘纪昕:《许昌县方言程度表示法》,硕士学位论文,河南大学,2008年。

刘毅非:《"老"的语法化问题研究》,硕士学位论文,东北师范大学,2007年。

刘雪霞:《河南方言语音的演变与层次》,博士学位论文,复旦大学,2006年。

李国宏:《基于主观性理论的汉语镜像成分句法和语义功能研究》,博士学位论文,上海外国语大学,2013年。

李万苹:《济宁方言有标记被动句型研究》,硕士学位论文,陕西师范大学,2012年。

李东明:《现代汉语被动标记的语法化研究——语用充实视角》,硕士学位论文,西南大学,2013年。

李艳新:《现代汉语无标记被动句研究》,硕士学位论文,上海师范大学,2013年。

李婷:《榆社方言副词研究》,硕士学位论文,山西师范大学,2013年。

李晟宇:《呢字疑问句研究》,博士学位论文,华中师范大学,2004年。

李巧兰:《河北方言中的"X-儿"形式研究》,博士学位论文,山东大学,2007年。

李琳:《论现代汉语的程度范畴》,硕士学位论文,东北师范大学,2004年。

吕洁丽:《绍兴方言副词非句法结构的词汇化研究》,硕士学位论文,浙江财经大学,2014年。

卢红艳:《天门方言疑问句研究》,硕士学位论文,华中师范大学,2009年。

罗主宾:《明清时期语气副词研究》,博士学位论文,湖南师范大学,2013年。

罗浩英:《趋向补语"起来"的认知研究》,硕士学位论文,复旦大学,2007年。

廖加丰:《现代汉语时间副词来源研究》,硕士学位论文,湖南师范大学,2011年。

牛雯婧:《鹤壁方言高频程度副词研究》,硕士学位论文,广西师范学院,2018年。

马彪:《汉语状态词缀及其类型学特征——兼与其他民族语言比较》,博士学位论文,中央民族大学,2007年。

明琴:《试论现代汉语范围副词的分类及语义指向》,硕士学位论文,四川师范大学,2007年。

牛凯波:《长治方言词汇研究》,硕士学位论文,新疆师范大学,2012年。

南潮:《受事宾语提升的最简主义研究》,博士学位论文,中南大学，2012 年。

潘亮：《"被"字句语用意义研究》，硕士学位论文，首都师范大学，2007 年。

齐岩：《山东省章丘市普集镇方言副词研究》，硕士学位论文，浙江师范大学，2013 年。

邱瑜：《被动句的跨语言观察及汉语的被字句》，硕士学位论文，上海外国语大学，2012 年。

秦琳：《南昌方言语气副词研究》，硕士学位论文，江西师范大学，2012 年。

邱磊：《鄂东北江淮官话研究》，博士学位论文，南开大学，2010 年。

屈颜平：《禹州方言连词、副词、介词研究》，硕士学位论文，河南大学，2010 年。

屈哨兵：《现代汉语被动标记研究》，博士学位论文，华中师范大学，2004 年。

阮桂君：《宁波方言语法研究》，博士学位论文，华中师范大学，2006 年。

阮咏梅：《浙江温岭方言研究》，博士学位论文，苏州大学，2012 年。

申莹莹：《衡阳方言副词研究》，硕士学位论文，辽宁师范大学，2011 年。

孙庆波：《卫辉晋语"可"类程度副词研究》，硕士学位论文，华中师范大学，2009 年。

孙文静：《"给我"祈使句研究》，硕士学位论文，山东大学，2013 年。

盛银花：《安陆方言语法研究》，博士学位论文，华中师范大学，2007 年。

苏俊波：《丹江方言语法研究》，博士学位论文，华中师范大学，2007 年。

王洪钟：《海门方言语法专题研究》，博士学位论文，南京师范大学，2008 年。

王浩:《王村方言语法研究》,硕士学位论文,山东大学,2007年。

王琼:《并州片晋语语音研究》,博士学位论文,北京大学,2012年。

王慧娟:《类型学视域中的项城方言被动句研究》,硕士学位论文,浙江财经学院,2013年。

王颖:《文登方言语法研究》,硕士学位论文,山东大学,2013年。

王宏佳:《湖北咸宁方言词汇研究》,博士学位论文,华中师范大学,2007年。

王耿:《现代汉语自感词语模"V人"研究》,硕士学位论文,华中师范大学,2011年。

温栗:《太原城区方言副词研究》,硕士学位论文,河北师范大学,2012年。

熊顺喜:《新洲方言研究》,硕士学位论文,广西师范大学,2007年。

夏卓琼:《安化县马路镇方言副词研究》,硕士学位论文,湘潭大学,2008年。

夏荣花:《庐山方言副词研究》,硕士学位论文,广西师范大学,2013年。

杨俊芳:《汉语方言形容词重叠研究》,博士学位论文,复旦大学,2008年。

杨锋:《湖南省石门县蒙泉镇方言副词研究》,硕士学位论文,湖南师范大学,2011年。

杨西彬:《扩充的格位理论与汉语相关句法现象研究》,博士学位论文,华中师范大学,2013年。

杨菲:《温县方言程度表示法》,硕士学位论文,河南大学,2012年。

姚文:《山东滕州方言副词与普通话副词的比较研究》,硕士学位论文,湖南师范大学,2011年。

姚敏:《河南新蔡方言语气副词"半天"研究》,硕士学位论文,河南大学,2010年。

殷相印:《微山方言语法研究》,博士学位论文,南京师范大学,

2006年。

曾蕾:《湖南省洞口县山门镇方言副词研究》,硕士学位论文,湖南师范大学,2007年。

张晶:《临汾方言与太原方言、西安方言词法比较》,硕士学位论文,云南大学,2011年。

张邱林:《陕县方言语法现象与句法机制的管控》,博士学位论文,华中师范大学,2005年。

张坤:《口语中表"怨责"义的常见格式考察》,硕士学位论文,南京师范大学,2010年。

张磊:《时间副词的研究》,硕士学位论文,首都师范大学,2000年。

张新萌:《博爱方言程度副词研究》,硕士学位论文,陕西师范大学,2014年。

赵凌云:《辉县方言的代词系统》,硕士学位论文,华中师范大学,2006年。

周琴:《泗洪方言语法研究》,博士学位论文,南京师范大学,2007年。

宗丽:《长阳方言语法研究》,博士学位论文,华中科技大学,2012年。

后　　记

本书是在博士论文的基础上修改完善而成。搁笔之时，回想写作的故事，有很多人为本书的完成提供了帮助。且容我借此后记略表心中的感激。

首先诚挚地感谢我的恩师汪国胜教授。从书本的框架设计、语料收集、修改完善到最终定稿，自始至终都倾注着导师的心血。自2016年6月我从华中师范大学语言研究所毕业到现在，导师对我的关怀和帮助从未间断。记得2016年11月29日深夜收到导师邮件时的激动和喜悦，信中提到拟将我的博士论文收入"汉语方言语法研究丛书"，这对我来说无疑是莫大的鼓励！奈何刚刚步入工作岗位，除了一周24节课要上之外，还要兼任一年的行政工作，修改完善论文的时间少之又少，每每想到这里我都觉得愧疚于师。工作一年之后，又被学校派出国进修学习，回国已是2018年。让我重新静下心来投入写作的依然是导师，他的理解和支持一次又一次地给我前进的勇气和动力。又一次，我收到了导师的邮件，那是在2019年1月28日，除夕前一周，除了收到导师的新年祝福外，还欣喜地收到"汉语方言语法研究丛书"拟定于2019年启动的通知。回想2010年至今，已师从汪老师9个年头。汪老师带我走进汉语方言研究的殿堂，殷殷教诲常绕于耳，严格要求时伴于身，读书、思考、交流、写文未敢懈怠。

回首6年的硕士生博士生生活，心中倍感充实。我要以最诚挚的心意感谢语言所匡鹏飞老师、苏俊波老师、罗进军老师、沈威老师在论文写作阶段给我的指导和建议，以及在我找工作过程中对我的鼓励和支持。感谢姚双云老师、谢晓明老师对我学习和生活上的关心和指导。同时特别感谢欧阳老师和肖敏老师在我查阅资料过程中给我提供的帮助。

还要感谢"小教室"的师弟师妹们，我不能一一列举他们的名字来表达我的感激之情，感谢他们两年多来给我提供的帮助和关心。与他们在一起的日子开心而充实，他们给我单调枯燥的研究生活增添了绚丽的色彩，难忘我们在一起时的欢乐和搞笑，一路笑声洒落在桂子山上，这些都将是我记忆里最美的风景。对我来说，语言所就是一个温暖的"家"，不管身在何处，总有一颗想要回"家"看看的心，无论走到哪里，看到关于"家"的任何信息，都会牵动着我的心。只希望，不论我在什么时候归来，仍能够找到2010年9月那时的自己和初心。

感谢我的师姐，华中师范大学国际文化交流学院李孝娴老师、袁海霞老师、张义老师对我教学上的指导和生活上的关心，也感谢万莹老师、周毕吉老师、戚学英老师、余敏老师6年来对我的爱护和支持。感谢文学院张磊老师对我论文的指点，感谢武汉大学李沛师姐、苏州大学杨黎黎师姐给我在论文和工作上的建议。感谢心理学院的陈武博士、黄凤博士、张春梅博士和牛更枫博士在生活上给我带来的快乐。感谢我的室友杜红芹，她在我心情最低落时为我分忧解难，在我颈椎不适时每天带我打球运动，在我找工作时给我提供各种信息和帮助，快乐而温馨的宿舍生活总能带给我一份好心情。心情就是生产力，难忘一起相处的两年里的点点滴滴。感谢我的闺蜜李舒莹，十多年的友情已让我们从朋友变成了家人。虽然我们交流最多的就是论文，但她总是不厌其烦地听我一遍又一遍地唠叨，她的豁达和良好心态深深地影响着我，让我成为更好的自己。人生有这样一位知己，足矣！感谢我挚爱的双亲和哥嫂，他们在背后的默默支持是我前进的动力。为了论文和工作，我回家的次数和时间少之又少，心中甚感愧疚。感谢博士论文答辩时，邢福义教授、骆小所教授、冯广义教授对论文提出的宝贵意见和建议。在此，祝愿他们身体健康，心情愉快！

感谢工作5年来学院领导和同事给我的关心和指导，让我能够迅速地熟悉新环境，融入新环境。感谢学院给我提供国内外学习进修的机会，让我能够在教学的同时，收获更多系统、专业的知识。

感谢重庆师范大学学术出版基金项目对本专著的直接资助，感谢重庆市社会科学规划（博士）项目和重庆师范大学博士启动基金项目对本专著的大力支持。

感谢岁月与困难对我的磨砺！"抬头是山，路在脚下。""句号放大是个零。"语言所的所训和邢福义教授的箴言将继续激励我不骄不躁，勇往向前！"路漫漫其修远兮，吾将上下而求索。"我会继续努力。

　　本书的写作可以说是个学习的过程，写作和交流充实了我的方言和语法知识。不过，毕竟它篇幅较大，涉及的问题较多，引证文献数百篇，虽心怀贡献于学界的憧憬，但遗憾的是，时间有限，未能更多地阅读文献，加上能力有限，未能把学者们好的建议都吸收到书稿中来。书中难免存在不足甚至错误。真诚地希望出版之后能听到更多的批评和建议，以便将来有机会再做修改和完善。

穆亚伟

2019 年 4 月 24 日

《汉语方言语法研究丛书》书目

安陆方言语法研究
安阳方言语法研究
长阳方言语法研究
崇阳方言语法研究
大冶方言语法研究
丹江方言语法研究
高安方言语法研究
河洛方言语法研究
衡阳方言语法研究
辉县方言语法研究
吉安方言语法研究
浚县方言语法研究
罗田方言语法研究
宁波方言语法研究
武汉方言语法研究
宿松方言语法研究
汉语方言持续体比较研究
汉语方言完成体比较研究
汉语方言差比句比较研究
汉语方言物量词比较研究
汉语方言被动范畴比较研究
汉语方言处置范畴比较研究
汉语方言否定范畴比较研究
汉语方言可能范畴比较研究
汉语方言小称范畴比较研究
汉语方言疑问范畴比较研究